Jürgen Grieser
Der Tod und das Leben

Das Anliegen der Buchreihe Bibliothek der Psychoanalyse besteht darin, ein Forum der Auseinandersetzung zu schaffen, das der Psychoanalyse als Grundlagenwissenschaft, als Human- und Kulturwissenschaft sowie als klinische Theorie und Praxis neue Impulse verleiht. Die verschiedenen Strömungen innerhalb der Psychoanalyse sollen zu Wort kommen, und der kritische Dialog mit den Nachbarwissenschaften soll intensiviert werden. Bislang haben sich folgende Themenschwerpunkte herauskristallisiert: Die Wiederentdeckung lange vergriffener Klassiker der Psychoanalyse – wie beispielsweise der Werke von Otto Fenichel, Karl Abraham, Siegfried Bernfeld, W. R. D. Fairbairn, Sándor Ferenczi und Otto Rank – soll die gemeinsamen Wurzeln der von Zersplitterung bedrohten psychoanalytischen Bewegung stärken. Einen weiteren Baustein psychoanalytischer Identität bildet die Beschäftigung mit dem Werk und der Person Sigmund Freuds und den Diskussionen und Konflikten in der Frühgeschichte der psychoanalytischen Bewegung.

Im Zuge ihrer Etablierung als medizinisch-psychologisches Heilverfahren hat die Psychoanalyse ihre geisteswissenschaftlichen, kulturanalytischen und politischen Bezüge vernachlässigt. Indem der Dialog mit den Nachbarwissenschaften wiederaufgenommen wird, soll das kultur- und gesellschaftskritische Erbe der Psychoanalyse wiederbelebt und weiterentwickelt werden.

Die Psychoanalyse steht in Konkurrenz zu benachbarten Psychotherapieverfahren und der biologisch-naturwissenschaftlichen Psychiatrie. Als das ambitionierteste unter den psychotherapeutischen Verfahren sollte sich die Psychoanalyse der Überprüfung ihrer Verfahrensweisen und ihrer Therapie-Erfolge durch die empirischen Wissenschaften stellen, aber auch eigene Kriterien und Verfahren zur Erfolgskontrolle entwickeln. In diesen Zusammenhang gehört auch die Wiederaufnahme der Diskussion über den besonderen wissenschaftstheoretischen Status der Psychoanalyse.

Hundert Jahre nach ihrer Schöpfung durch Sigmund Freud sieht sich die Psychoanalyse vor neue Herausforderungen gestellt, die sie nur bewältigen kann, wenn sie sich auf ihr kritisches Potenzial besinnt.

BIBLIOTHEK DER PSYCHOANALYSE
HERAUSGEGEBEN VON HANS-JÜRGEN WIRTH

Jürgen Grieser

Der Tod und das Leben

Vergänglichkeit als Chance zur Entwicklung von Lebendigkeit

Psychosozial-Verlag

Bibliografische Information der Deutschen Nationalbibliothek
Die Deutsche Nationalbibliothek verzeichnet diese Publikation in der Deutschen Nationalbibliografie; detaillierte bibliografische Daten sind im Internet über http://dnb.d-nb.de abrufbar.

Originalausgabe

E-Mail: info@psychosozial-verlag.de
www.psychosozial-verlag.de

Umschlagabbildung: Hans Thoma, *Selbstbildnis mit Amor und Tod*, 1875
Umschlaggestaltung und Innenlayout nach Entwürfen von Hanspeter Ludwig, Wetzlar
ISBN 978-3-8379-2831-0 (Print)
ISBN 978-3-8379-7445-4 (E-Book-PDF)

Inhalt

»There is a crack in everything
That's how the light gets in.«

Leonard Cohen: Anthem

Zu diesem Buch

In diesem Buch geht es um die Frage: Was trägt der Tod über die ganze Spanne des Lebens hinweg zur psychischen Entwicklung bei? Und weshalb kann die Beschäftigung mit dem Tod das eigene Leben bereichern und lebendiger machen? Es wird die Ansicht vorgetragen, dass die Wahrnehmung des Todes, oder genauer, der Sterblichkeit und der Endlichkeit des eigenen Daseins, die sich besonders in bestimmten Lebensphasen, an bestimmten Übergängen im Leben, dem Menschen aufdrängt, einen basalen Organisator und Motor für die Gestaltung und Anpassung der psychischen Welt des Menschen darstellt. Dies beginnt in der Kindheit mit den ersten Begegnungen mit dem Tod, wiederholt sich in der Adoleszenz, in der die Macht des Todes massiv ins Bewusstsein einbricht und sich beispielsweise in Panikstörungen oder der Möglichkeit des Selbstmords manifestieren kann, dann wieder in der Krise der Lebensmitte und schließlich und zunehmend dringlicher im Alter.

Das Buch ist in fünf Abschnitte gegliedert. Im Einleitungskapitel wird aufgezeigt, dass der Tod in dreifacher Hinsicht ein ungelöstes Problem der Psychoanalyse darstellt: Erstens wurde der Tod, abgesehen von Freuds missglücktem Versuch einer Todestriebtheorie, nicht in die psychoanalytische Theorie integriert; zweitens kann die Psychoanalyse, solange sie der Tradition von Freuds materialistischem Skeptizismus treu bleibt, nicht dabei helfen, den Tod unter Bezug auf transzendente oder spirituelle Erlebnisweisen zu bewältigen, weshalb sie auch, drittens, dem Tod in den psychotherapeutischen Behandlungen keinen angemessenen Raum geben und sein Veränderungspotenzial nicht nutzen kann. Wer direkt in das Thema einsteigen will, kann das Einleitungskapitel überspringen und die Lektüre an anderer Stelle beginnen.

Im zweiten Kapitel wird die These ausgeführt, dass der Tod einen wesentlichen dynamischen Faktor in der ganzen menschlichen Entwicklung »von der Wiege bis zur Bahre« darstellt. Diese Rolle des Todes, die im Widerspruch zu unseren naiven Alltagsvorstellungen wie auch den gängigen entwicklungspsychologischen Anschauungen steht, wird für die verschiedenen Lebensalter aufgezeigt und belegt. Im dritten Kapitel werden einzelne Elemente der Angst vor dem Tod genauer betrachtet und im vierten Kapitel geht es um verschiedene Strategien, die der Mensch entwickeln kann, um mit dem Wissen um seine Sterblichkeit mehr oder weniger konstruktiv umzugehen. Dabei liegt der Fokus auf den folgenden drei Strategien: Mobilisierung der Libido als Gegengewicht zu den Todesvorstellungen, Erleben der Sinnhaftigkeit des eigenen Lebens und schließlich Erfahrungen der Transzendenz. Alle drei Elemente spielen auch eine wichtige hilfreiche Rolle, wenn es darum geht, den für die meisten Menschen furchterregenden letzten Schritt im Leben, das Sterben, in Angriff zu nehmen. Abschließend werden noch einige Anregungen dafür gegeben, wie und für welche Zwecke dem Thema Tod in der Psychotherapie mehr Raum gegeben werden könnte.

Einleitung

Der Tod betrifft uns alle; er macht uns alle gleich. Erstaunlicherweise verbindet uns der Tod aber nicht, führt uns nicht zusammen, wenn wir uns nicht gerade auf einer Beerdigung treffen – er führt eher in die Vereinzelung, wo jeder mit sich alleine mit seiner Angst vor dem Tod beschäftigt ist, anstatt dass er mit den Menschen in seiner Umgebung darüber spricht. Dies gilt auch dort, wo man gemeinhin annimmt, dass die am meisten Angst machenden, die intimsten und peinlichsten Dinge besprochen werden, in der Psychotherapie und Psychoanalyse. Der Tod gehört nicht zu den Standardthemen in der Psychotherapie, ja, schaut man die Stichwortverzeichnisse gängiger psychotherapeutischer und psychoanalytischer Standardwerke durch, so stellt man fest, dass der Tod darin häufig überhaupt nicht vorkommt. Obwohl doch die Auseinandersetzung mit dem Tod für bestimmte Lebensphasen, wie Jugend und Alter, unausweichlich, ja, ich würde sagen, unbedingt nötig ist.

Sich nicht mit dem Tod zu beschäftigen scheint eher als Zeichen psychischer Gesundheit denn als Symptom übertriebener Abwehr angesehen zu werden. Hatte die Psychoanalyse die Sexualität salonfähig gemacht, so ist das Gegenteil mit dem Tod passiert. Heutzutage scheint weniger die Beschäftigung mit dem Sex als vielmehr die mit dem Tod anstößig zu wirken: »Zu viel über den Tod nachzudenken scheint die gleiche gesellschaftliche Position einzunehmen wie früher die Masturbation: Man kann sich dadurch ruinieren. Deshalb sollte man es, sofern man es überhaupt macht, am besten gemäßigt und für sich alleine hinter verschlossenen Türen machen«, meint Martin S. Frommer (2016, S. 375, übers. J. G.).

Der Tod beschäftigt den Menschen sehr viel mehr und schon sehr viel früher, als wir gemeinhin annehmen, und er hat eine viel größere Bedeutung für die menschliche Entwicklung von der Kindheit bis ins hohe Alter, als uns die Entwicklungspsychologie lehrt. Psychische Entwicklung und der Tod scheinen Gegensätze zu sein. Der Tod scheint der Entwicklung ein Ende zu setzen. Dementsprechend hatte der Tod in der entwicklungspsychologischen Theorie lange nichts verloren, ebenso wenig wie die Lebensphasen nach dem Erwachsenenalter. Doch das Gegenteil ist wahr, die Reaktion des Menschen auf den Tod stellt in jeder Lebensphase einen dynamischen Faktor dar, der die Entwicklung vorantreibt. Schon das kleine Kind begegnet auf vielfältige Weise Zeichen des Todes und wird gezwungen, auf diese Entdeckungen zu reagieren, ihnen einen Ort in seiner psychischen Welt einzuräumen.

Von der Kindheit bis zum Sterben ist die Psyche nicht nur damit beschäftigt, diese Infragestellung des Lebens immer wieder neu zu bewältigen, sondern die Psyche selber wird zu einem Apparat und einem Teil der Bewältigung der Tatsache des dem Menschen und damit der Psyche selber unausweichlich bevorstehenden Todes. Die unvermeidbare Notwendigkeit, das ganze Leben hindurch kreativ gestaltend mit diesem unlösbaren Problem des Todes umzugehen, erzeugt einen steten Druck auf die Psyche, sich immer aufs Neue anzupassen und damit sich immer weiter zu entwickeln. Dennoch wurde der Tod bislang nicht als dynamischer Faktor in der psychischen Entwicklung in einem ähnlichen Sinn anerkannt wie beispielsweise die Sexualität, die zumindest von der Psychoanalyse als eine dynamische Konstante der menschlichen Entwicklung und der kulturellen Schöpfungen des Menschen angesehen wird.

Wenn wir vom Tod sprechen, müssen wir drei Dinge auseinanderhalten: Die Angst vor dem Sterben, die nicht das gleiche ist wie die Angst vor dem Tod, unsere kognitiven Konzepte über den Tod, über die wir gut reden und uns einigermaßen angstfrei Gedanken machen können, und unsere wirklichen, emotional gesättigten Vorstellungen, deren wir uns oft erst dann bewusst werden, wenn wir alleine sind. Unsere kognitiven Konstruktionen, da muss man sich nichts vormachen, sind am tröstlichsten, solange die Sonne scheint und wir in Gesellschaft sind. In der Nacht jedoch, wenn wir alleine sind und unsere Abwehr geschwächt ist, dann kommen die wahren Ängste zum Vorschein und dann erlebt man den Tod, wie es C. G. Jung (1934, S. 230) anschaulich beschrieb,

> »als das langsame und unaufhaltsame Näherkommen jener schwarzen Wand, welche alles, was ich liebe, wünsche, besitze, hoffe und erstrebe, verschlingen wird, dann verkriechen sich die Lebensweisheiten in ein unauffindbares Versteck, und Angst fällt auf den Schlaflosen wie eine erstickende Decke«.

Unsere Vorstellung darüber, was das Leben ist, ist eine vollkommen andere, solange wir den Tod ausblenden, nicht mitdenken. Ja, ohne seinen Gegenspieler, den Tod, gäbe es den Begriff Leben nicht einmal. Doch weil der Tod Angst macht, halten wir diesen um den Tod erweiterten Blick auf das Leben und die Welt immer nur vorübergehend offen, um dann wieder zur gewohnten Alltagssicht zurückzukehren. Nur wenige Menschen scheinen diesen um den Tod erweiterten Blick auf das Leben gewohnheitsmäßig zu nutzen: Friedhofsangestellte, in der Palliativpflege Tätige, depressive und lebensmüde Menschen, Pfarrer und ein paar Philosophen.

Wenn wir hier über den Tod sprechen, müssen wir uns immer wieder bewusst machen, dass unsere Abwehrmechanismen vollautomatisch arbeiten und uns vor der Angst, die die erschreckende Tatsache des Todes in uns auslöst, dadurch schützen, dass sie die emotionale Ebene abblenden und uns zu Intellektualisierungen, rein kognitivem Nachdenken über den Tod verführen, ohne dass wir dies merken. Dabei geht das verloren, was im Focusing als *Felt Sense* beschrieben wird, der Verknüpfung einer Vorstellung mit einem inneren, körperbezogenen Erleben, was das entstehen lässt, was man eine gefühlte Bedeutung nennen könnte.

Die Herausforderung, vor die der Tod uns stellt, ist die, uns eine Vorstellung von etwas zu machen, das jenseits der Grenzen der Vorstellungsmöglichkeiten zu liegen, also unvorstellbar zu sein scheint. Wir brauchen aber eine Vorstellung vom Tod, um uns, zumindest ein wenig, beruhigen zu können. Denn je unvorstellbarer unangenehme Dinge, die uns bevorstehen, sind, desto mehr Angst und Panik lösen sie aus.

Beruhigung, Bewältigung von Angst ist im psychoanalytischen Verständnis immer dann möglich, wenn eine Bedrohung in Worte gefasst und mit jemand anderem geteilt, diesem mitgeteilt werden kann, sodass der andere dies aufnehmen, verstehen und mit einer eigenen Haltung dazu verarbeitet zurückgeben kann. Dies ist beim Austausch des kleinen Kindes mit seinen primären Bezugspersonen der Fall: Das Kind zeigt Unbehagen, Angst, die Bezugsperson merkt dies, übernimmt identifikatorisch das Unbehagen, kann dadurch herausfinden, was das Kind plagt, und kann das, was sie meint, verstanden zu haben, in Worte fassen und vielleicht auch direkt Abhilfe schaffen. Wenn die Mutter sagt, »Ah, du hast dich an der nassen Windel wundgerieben, das tut dir weh«, die Windel wechselt, auf die wunde Stelle Salbe aufträgt und das Kind tröstet und beruhigt, so hat das Kind die Erfahrung gemacht, dass sein Unwohlsein wahrgenommen, anerkannt, verstanden und eingeordnet wurde. Daran merkt das Kind, dass es sich hier nicht um eine lebensgefährliche Sache handelte, sondern um ein kleineres Problem, für das die Mutter unmittelbar eine Lösung finden konnte.

Mit dem Tod versucht der Mensch nach dem gleichen Modell zu verfahren, er sucht einen fähigen anderen, der in der Lage wäre, seine Angst wegen dieser wunden Stelle in seinem Leben wahrzunehmen, zu verstehen und möglichst als nicht so gefährlich einzuordnen. Das Problem ist nur, dass es für den Tod anscheinend keine Lösung gibt. Und keine Lösung zu haben, kränkt das Omnipotenzgefühl des Menschen ungemein.

Im Mittelalter war die Sicht auf das Leben integrierter und deshalb waren auch Vorstellungen über den Tod im Alltag verfügbar. Krankheit und Sterben fanden öffentlich statt und gehörten zum Leben. Die beliebten bildlichen Darstellungen des Lebenslaufes in Form einer Lebenstreppe hingen im bürgerlichen Haushalt und führten allen Betrachtern von Kindesbeinen an den Lebenslauf als symmetrisch-spiegelbildliche Aufeinanderfolge von Auf- und Abstieg von der Geburt bis zum Tod vor Augen. Der Aufstieg beginnt damit, dass das Kleinkind sich aufrichtet und sich in die dritte Dimension begibt; das Leben kulminiert im Erwachsenenalter, worauf spiegelbildlich der Abstieg bis hin zum Greisenalter erfolgt, womit sich der Mensch wieder auf dem Niveau der zweidimensionalen Welt des Säuglings befindet.

Abb. 1: Lebenstreppe, 19. Jh.

Im Fundament der Lebenstreppen, zwischen Geburt und Sterben, ist meistens der Tod abgebildet, hier mit dem Stundenglas, der Uhr, als Symbol der beschränkten und verrinnenden Zeit, das er schon den Säuglingen zeigt, und mit der Sense, die sich zu den Greisen im Bett hinneigt. Der Tod steht hier am Anfang und Ende des Lebens, unsentimental und eiskalt. Darüber, schon als Abwehr erkenntlich, das hysterische Geschehen des religiösen Lärmens um Gut und Böse, Engel und Teufel und die Vertreibung aus dem Paradies, als ob das etwas an der Befristetheit des irdischen Daseins ändern würde. Es ist der Tod, der dem Ganzen einen Anfang und ein Ende setzt und damit die Dimension der Zeitlichkeit verleiht.

I. Die Psychoanalyse und der Tod

»Where black is the color, where none is the number«
Bob Dylan: A Hard Rain's a Gonna Fall

Um mit dem Problem des Todes zurechtzukommen, erfand der Mensch die Religionen und die Philosophie. Man könnte weitergehen und sagen, auch die Medizin, die Technik und die Waffen wurden im Dienste des steten Kampfes gegen den Tod erfunden und weiterentwickelt. Da bekanntlich all diese genialen Erfindungen das Problem des Todes bisher nicht gelöst haben, und da anzunehmen ist, dass vieles, was uns in Bezug auf eine so schwierige, erschreckende und verwirrende Sache wie den Tod beschäftigt, abgewehrt und unbewusst sein wird, liegt es nahe, bei der Wissenschaft Antworten zu suchen, die sich am meisten mit dem Unbewussten auskennt, der Psychoanalyse. Diese wurde ja zum Zweck der Heilung der Neurosen erfunden und deshalb wäre zu erwarten, dass dem Tod als potenzieller Ursache von Neurosen, als Quelle von Angst und Bedrohung auch ein besonderes Interesse der Psychoanalyse gilt.

Und doch spielt der Tod in der Theorie und der Praxis der Psychoanalyse nur eine Randrolle – er wurde von Freud spät aufgegriffen und so wenig gekonnt in die psychoanalytische Theorie integriert, dass er weitgehend auf Ablehnung stieß und bis heute die Position eines nicht anerkannten Bastards nicht überwinden konnte. Freud gelang es nicht, dem Tod einen angemessenen Stellenwert in seiner Theorie der Psyche zuzuordnen. Und auch in der Praxis der Psychoanalyse hat der Tod bis heute keine andere Bedeutung als in der Gesellschaft rundherum: die eines möglichst zu vermeidenden Themas und Unglücks. Auch heute hat Irvin D. Yaloms (1980, S. 73) bald vier Jahrzehnte alte Einschätzung noch immer Gültigkeit:

> »Der Tod wird in fast jeder Hinsicht im Bereich der psychischen Gesundheit übersehen, und zwar auf eklatante Weise: in der Theorie, in der Grundlagenforschung und in klinischer Forschung, in klinischen Berichten und in allen Formen klinischer Praxis. Die einzige Ausnahme liegt in dem Bereich, in dem der Tod nicht ignoriert werden kann – der Versorgung eines sterbenden Patienten.«

Harold Searles, der schon 1961 darauf hingewiesen hatte, dass sich die Psychoanalytiker so wenig mit dem Tod beschäftigen, hatte dies darauf zurückgeführt, dass das Interesse der Psychoanalyse sich auf die Bedeutung der Entwicklung in der Kindheit für die gesunde oder neurotische Entwicklung konzentriert hatte (vgl. De Masi, 2004, S. 22f.). Doch auch unter diesem Fokus hätte es genug Anlass gegeben, auch auf die Rolle des Todes für die Entwicklung in der Kindheit und Jugend aufmerksam zu werden. Doch ebenso, wie die Auseinandersetzung mit dem Tod in seiner Relevanz für die Entwicklung der menschlichen Psyche bis heute weitgehend übersehen wird, wird auch die Angst vor dem Tod als dynamischer Faktor in der Entstehung von psychischen Störungen aller Art nicht erkannt.

Die Psychoanalyse als Libidotheorie

Freud hatte entdeckt, dass die Fantasien, die Vorstellungen über Beziehungserfahrungen und die inneren Bilder das Leben des Menschen genauso prägen können wie reale Geschehnisse. Freud war dieser Macht der Vorstellungen über die Hysterie seiner Patientinnen auf die Spur gekommen, hinter der er sexuelle Wünsche und Ängste am Werke sah. Dies führte ihn dann zur Erforschung und Beschreibung der bis dahin nicht wahrgenommenen Rolle der infantilen Sexualität in der Entwicklung des Menschen. Zweifellos macht es mehr Spaß, sich mit der Sexualität zu beschäftigen als mit dem Tod, und sicher war es viel spektakulärer, revolutionärer und aufsehenerregender, die Sexualität des Kindes in den Mittelpunkt einer neuen Theorie zu stellen, als sich mit dem allseits unbeliebten Thema Tod abzugeben. Die hysterischen Neurosen junger Frauen auf sexuelle Fantasien zurückzuführen, hatte für einen Kliniker und Forscher am Anfang seiner Karriere eindeutig mehr Attraktivität als das betrübliche Thema Tod, dem sich Freud in der zweiten Hälfte seiner Laufbahn dann doch noch zuwenden musste. Auf jeden Fall war Kastrationsangst neuer und »sexier« als Todesangst, wie Liran Razinsky meint (nach Frommer, 2016). Und die Hypothese, dass sexuelle Fantasien nicht nur ebenso wirkkräftig in der Psyche sein können wie reale sexuelle Geschehnisse, sondern dass die Fantasien sogar wirksamer als die Realität sein könnten, eröffnete faszinierende neue Perspektiven, die sich für unseren Zweck gleichermaßen auch auf den Tod anwenden lassen. Denn auch die vom Wissen um den Tod angeregten Fantasien wirken, wie wir sehen werden, sowohl auf das Leben des einzelnen

Menschen schon von Beginn seiner Entwicklung an wie auch auf die Entwicklung der Menschheit als Ganzer prägend ein.

Es überrascht nicht, dass dieses epochal neue Konzept der Macht der libidinösen Fantasien bei Freud und seinen Weggefährten zu einigen Einseitigkeiten in Theorie und Praxis führten. Bekanntlich war eine Folge der Fokussierung auf die Fantasietätigkeit, dass die Möglichkeit von realem Missbrauch zugunsten der vom Kind fantasierten Interaktionen zunehmend in den Hintergrund rückte – die Realität dessen, was der Mensch in der Interaktion mit anderen erlebte, trat zu Gunsten dessen, was er in seiner Fantasie machte, zurück. Und so, wie die Beschäftigung mit der Verführungstheorie zur Vernachlässigung der Möglichkeit führte, dass es auch realen Inzest gibt, wurden auch die auf libidinös-aggressive Konflikte zurückgeführten Fantasien des Individuums über Kastration, Trennung oder Vernichtung für bedeutsamer angeschaut als die Auswirkungen seiner Vorstellungen und Ängste angesichts des trivialen, ganz realen Todes.

In Freuds Konzept von der inneren Welt der Psyche war der Tod nicht denkbar. Die Todesangst, schreibt Freud, »gibt der Psychoanalyse ein schweres Problem auf, denn Tod ist ein abstrakter Begriff von negativem Inhalt, für den eine unbewußte Entsprechung nicht zu finden ist« (1923b, S. 288). Wenn die Psyche nicht in der Lage war, eine Vorstellung des Todes zu repräsentieren, konnte die Todesangst nur ein Abkömmling anderer im Unbewussten auffindbarer Ängste sein, zuvorderst der Kastrationsangst. Im Über-Ich sah Freud die Quelle der Kastrationsangst, die das Ich zur Todesangst verarbeitete. Die umgekehrte Möglichkeit, dass Trennungs- und Kastrationsängste Abkömmlinge einer primären Angst vor dem Tod wären, kam nicht in Betracht.

Das fehlende Interesse Freuds am Tod als dynamischem Faktor im psychischen Geschehen kontrastiert zur Häufigkeit, mit der realer Tod und Sterben in den *Studien über Hysterie* anzutreffen sind, den frühen Fallgeschichten, die er 1895 mit Josef Breuer veröffentlicht hatte. Yalom (1980, S. 83) zählt nur schon auf den ersten acht Seiten des Berichts über die Behandlung von Emmy von N. »nicht weniger als elf explizite Bezugnahmen auf den Tod, auf Sterben oder auf Leichen«. Anna O.s psychisches Leiden begann, als ihr Vater körperlich erkrankte und starb. Elisabeth von R.s Eltern waren beide krank, 18 Monate lang betreute Elisabeth von R. ihren Vater bis zu seinem Tod. Interessanterweise versuchten Freud und Breuer diese Thematik sogar therapeutisch durch Inszenierungen wiederzubeleben und nutzbar zu machen: Breuer räumte sein Behandlungszimmer so um, dass es dem Zimmer ähnelte, in dem Anna O.s Vater gestorben war, und Freud schickte Emmy von N. ans Grab ihrer verstorbenen Schwester, in der Hoffnung, damit abgewehrte Erinnerungen und Affekte mobilisieren zu können.

In der Zeit um den Ersten Weltkrieg und unter dem Eindruck der in diesem Massensterben zutage tretenden Omnipräsenz des Todes, der auch seine eigene Familie nicht verschonte, führte Freud dann zwei neue Bausteine in die psychoanalytische Theorie ein: Der eine war der Todestrieb, der andere das Konzept der intrapsychischen Objektbeziehung, welche in der Reaktion auf die Abwesenheit oder den Verlust des realen Objekts zur Ausbildung der intrapsychischen Vorstellung vom verlorenen Objekt und der Beziehung zu ihm führt.

Der Todestrieb

Freud verknüpfte die Einführung des Todestriebs mit den bislang nicht befriedigend zu erklärenden Schwierigkeiten der Therapie, wie beispielsweise stagnierenden Behandlungsverläufen, die die psychoanalytische Kur nicht zu lösen vermochte. Diese Probleme erklärte er nun als Manifestationen des Todes und erhob damit den Tod zu einem symmetrisch zur Libido gedachten Trieb, womit er sein triebtheoretisches metapsychologisches Denkmodell aufrechterhalten konnte. Im klinischen Feld wurde nun im Kräftemessen zwischen der Libido und ihrem Antagonisten, dem Todestrieb, entschieden, ob therapeutische Veränderung möglich war oder ob der Analysand im Wiederholungszwang gefangen blieb. Was die gesellschaftliche und anthropologische Perspektive anging, ermöglichte das Konzept des Todestriebs Freud, seinen durch den Ersten Weltkrieg gesteigerten kulturellen Pessimismus und natürlich auch seine persönlichen Sorgen in eine symbolisierte Form zu bringen.

Programmatisch für Freuds neue Position ist schon der Titel der Schrift, in der er 1920 seine Todestriebtheorie publizierte: *Jenseits des Lustprinzips*. Schon 1913 hatte er in *Totem und Tabu* geschrieben, dass Phobien und Zwänge dazu dienten, imaginäre Katastrophen abzuwenden, deren grundlegendes Problem der Tod sei. Hier beschreibt Freud den Tod als Ausgangspunkt der Kulturbildung und der Philosophie und die Zwangsneurose als eine mögliche Abwehr gegen Todesgedanken, vor allem gegen solche, die das Individuum gegenüber anderen empfindet. Nachdem der

Mensch einmal mit dem Tod in seinem Umfeld konfrontiert wurde, meint Freud, handelt es sich nicht mehr um ein rein intellektuelles Problem, das den Menschen zur Erforschung des Todes antreibt. Freud verlegt »die zur Erforschung treibende Kraft in den Gefühlskonflikt [...], in welchen diese Situation den Überlebenden stürzt« (Freud, 1912–13a, S. 114). Auch im *Motiv der Kästchenwahl* (1913f.) und *Zeitgemäßes über Krieg und Tod* (1915b) war es um den Tod gegangen. In Freuds späten Arbeiten bekommt der Todestrieb eine immer größere Bedeutung und stößt zugleich auf eine immer größere Ablehnung unter den Psychoanalytikern.

So wie Eros als Gott der Liebe für die Libido stand, hatte Freud den Todestrieb nach dem griechischen Gott des Todes »Thanatos« getauft. Während die Libido als Lebenstrieb der Selbsterhaltung dient und die Menschen verbindet, löst der Todestrieb diese Bindungen wieder auf, hat überhaupt die Auflösung des Lebendigen, Organischen hin zum Toten, Anorganischen und Erstarrten zum Ziel. Der Todestrieb führt das Lebendige wieder in den Ausgangszustand unbelebter Materie zurück, beschreibt also gewissermaßen den Abstieg auf der Lebenstreppe. Das Vorherrschen des Todestriebs erklärte für Freud sowohl die Grausamkeiten des Weltkrieges, die menschliche Destruktivität, als auch die Starrheit des psychischen Apparates von bestimmten Menschen. Diese scheinbare Unveränderbarkeit des psychischen Apparates etwa in der Zwangsneurose, der Depression oder beim Masochismus, erklärte er nun als vom Todestrieb genährten Wiederholungszwang.

Die Ablehnung von Freuds Todestriebtheorie nährt sich wohl aus zwei Quellen: einerseits aus der rationalen Kritik an Freuds Theoriebildung, dass der Todestrieb als ein Trieb konzeptualisiert wurde, andererseits aus einem emotionalen Widerstand, der allgemeinmenschlichen Abwehr gegen das Thema Tod, der, wie alle Menschen, auch die Analytiker unterliegen. Aus einer dritten Perspektive erschien manch einem gar nicht einsichtig, weshalb man das Konzept des Todestriebs überhaupt brauchte, wie etwa dem Pfarrer Oskar Pfister, der Freud schrieb: »Den Todestrieb sehe ich nur als Nachlassen der ›Lebenskraft‹« (zit. n. Gay, 1987, S. 621).

Mit seiner umstrittenen Konzeptualisierung des dynamischen Faktors Tod als einem der Libido analogen Trieb öffnete Freud all denen, die sich gar nicht auf das Thema Tod einlassen wollen, alle Fluchtwege. Dies ist schade, denn eigentlich ist Freuds Grundidee, dass die Libido und die vom Tod ausgehenden dynamischen Kräfte in einem Gleichgewicht oder Zusammenspiel zu sehen sind, bestechend. Die Libido als Lebenstrieb vermag es, Bindungen und Besetzungen herzustellen und dadurch die ihr gegenläufigen Tendenzen von Destruktion und Tod in Schach zu halten. Die Lebenstriebe verdrängen das Wissen um den Tod, meinte Freud; solange die Lebenstriebe über die Todestriebe siegen und der Tod nicht gerade in unserer unmittelbaren Umgebung in Erscheinung trete, müsse sich der Mensch nicht ernsthaft mit Gedanken an seinen eigenen Tod befassen.

Sieht man über den in ihren Namen eingeschriebenen Konstruktionsfehler der Todes*trieb*theorie hinweg, so stellt sie einen durchaus brauchbaren Ansatz für den Einbezug des Todes als dynamischen Faktor in die Psychoanalyse dar, eine Grundlage für eine dialektische Theorie von Leben und Tod. Igor Caruso (1974, S. 35, kursiv i. O.) sieht in dieser Verortung des Todes in der Psychoanalyse gar einen wesentlichen Kern der Psychoanalyse: »Das Revolutionäre an der Freudschen Entdeckung ist jedoch, den Lebensprozess *in seinem Verhältnis zum Tode*, von dem sich das Leben aktiv hervorhebt, der aber das Leben von allen Seiten umklammert, zu erforschen.« Caruso bleibt zwar unentschlossen, ob der Todestrieb nicht vielleicht doch ein Trieb sein könnte, doch schlägt er für das Phänomen einen anderen Namen vor, »Todesprinzip« (ebd., S. 201), und vertritt die Auffassung, dass es sich dabei eher um einen Nicht-Trieb als um einen Trieb handeln könne, dass der Tod im Leben als ein »Nicht-Trieb«, als »eine Minderung, Hemmung und Hinderung des Triebes« wirke (ebd., S. 196) und auf diese Art dazu beitrage, »daß alle psychischen Dynamismen nach der Wiederherstellung eines anfänglichen Status streben« (ebd., S. 150).

Auch ohne einen Todestrieb annehmen zu müssen, kann man feststellen, dass der Tod im Wiederholungszwang insofern präsent ist, als dieser eine automatisierte Abwehrreaktion gegen Ängste und Gefahren darstellt und damit auch gegen den befürchteten Tod. Die Summe der uns völlig unbewussten Wiederholungszwänge macht unseren Charakter aus, dieses uns selbstverständliche Muster, wie wir in der Welt und auf die Welt reagieren. So gesehen kann man auch ohne Rückgriff auf einen Todestrieb Caruso zustimmen, wenn er schreibt: »Die Auswirkungen des Todes in der psychischen Entwicklung des Menschen reichen vermutlich – durch den Wiederholungszwang hindurch – bis in die verborgensten Wurzeln des Menschseins hinein« (ebd., S. 196). Und: Die Psychoanalyse in ihrer Praxis »setzt gerade an dem Punkt an, an dem der Tod im Leben des Menschen wirkt: am Wiederholungszwang« (ebd., S. 200). Doch setzt die Psychoanalyse im Gegensatz zum landläufigen Klischee dem Wiederholungszwang nicht nur »Analyse« der Psyche entgegen, sondern auch libidinöse Besetzung, denn sie wirkt »nur dank dem Überschuß an Leben«, den sie gegen den Wiederholungszwang und gegen den Tod in die Waagschale werfen kann.

Freuds Todestrieb ist eine leicht mythisch angehauchte Theoriefantasie über eine Urkraft, die wenig mit dem realen Tod oder der Todesangst zu tun hat, wie sie der Mensch im Alltag erlebt. Einige Analytiker der ersten und zweiten Generation haben versucht, die Rolle des Todes anders, erlebensnäher als Freud, zu denken und diesem Tod oder Todesverständnis den Status eines primären Wirkfaktors im psychischen Geschehen zuzugestehen. So schlug Otto Rank im Unterschied zu Freud vor, »das menschliche Problem von der Angstseite und nicht von der Triebseite anzugehen« (Rank, 1931, S. 425). Er sah den Menschen zwischen der Angst vor dem Leben und der Angst vor dem Tod hin- und hergerissen. In Jungs Theorie des menschlichen Lebens als fortschreitendem Prozess der Individuation stellt die Sexualität die bestimmende Kraft der ersten Lebenshälfte dar, während die zweite zunehmend von der Auseinandersetzung mit dem Tod geprägt ist. Für Jung ist die Bewältigung des Todes und der Todesangst eine obligatorische Entwicklungsaufgabe des Menschen und unumgänglicher Teil eines gelingenden Individuationsprozesses. Rank wie Jung waren Weggefährten und Schüler Freuds, bis Freud wegen ihrer abweichenden Ansichten mit ihnen brach.

Melanie Klein knüpfte an Freuds Todestriebtheorie an und sprach von der Todesangst im Unbewussten, die das Selbst bedrohe. Damit ging sie weiter als Freud, für den das Unbewusste den Tod ja nicht kannte, weil der Tod, als ein nie erlebtes Phänomen, psychisch nicht repräsentierbar war. Anders als Freud nahm Klein an, dass Todesangst eine primäre Angst ist. Der Todesangst stehe die verinnerlichte gute Brust als Verkörperung der Libido, des Lebenstriebs, gegenüber. Klein sah die Todesangst nicht wie Freud als eine Erscheinungsform der Kastrationsangst, sondern stellte sich vor, »daß die Todesangst in die Kastrationsangst hineinkommt und sie verstärkt, aber nicht mir ihr ›analog‹ ist« (Klein, 1948, S. 171). Doch wirkt sich die Kastrationsangst natürlich selber wieder auf die Möglichkeiten, die Todesangst zu bekämpfen aus, da die Kastration ja zur Folge hat, dass mit dem Verlust des Genitals die Fähigkeit zum Vollzug der Libido, zur Fortpflanzung, verloren geht, »die das wesentliche Mittel ist, um dem Tode entgegenzuarbeiten«. Deshalb bedeutet auch Kastration »das Ende der Schöpfungskraft, die Leben erhält und fortpflanzt«.

Schlussendlich konnte der Tod über das Konzept des Todestriebs nicht in die psychoanalytische Theorie integriert werden; der Todestrieb blieb ein

Fremdkörper und damit zugleich ein Symptom dafür, dass der Tod keinen Platz in der Psychoanalyse Freuds fand. In seiner im Vergleich zur Libidotheorie lebensfernen Abstraktheit war die Idee vom Todestrieb vielleicht auch wenig geeignet, die primäre Angst des Menschen vor dem Tod aufzunehmen, sondern stellte eher einen Versuch dar, diese intellektualisierend abzuwehren. So bezeichnet auch Rank Freuds Einstellung zum Problem des Todes und der Todesangst als

> »eine therapeutische, keine psychologische, d.h. er neigt zu derjenigen Interpretation, die im gegebenen Moment (nicht absolut) die tröstlichere ist. War es anfangs die *Verleugnung des Todes* und die Verknüpfung der Angst mit der Libido (als Heilmittel), so ist es jetzt die *Verleugnung der Angst* und die Interpretation des Todes als Wunsch (Trieb). Aber selbst diese Ideologie ist so allgemein, man möchte fast sagen, universal gehalten, daß sie dem individuellen Sterben alle Schrecken nimmt, indem sie es als einen unbedeutenden Spezialfall des großen kosmischen Vergehens hinstellt« (1931, S. 421).

Vom Verlust des Objekts zur Objektbeziehung

Nun zum zweiten in der Zeitenwende des Ersten Weltkriegs formulierten neuen Konzept Freuds, dem der intrapsychischen Objektbeziehung als Folge eines Verlusts oder der Abwesenheit des realen Objekts. In seiner Arbeit *Trauer und Melancholie* aus dem Jahr 1917 – und was ließe einen mehr an den Tod denken als so ein Titel – beschreibt Freud, wie der Mensch auf den Verlust eines realen Objektes damit reagiert, dass er sich mit dem verlorenen Objekt, also etwa einem verstorbenen Menschen, identifiziert. Er trägt den verlorenen Menschen nun in sich selber, als eine verinnerlichte Objektbeziehung. Einige Jahre später verallgemeinerte er (in das *Ich und das Es,* 1923b) diesen Vorgang der Internalisierung zu dem Vorgang, mit dem sich das Kind von seinen Bezugspersonen unabhängig machen kann: Es löst sich von seinen äußeren Bezugspersonen, indem es inneren Bilder von ihnen in sich errichten kann.

Dies ist immer auch ein Vorgang von Enttäuschung am Objekt, vorübergehender Trennung oder Verlust, weil ein inneres Bild erst erschaffen wird, wenn das reale äußere Vorbild, aus welchem Grund auch immer, nicht verfügbar ist. Erst in der Abwesenheit der realen Befriedigung entsteht eine innere Vorstellung von der Befriedigung, mit der das Kind von der äußeren

Welt unabhängig werden kann. An eine Leerstelle tritt eine Vorstellung. Diese Symbolisierungen oder Repräsentanzen sind dann die Bausteine, mit denen das Kind seine innere Welt errichten und denken kann.

Dieses Konzept vom verlorenen und als inneres Bild wiedergefundenen Objekt stellt ein grundlegendes Paradigma der Psychoanalyse dar. Kein Wunder, dass fortan vieles unter dem Aspekt des Verlustes und des Wiederfindens betrachtet wurde und auch der Tod als eine Metapher oder eine Erscheinungsform von Verlust interpretiert werden konnte. Doch weil man den Tod noch nicht erlebt hat, kann man auch keine innere Repräsentanz des Todes haben, sondern müsste im Grunde mit einer Leerstelle leben. Jedoch ist eine Leerstelle schlecht auszuhalten, weil sie Angst macht, und wird deshalb abgewehrt.

Im Fall der Trauer muss der Betroffene die libidinösen Besetzungen mit der Zeit von der verstorbenen Person zurücknehmen und auf neue Objekte richten können. Immer wieder libidinöse Besetzungen herzustellen ist, wie wir gesehen haben, das Mittel gegen Todesgedanken und damit gegen Melancholie und Depression. Freuds Umgang mit dem Verlust kann deshalb als Modell für den Umgang mit dem Tod, dem angekündigten Verlust des Lebens selber, gelten. In seinem oft zitierten kleinen Aufsatz *Vergänglichkeit* (1916a) berichtet Freud von der Begegnung mit einem jungen Dichter, der sich nicht über die Schönheit der Natur freuen kann, weil er sie als vergänglich erlebt. Zweifellos ist mit der Vergänglichkeit der Natur auch die Vergänglichkeit seiner eigenen Existenz mitgemeint. Freud beschreibt am Beispiel des jungen Dichters die Folgen der Unfähigkeit, zu trauern, die entweder in die Melancholie oder Depression oder zur Auflehnung gegen diese Grundtatsache des Lebens, die die Vergänglichkeit ist, zu ständiger Revolte und Unzufriedenheit führt.

Freud hält dem jungen Mann entgegen, die Vergänglichkeit stelle keine Entwertung, sondern eine Steigerung des Wertes von all dem Schönen auf der Welt dar; gerade die Beschränkung in der Möglichkeit des Genusses erhöhe dessen Kostbarkeit. Auch die real verlorenen und zum Beispiel im Krieg vernichteten Objekte führen zwar zu einer vorübergehenden Verarmung des Menschen, doch immer bestehe die Hoffnung, dass die spontan ablaufende Trauer einen mit der Zeit über den Verlust hinwegbringe: »Wenn sie auf alles Verlorene verzichtet hat, hat sie sich auch selbst aufgezehrt, und dann wird unsere Libido wiederum frei, um sich, insofern wir noch jung und lebenskräftig sind, die verlorenen Objekte durch möglichst gleich kostbare oder kostbarere neue zu ersetzen« (S. 361).

Freuds Vermeidung des Todes

Freud hatte nicht nur konzeptionelle, sondern auch persönliche Schwierigkeiten mit dem Tod. Dies begann mit dem Tod seines eineinhalb Jahre jüngeren Bruders Julius, den er, wie er an Wilhelm Fließ schrieb, »mit bösen Wünschen und echter Kindereifersucht begrüßt hatte« (zit. n. Gay, 1987, S. 19). Immer hatte Freud an Todesahnungen und -ängsten gelitten, sorgte sich um seine Gesundheit und war überzeugt, er würde früh sterben. Der Tod seines Vaters, in dem er den »einschneidendsten Verlust im Leben eines Mannes« (Freud, 1900a, S. 24) sah, hatte den Anstoß zu seiner Selbstanalyse gegeben, aus der mit der *Traumdeutung* das erste Hauptwerk der Psychoanalyse entstand. Im Ersten Weltkrieg, als er den Todestrieb entwarf, war er voller Sorge um das Schicksal seines Sohnes Martin, der an der Front stand. 1920 starb seine Tochter Sophie Halberstadt im Alter von 27 Jahren in einer Grippeepidemie, worauf Freud in einem Brief an Oskar Pfister den Verlust eines Kindes als »schwere, narzißtische Kränkung« beschrieb; »was Trauer ist, wird wohl erst nachkommen« (zit. n. Gay, 1987, S. 441). Auch den Tod seines Lieblingsenkels Heinerle 1923 konnte er kaum verkraften.

Im selben Jahr wurde Freuds Kieferkrebs diagnostiziert, der ihn bis an das Ende seines Lebens beschäftigen sollte, bis er selber der Qual ein Ende setzte. Wobei er trotz aller Mahnungen, seines eigenen ärztlichen Wissens und seiner Todesängste immer hartnäckig am Genuss seiner Zigarren festhielt. Angesichts einer schmerzhaften und lebensbedrohlichen Erkrankung, die ihn über 16 Jahre mit 33 Operationen begleitete, eine erstaunliche Abwehrleistung.

Einerseits war Freud »buchstäblich vom Tod umgetrieben und alles diente dazu, diese seine Obsession zu nähren«, wie Michel de M'Uzan (1968, S. 147) festhält, einer der wenigen Psychoanalytiker, die sich in Theorie und Praxis mit dem Tod und sterbenden Patienten auseinandersetzen. So war Freud schon lange vor seiner langwierigen Krebserkrankung ständig mit Todesvorstellungen und hypochondrischen Befürchtungen beschäftigt, war überzeugt, er würde vor seinem 50. Lebensjahr sterben, und suchte eine Lösung darin, mithilfe der psychoanalytischen Theorie die traumatischen Dinge, die in der wirklichen Welt passieren können, aus dieser in die Fantasie des Individuums zu verschieben. Da das Unbewusste den Tod nicht kenne, wie Freud meinte, bot sich ihm die Erforschung des Unbewussten geradezu als sicherer Ort an. In der Welt der Fantasien konnte das Ich im

Kampf gegen das Es und das Über-Ich erfolgreich kämpfen, ohne an trivialer realer Krankheit und Tod zugrunde zu gehen.

Freud scheute die Thematisierung des realen Todes nicht nur für sich, sondern auch in der analytischen Arbeit mit seinen Patienten. Der Begründer der Psychoanalyse »war kein Vorbild in der therapeutischen Behandlung des Todesthemas«, schreibt Tilmann Moser (2014, S. 51). Freud geht nirgends darauf ein, wie er in seinen Analysen mit seiner jahrzehntelangen und für seine Patienten wahrnehmbaren Krebserkrankung umging, und auch keiner seiner Analysanden berichtet irgendetwas darüber, wie Freud die Themen Tod, Krankheit und Sterblichkeit in den Analysen handhabte. Es scheint, als seien Freuds Krankheit und seine Sterblichkeit für ihn wie für seine Schüler in den Behandlungen tabuisiert gewesen. Obwohl Freud ja eigentlich klar gewesen sein müsste, welche Konsequenzen eine solche Verleugnung auf die Übertragung und die analytische Arbeit haben musste.

Die Psychoanalyse kann, wie jede andere kulturelle Schöpfung auch, dahingehend analysiert werden, inwiefern sie dem Ziel dient, die Ohnmacht des Menschen angesichts des Todes zu mildern oder abzuwehren. Man kann davon ausgehen, dass Freuds Todestriebtheorie ihm persönlich geholfen hat, seine Ängste in eine symbolische Form zu bringen und so besser mit ihnen zurecht zu kommen. Freud selber legt in *Jenseits des Lustprinzips* dar, dass man den eigenen Tod wie den von Angehörigen lieber damit erklären möchte, dass man »aus inneren Ursachen sterben müsse«, einem »unerbitterlichen Naturgesetz«, wie dem Todestrieb, unterworfen sei, »als einem Zufall, der sich etwa noch hätte vermeiden lassen« (Freud, 1920g, S. 47). »Aber«, denkt Freud gleich weiter, »vielleicht ist dieser Glaube an die innere Gesetzmäßigkeit des Sterbens auch nur eine der Illusionen, die wir uns geschaffen haben, ›um die Schwere des Daseins zu ertragen‹«.

Die »Ent-Todifizierung« des Todes

Freuds persönliche Besorgtheit um das Thema Tod und seine metapsychologischen Spekulationen um den Todestrieb stehen in einem eklatanten Widerspruch zu seiner Vermeidung des Themas Tod in der psychoanalytischen Arbeit mit seinen Patienten und Analysanden. Freuds Beispiel folgend,

> »beeinflusste seine ›Ent-Todifizierung‹ des Todes – wie es Robert Jay Lifton einmal formulierte – in der formalen psychoanalytischen Theorie Generationen von Therapeuten stark dahingehend, sich vom Tod weg auf das zuzubewegen, was der Tod ihrer Ansicht nach im Unbewussten repräsentierte, nämlich vor allem Verlassenwerden und Kastration« (Yalom, 2008, S. 26).

Wenn Psychotherapeuten in ihrer Arbeit davon ausgehen können, dass sie und ihre Patienten »nur« vor Trennung, Kastration oder Auflösung des Selbst Angst haben müssen, so schützt sie dies vor der Konfrontation mit dem wirklichen Tod. Und sie folgen damit mehr oder weniger bewusst dem gesellschaftlichen Vorurteil, dass es ein Zeichen von Gesundheit und guter psychischer Abwehr sei, wenn es einem gelingt, Gedanken an den Tod abzuwehren und schnell auf die Seite zu schieben.

War es zu Freuds Zeit ein Skandal, die Libido, das Sexuelle, ins Zentrum zu stellen und zu behaupten, dass alle Menschen davon bestimmt und gesteuert wären, so hätte heutzutage der Tod das Potenzial, zum Skandalon zu werden. Nur ist der Tod nicht attraktiv, mit dem Tod kann man niemandem Lust machen, niemand wird sich freiwillig mehr als nötig mit ihm beschäftigen wollen, sondern man wird gerne die Abwehrmechanismen und Ablenkungsangebote der Kultur vorziehen.

Nicht einmal die Theoretiker haben so richtig Lust, sich auf den Tod einzulassen, vielleicht deshalb, weil der Tod immer der Stärkere ist, sich allen Erklärungsversuchen entzieht und weder praktisch noch theoretisch dingfest gemacht und unter Kontrolle gebracht werden kann.

So findet sich die Ausgrenzung des Todes aus der Kultur im 20. Jahrhundert auch in der Theorie und Praxis der Psychoanalyse wieder. Wegen der Scheu, sich mit dem Tod zu beschäftigen, wurden zwei Dinge übersehen: Erstens, welche wichtige gestaltende Kraft der Tod auf das Leben ausübt – oder sagen wir genauer: welche wichtigen kreativen Kräfte aus dem Wissen um den Tod und der immer wieder neu zu leistenden Arbeit, dieses Wissen zu bewältigen oder abzuwehren, hervorgehen und wie sehr sie die Entwicklung des Individuums mitbestimmen. Und zweitens, welches kreative und viel zu wenig genutzte Potenzial in der therapeutischen Beschäftigung mit dem Tod verborgen liegt.

Freuds Entwertung des Wunsches nach Transzendenz und den tröstlichen Ritualen der Religion

Interessanterweise hatte Freud nicht nur mit dem Tod seine persönliche und theoretische Mühe, sondern auch mit den üblichen kulturellen Strategien des Umgangs mit der Angst vor dem Tod. Zwar schuf er mit der Todestriebtheorie die für ihn selber tröstlich wirkende Vorstellung vom Naturgesetz, dem der Mensch unterliegt, andererseits entlarvte er aber die gängigen religiösen Erklärungssysteme als Illusion, als eine kollektive Zwangsneurose. Systematisch demontierte der rationale, aufklärerische Zugriff der Psychoanalyse solche kollektiven Mythen und Tröstungssysteme und ließ den Menschen mit seinem Wunsch nach tröstenden Vorstellungen über das, was nach dem Tod kommt, mit leeren Händen zurück. Die Psychoanalyse als materialistische, an einem naturwissenschaftlichen Ideal geschulte Wissenschaft konnte die tröstenden Mythologien dekonstruieren, aber nichts anbieten, was an deren Stelle treten konnte.

Illusionen zerstört zu haben, die marxistische der klassenlosen Gesellschaft genauso wie die aus seiner Sicht schlimmste aller Illusionen, die des religiösen Glaubens, darauf sei Freud stolz gewesen, meint Wolfgang Mertens (2014). Der »Freud'sche Religionsverzicht« (S. 183), die Verwissenschaftlichung des menschlichen Bedürfnisses nach Transzendenz und Religiosität, war Teil von Freuds Projekt, das Unbewusste in den Griff zu bekommen. Die Vorstellung, Unbegrenztes, nicht Kontrollierbares zu erleben, machte ihm Angst, die es durch die Herrschaft des Intellekts zu bändigen galt. Mertens führt dies wie andere Autoren auch darauf zurück, dass sich Freud nicht auf die Erfahrung einer genügend präsenten, schützenden Mutter beziehen konnte. Deshalb fiel es Freud insbesondere schwer, das Bedürfnis nach Transzendenz zu verstehen und anzuerkennen, das Streben des Menschen danach, die Grenzen des rationalen reflektierenden Bewusstseins zu überschreiten, sich den nicht bewusst steuerbaren Vorgängen in ihm anzuvertrauen und überlassen zu können. Freud versuchte, mit rationalem Denken und wissenschaftlicher Betätigung die Mängel seiner frühen Muttererfahrung wettzumachen, meint Mertens.[1]

Mit der Geringschätzung der Bedürfnisse der Menschen nach Trans-

1 Zur Abwehrfunktion von Freuds Identifikation mit dem »väterlich«-rationalen Denken gegenüber der unsicher triangulierten ödipalen Beziehung zu seiner Mutter vgl. Grieser, 2004.

zendenz und spiritueller Orientierung lässt die Psychoanalyse in einer heroischen Haltung intellektueller Redlichkeit und Bescheidenheit auch die Frage nach dem Tod und dessen Sinn ohne Antwort als Leerstelle an der Grenze ihrer Theorie und ihres Zuständigkeitsbereiches stehen. Dies ist auch in Ordnung, denn die Psychoanalyse muss ja auch nicht über die Grenze ihrer Möglichkeiten hinausgehen und die ganze Welt erklären können. Doch der Mensch muss diese Leerstelle mit Inhalt füllen, um sich in die Zukunft hineindenken und die Ängste, die der Tod auslöst, bekämpfen zu können. Solange die Psychoanalyse die Suche des Menschen nach Sinn und Transzendenz nicht als normales Bedürfnis würdigen kann, ist auch die Psychoanalyse in Gefahr, als Teil der materialistisch und säkular gewordenen Kultur dem Menschen etwas zu nehmen, ohne ihm etwas anderes dafür zu geben.

Die Angebote anderer Denksysteme spiritueller oder religiöser Art anzunehmen und mit ihnen diese Leerstelle zu füllen, fällt dem psychoanalytisch sozialisierten Menschen schwer, weil die Psychoanalyse diese Ansätze in der Tradition Freuds entwertet. Freud bekämpfte die Religion als eine Illusion, von der die Menschen Abschied nehmen sollten, um sich von infantilen Wünschen und Projektionen auf die Gottheit zu lösen, sich »endlich hinaus ins ›feindliche Leben‹« (Freud, 1927c, S. 373) zu begeben und sich der harten Realität zu stellen.

Freud kümmerte wenig, dass viele Menschen ohne den Trost der Religion mit ihren Sinnkonflikten und Todesängsten überfordert sein könnten und dass der Mensch jenseits der infantilen Übertragungen auf Gott und Gottes Stellvertreter auch ein genuin spirituelles Bedürfnis haben könnte; den Wunsch nach etwas positiv Besetzbarem, das auch dann noch Bestand haben könnte, wenn das individuelle Leben und vielleicht auch das ganze irdische Leben erloschen sein werden. In diesem Gegenstück zum Tod hatte William James die Wurzel des Religiösen beschrieben:

> »Hinter allem steht das große Gespenst des universalen Todes, die allumfassende Schwärze ... Wir brauchen ein Leben, das nicht an den Tod gebunden ist ... etwas Gutes, das nicht vergeht, ja tatsächlich ein Gut, das sich über alle natürlichen Güter erhebt« (zit. n. Solomon et al., 2015, S. 7).

Anders als Freud hatte Jung, für den das Leben immer auch Vorbereitung auf den Tod war, in den Religionen eine sinnvolle Funktion als »komplizierte Systeme der Vorbereitung des Todes« (1934, S. 233) erkannt.

Auch andere Versuche, in der Überschreitung der Grenzen des eigenen Ich Erfahrungen mit Möglichkeiten der Transzendenz zu machen, die Suche nach vorübergehender Ausschaltung des rationalen Denkens und nach Verschmelzung zum Beispiel mit dem anderen Menschen in der Sexualität oder in kosmischen Gefühlen des Einsseins mit der Welt missfielen Freud. Sie fielen nach der Einführung des Todestriebs in *Jenseits des Lustprinzips* als regressive Wunscherfüllungen unter das Verdikt des Pathologieverdachts. Freud sah darin Manifestationen des unter die Herrschaft des Todestriebs geratenen Lustprinzips.

Nach Freud bildet das Ich den psychischen Raum dadurch, dass es aus der unbegrenzten Welt einen begrenzten Ausschnitt erschafft, eine Innen- von einer Außenwelt scheidet. Eine Auflösung dieser Grenzen kam ihm gefährlich vor, für das Individuum wie die Kultur, weil sie ihm gleichbedeutend mit dem Eindringen von unkontrollierbaren Anteilen des Es zu sein schien. Diese starre Abgrenzung zwischen dem begrenzten psychischen Raum und der umgebenden unbegrenzten Welt hat aber ihren Preis: »Unser heutiges Ichgefühl ist also nur ein eingeschrumpfter Rest eines weitumfassenderen, ja – eines allumfassenden Gefühls, welches einer innigeren Verbundenheit des Ichs mit der Umwelt entsprach« (Freud, 1930a, S. 425). Die Isoliertheit und Einsamkeit des nicht mehr innig mit seiner Umwelt verbundenen Ichs schien ihm ein vernünftiger Preis für eine vernünftige Welt zu sein.

Aber als hätte er unmittelbar vor seinem Tod doch einen Blick über die Grenze gewagt, enden seine *Schriften aus dem Nachlass* mit dem Eintrag: »Mystik die dunkle Selbstwahrnehmung des Reiches ausserhalb des Ichs, des Es« (Freud, 1941f, S. 152). Und 1933 hatte er auch eingeräumt,

> »daß es gewissen mystischen Praktiken gelingen mag, die normalen Beziehungen zwischen den einzelnen seelischen Bezirken umzuwerfen, so daß z. B. die Wahrnehmung Verhältnisse im tiefen Ich und im Es erfassen kann, die ihr sonst unzugänglich waren. Ob man auf diesem Weg der letzten Weisheiten habhaft werden wird, von denen man alles Heil erwartet, darf man getrost bezweifeln. Immerhin wollen wir zugeben, daß die therapeutischen Bemühungen der Psychoanalyse sich einen ähnlichen Angriffspunkt gewählt haben« (Freud, 1933a, S. 86).

Doch schauen wir, wie locker heute ein Psychoanalytiker auch – wenn er aus in Indien stammt und dort praktiziert – mit Freuds Entlarvung spiritueller Vorstellungen als irrationale Illusionen umgehen kann. »Hinduistische Theorien lösen die sehr harte Grenze zwischen Illusion und Realität auf, die Freud in der ›Zukunft einer Illusion‹ zieht. Für einen Hindu gibt es viele verschiedene Formen von Realität: konkrete Erfahrung, mystische Visionen, Erinnerungen, Träume«, schreibt Sudhir Kakar (2008, S. 152), und er kann damit offensichtlich ganz gut leben. Während Freud die Illusion als neurosenähnliche Täuschung, als etwas Pathologisches betrachtete, würde ein Hindu dazu tendieren, »die Illusion mit einer gewissen Verspieltheit zu assoziieren und eher als hilfreiche denn als bösartige Täuschung zu betrachten« (ebd., S. 149).

Erst lange nach Freud rehabilitierte Donnald W. Winnicott für die Psychoanalyse die Fähigkeit zur Illusion als eine basale Fähigkeit des Menschen, die er benötigt, um kreative Lösungen zu finden. »Während Freud die Psychoanalyse als Weg sah, die Menschen von ihren Illusionen zu befreien, betonte Winnicott die Freiheit, Illusionen zu kreieren und zu genießen« (Goldmann, 1993, zit. n. Bermann, 2006, S. 380). »Winnicott hätte sicherlich den Kopf über eine Anekdote Freuds geschüttelt, in der er die Sachlichkeit eines seiner Kinder bewunderte, das sich jedes Mal mit Geringschätzung von der Erzählung eines Märchens abwandte, wenn man ihm sagte, dass es keine wahre Geschichte sei«, meint Kakar (2008, S. 150).

Dazu passt folgende kleine Fallvignette aus einer Sitzung mit dem erwachsenen Sohn eines theoretisch sehr präzisen und stringenten Psychoanalytikers, der vor Kurzem verstorben war. Während der Analysand über den unwiederbringlichen Verlust des Vaters klagte kam mir der Gedanke, dass er sich, identifiziert mit dem Materialismus seines Vaters, keine Fantasien darüber erlauben konnte, dass der Vater vielleicht noch irgendwo in irgendeiner Form vorhanden sein könnte. Der Analysand bestätigte, dass er wie sein Vater ganz rational denke und ihm deshalb solche Vorstellungen völlig fernlägen. Keinesfalls könne er sich vorstellen, dass sein Vater nach seinem Tod noch irgendwo sein könnte, ihn hören könnte, oder auf einer Wolke säße und zu ihm herunterschauen würde. Als ich etwas später darauf zurückkam und sagte: »Wenn Sie sich nun aber doch vorstellen wollen, dass Ihr Vater auf einer Wolke sitzt und zu Ihnen herunterschaut, dann könnten Sie das doch einfach tun. Was hindert Sie daran?«, verfiel der Patient mit einem Seufzer in tiefes Schweigen.

II. Der Tod im Lebenslauf

»All born to grow and grown to die«

Jolie Holland: Rex's Blues

Entstehung und Entwicklung des psychischen Raumes

Knüpfen wir an Freuds Vorstellung an, dass das Ich den psychischen Raum als einen begrenzten Ausschnitt in der unbegrenzten Welt erschafft, indem es eine Innen- von einer Außenwelt unterscheidet. In diesem kreativen Prozess erschafft sich das Ich, oder besser, das Selbst, auch gleich selber. Und dies nicht alleine, sondern im ständigen affektiv und emotional motivierten und gesättigten Austausch mit seinen primären Bezugspersonen, später dann mit seiner weiteren Umgebung und seiner ganzen Kultur. Das Kind errichtet sein »Haus des Seins«, um diese (bei Nietzsche entlehnte) Metapher Martin Heideggers zu benutzen, als eine dreidimensionale Konstruktion in einer vieldimensionalen Welt. Als Modell dafür dient der Körper, denn das »Ich ist vor allem ein körperliches, es ist nicht nur ein Oberflächenwesen, sondern selbst die Projektion einer Oberfläche« (Freud, 1923b S. 253). Die gesamte Erfahrung und Konstruktion der Welt ist zunächst eine körperliche, die eigene Psyche und mit ihr die Welt werden aus dem körperlichen Erleben und den Austauschprozessen mit den primären Bezugspersonen generiert.

Der psychische Raum, das Haus, den das Ich (oder das Selbst) erschafft und bewohnt, stellt nur einen kleinen, beschränkten Ausschnitt der Welt dar und entsteht im Grunde durch eine Reduktion: »Ursprünglich enthält das Ich alles, später scheidet es eine Außenwelt von sich ab« (Freud, 1930a, S. 425). Zu der Scheidung von Innen- und Außenwelt tritt dann später auch noch die Grenzziehung zwischen Bewusstem und Unbewusstem. Das Unbewusste wird teils außerhalb des Hauses, teils in einem Keller versorgt, dessen Existenz man vergisst. Doch irgendwie bleibt eine Ahnung erhalten, es bleiben Erinnerungen an »dieses primäre Ichgefühl«, das noch alles enthielt, Vorstellungen »der Unbegrenztheit und der Verbundenheit mit dem All [...], das ›ozeanische‹ Gefühl«.

Im Alltag funktioniert der Mensch als dreidimensionales Wesen in einer dreidimensionalen Welt. Sind die Dreidimensionalität und die Abgegrenztheit des psychischen Raumes nicht gesichert, so kann man schlimme Erfahrungen machen, dann dehnt sich der psychische Raum oder er zieht sich zusammen, es wird einem schwindlig, wenn sich der Raum zu drehen oder ins All hinaus zu öffnen beginnt und man die Drehung der Erde wahrzunehmen scheint. Oder man weiß nicht mehr, wer man ist, ob man man selber oder der andere ist. Kurz, das sind Erfahrungen, die, wenn sie nicht im Rahmen eines spirituellen Kontextes, eines kulturellen Ritus, eines sexuellen Erlebnisses oder eines Experimentes mit psychedelischen Drogen gemacht und als solche eingeordnet werden können, psychotische Ängste auslösen.

In bestimmten Situationen kann eine partielle und vorübergehende Öffnung der Grenzen des Selbst in Richtung einer anderen Dimensionalität andere, darüber hinausgehende Erfahrungen ermöglichen, die hilfreich sein können, auch im Umgang mit dem Tod. Denn zweifellos sprengt der Tod die Grenzen der Dreidimensionalität, er löst den Körper und den dreidimensionalen psychischen Raum einfach auf. Damit verschwimmen und verschwinden die gewohnten Begrenzungen des körperlichen und psychischen Selbst, die Bausteine dessen, was man als von der Umwelt unterschiedenes und abgegrenztes Ich erlebt.

Eine zentrale Aufgabe der Entwicklung und des emotionalen Wachstums besteht darin, einen, soweit wie im jeweiligen kulturellen Rahmen üblich, abgegrenzten psychischen Raum zu erschaffen und funktionstüchtig zu halten. Für Wilfried Bion ist dies gleichbedeutend damit, dem n-dimensionalen »psychotischen ›Unmöglichkeitsraum‹ einen dreidimensionalen ›Wirklichkeitsraum‹ abzugewinnen, d.h., aus einem abgrundtief-offenen System ein geschlossenes zu machen« (Haas, 1997, S. 158).

Bion beschreibt den psychischen oder mentalen Raum als riesig, ja unendlich im Vergleich zu dem uns vertrauten dreidimensionalen Raum, in dem unser bewusstes Wahrnehmen und Denken stattfindet. Der dreidimensionale Raum wird durch unser Denken erschaffen, indem es die Vieldimensionalität reduziert, weshalb Bion (1970, S. 20) das Denken als »restriktiv« bezeichnet. Umgekehrt kann das Denken auch nur dann funktionieren, wenn die emotionale Frustration ausgehalten werden kann, die mit der Restriktion der vieldimensionalen nicht-sprachlichen Erfahrungen zu sprachlich vermittelbaren einhergeht. »Diese Begrenztheit ist sämtlichen Realisierungen des dreidimensionalen Raumes [...] inhärent, dem mentalen Raum jedoch nicht, solange nicht der Versuch unternommen wird, ihn durch verbales Denken zu repräsentieren« (ebd., S. 19). Wegen dieser Begrenztheit wird das Denken im dreidimensionalen Raum oft »nicht so gesehen, als verspräche es Entwicklungsfreiheit, sondern wird als Einengung empfunden« (ebd., S. 26), gegen die sich beispielsweise der Psychotiker wehrt. Allerdings ist eine solche Einengung der Preis für jede Symbolisierung und psychische Struktur, wie sie auch schon der Erschaffung der Welt zugrunde lag, als diese der »leeren und formlosen Unendlichkeit abgewonnen wurde« (ebd., S. 102), wie Bion, John Milton zitierend, schreibt.

Es liegt auf der Hand, dass wir auch in der Auseinandersetzung mit dem Tod immer wieder daran arbeiten müssen, ängstigende Wahrnehmungen aus dem n-dimensionalen Raum in eine Form zu bringen, in der sie unser Leben und unsere psychische Gesundheit nicht beeinträchtigen, sondern unseren psychischen Raum gegen zukünftige Störfälle imprägnieren, die jederzeit von solchen bedrohlichen Botschaften aus dem Jenseits unserer dreidimensionalen Welt ausgelöst werden können.

Dennoch ist der Mensch nicht davon abzubringen, immer wieder die Grenzen seiner Welt und seines psychischen Raumes überschreiten zu wollen, auf der Suche nach der Unbegrenztheit, der Verbundenheit mit dem All und dem ozeanischen Gefühl. Spätestens mit dem Näherrücken des Todes wird er offener für die zuvor nur »dunkle Selbstwahrnehmung des Reiches ausserhalb des Ichs, des Es« (Freud, 1941f, S. 152).

Sobald der Mensch Innen- und Außenwelt zu trennen und sein eigenes Selbst zu konstituieren beginnt, treten auch Wahrnehmungen des Todes auf, des Gegenteils des sich entwickelnden Lebens, der Negation von Welt und Selbst. Auf die Irritationen, die diese Wahrnehmungen hervorrufen, kann auf zwei Arten reagiert werden: mit einer Reaktion der Lebenstriebe, der libidinösen Besetzung der Welt, und mit dem Versuch, das Negative, die Irritation zu denken, zu mentalisieren und zu verstehen, sie in das Sinn- und Bedeutungssystem aufzunehmen. Letzteres ist jedoch ein hoher Anspruch, viel einfacher ist es zunächst, ganz auf die libidinöse Gegenbesetzung zu bauen und den psychischen Raum als einen Raum des Lebens gegen den Tod zu errichten und den Tod draußen zu halten, im psychischen Niemandsland, einem extraterritorialen Gebiet.

Doch dies gelingt desto weniger, je älter man wird, vielleicht auch schon deshalb, weil die Libido nachlässt. Doch grundsätzlich gilt: Je mehr die Phänomene des Todes gedacht, psychisch repräsentiert und ins eigene Denk- und Vorstellungssystem aufgenommen werden können, desto weniger können sie als eine terroristische Macht die Psyche vom extraterritorialen Raum aus angreifen und in ihrer Existenz erschüttern.

Abb. 2: Unbekannt, Flammarions Holzstich, undatiert

Im Umgang mit den Todesphänomenen wird das Individuum von den in seiner Kultur angebotenen Abwehrformen und Sinnsystemen, wie sie ihm zuerst von den Eltern vermittelt werden, angeleitet und unterstützt. Man kann darin eine der Hauptfunktionen der Kultur überhaupt sehen und sie in ihrer Gesamtheit als eine großartige Abwehrleistung gegenüber dem »*factum brutum* der menschlichen Sterblichkeit« (Baumann, 1992, S. 18, kursiv i. O.) interpretieren.

Der Mensch zeichnet sich dadurch aus, dass er Erfahrungen und Beziehungen symbolisch repräsentieren und mentalisieren kann. Seine Fähigkeit zur Reflexion ist aber auch seine Achillesferse, denn sie verdammt ihn dazu, auch über sich selber zu reflektieren und sich seiner Sterblichkeit bewusst zu werden. Damit einher geht auch das Erleben einer Entfremdung gegenüber der Natur und gegenüber sich selber. So entsteht aus der Fähigkeit und Notwendigkeit des Menschen, bewusst zu denken und Symbole zu benutzen, zugleich der Wunsch, dies auch wieder überwinden und transzendieren zu können.

Géza Róheim meinte, dass sich die Menschen in Horden zusammendrängen, weil sie Angst vor dem »Alleingelassenwerden im Dunkeln« (zit. n. Brown, 1959, S. 136) haben und einen Ersatz für die Eltern suchen. Die Gesellschaft, leitet Norman O. Brown daraus ab, entstand also

> »nicht, wie Aristoteles meinte, um des Lebens willen, um mehr Leben zu haben, sondern sie entstand aus einem Mangel, des Todes wegen, um vor dem Tod zu fliehen, aus Furcht vor Trennung, Vereinzelung und aus Furcht vor der Individualität. [...] Daher gibt es keine sozialen Gruppen ohne eine Religion ihrer eigenen Unsterblichkeit, und Geschichtemachen ist immer die Suche nach Gruppenunsterblichkeit.«

Die verschiedenen Kulturen bieten verschiedene Sinn-Systeme an, erschaffen spezifische »semiotische Himmel über sich« (Sloterdijk, 1998, S. 58), »ein eigenes Welthaus, eine Sinn-Glocke, unter der die Menschenwesen sich allererst sammeln, verstehen, wehren, steigern, entgrenzen« (ebd., S. 57). Dieser semiotische Himmel wird durch bestimmte Praktiken, insbesondere spiritueller oder religiöser Natur, repräsentiert. Sprache, Kunst und religiöse Rituale sind Techniken, die in einem emotional fundierten Prozess Unbekanntes und damit Unverstandenes, das potenziell Angst macht, in Bekanntes überführen. Trotz einer Relativierung der Bedeutung der Religion für einen kleinen Teil der Menschheit und einer Zunahme der Anzahl der Menschen, die sich als Atheisten oder Agnostiker verstehen, steht die Notwendigkeit des Menschen, sich in symbolischen und spirituellen Räumen zu verorten, außer Frage. Die Menschen existieren, »gleichgültig unter welchen ethnischen, ökonomischen und politischen Bedingungen sie leben, nicht nur in ›materiellen Verhältnissen‹, vielmehr auch in symbolischen Immunsystemen und rituellen Hüllen« (Sloterdijk, 2009, S. 13).

Was nicht verstanden und in einen Bedeutungskontext eingebettet werden kann, macht Angst. So erzeugt auch das Wissen um die eigene Sterblichkeit Angst, die dadurch reduziert werden kann, dass sich das Individuum in das Weltbild seiner Kultur oder Subkultur sicher eingebettet fühlt. In einer Vielzahl von Experimenten haben die Sozialwissenschaftler Sheldon Solomon, Jeff Greenberg und Tom Pyszczynski (2015) Belege dafür gesammelt, dass der Mensch, wenn er sich seiner Sterblichkeit bewusst wird, verstärkt darauf schaut, dass er sein Sinnsystem und seine Weltsicht bestätigen und gegen Andersdenkende abgrenzen kann. Wir bemühen uns dann verstärkt darum, unser »Vertrauen in unsere Weltanschauung, unser kulturelles Weltbild, aufrecht[zu]erhalten, um unserer Wirklichkeitswahrnehmung Ordnung, Bedeutung und Beständigkeit zu verleihen« (Solomon et al., S. 23). Die Forscher konfrontierten beispielsweise Richter, die in der Regel als besonders rational entscheidende Fachleute gelten, vor einer Entscheidung mit Gedanken an ihren eigenen Tod. Danach fielen die Urteile jeweils wesentlich strenger aus als bei jenen Richtern, die zur Kontrollgruppe gehörten und nicht mit ihrem eigenen Tod konfrontiert worden waren. »Die Ergebnisse zeigten, dass die Richter, die über ihre eigene Sterblichkeit nachgedacht hatten, sich besonders intensiv an das zu halten versuchten, was ihre Kultur ihnen als richtig vorgab« (ebd., S. 29). Solche Zusammenhänge konnten die Autoren in vielen weiteren Experimenten bestätigen.

Je weniger es gelingt, die auf den Tod verweisenden Erfahrungen, Phänomene, Stimmungen und Ereignisse symbolisch zu fassen, das heißt, sie in Form von Ritualen, Bildern, Erzählungen oder Sprache zu repräsentieren und bewusstseinsfähig zu machen, desto mehr wird der Tod mit all dem anderen nicht bewusstseinsfähigen, bedrohlichen Gerümpel des Lebens im vergessenen Keller weggesperrt oder wie Weltraumschrott in die Außenwelt entsorgt. In diesen Nebenräumen vermischen sich die Abkömmlinge des Todes mit all den anderen nicht bewusstseinsfähigen oder abgewehrten Inhalten des Unbewussten und des Es zu einer dämonisch erscheinenden, bedrohlichen Bande. Dies lässt alle Erscheinungen des Todes noch beängstigender wirken, als sie sowieso schon sind, denn nun kann der Tod für alles Mögliche stehen, das als so bedrohlich erlebt wird, dass es abgewehrt und unbewusst gemacht und damit von der bewussten Erfahrung ausgeschlossen werden muss.

Andererseits ist der Tod am Ende auch das Ende der Symbolisierbarkeit; wenn wir tot sind, ist da auch kein Ich mehr, das das Totsein denken könnte. Schlussendlich sind der Tod und das Sterben deshalb reines Erleben, oder noch weniger: pures Geschehen. Insofern ist Symbolisieren auch der am Schluss zwangsläufig scheiternde Versuch, den Tod zu bekämpfen und die Vergänglichkeit abzuwehren. Das Reich des Todes ist die Welt jenseits des Symbolischen und Symbolisierbaren, und so bleibt dem Menschen letztendlich nur, das Scheitern seiner Symbolisierungsstrategie zu symbolisieren und daraus seine Schlüsse zu ziehen.

Doch am Ende kann auch ein sprachloses Ritual einen symbolischen Schutz gegenüber dem Schrecken des Todes bilden. Lars von Trier zeigt dies am Ende seines Films *Melancholia* (2011), eines Films, der unter anderem davon handelt, wie hinter dem Lebendigen, einer Hochzeit, die gefeiert wird, unvermeidlich der Tod in Erscheinung tritt, schlussendlich in Form der bevorstehenden Kollision der Erde mit dem Planeten Melancholia. Angesichts dieser Katastrophe verzweifeln die beiden Protagonistinnen, die Schwestern Justine und Claire nicht, sondern suchen mit Claires Sohn Leo Zuflucht in einer symbolischen Handlung. Die beiden Frauen und das Kind sammeln Äste und fügen sie zu einer symbolischen Hütte zusammen, in die sie sich dann zu dritt hineinsetzen. In diesem kulturellen Symbol einer Schutzhütte sitzen sie im Wissen um das herannahende Ende im Kreis und halten sich schweigend an den Händen. Eine Situation wie am Sterbebett, ein Bild der Geborgenheit und des Aufgehobenseins in der Beziehung zu den Bezugspersonen. Und vielleicht ein Bild des Vertrauens in das Wissen über die großen Zusammenhänge, über das eine Person, die auf die Idee kommt, eine symbolische Hütte zu bauen, möglicherweise verfügt.

Der Tod als Organisator

Man könnte in Anlehnung an René Spitz im Tod einen Organisator des Selbst und des psychischen Raumes sehen. Als Organisatoren bezeichnete Spitz drei Ereignisse oder Wegmarken in der frühen Entwicklung des Kindes, die einen qualitativen Sprung zu einem differenzierteren Niveau der Selbst-Struktur markieren: Der erste Organisator ist das Dreimonatslächeln, mit dem eine erste Unterscheidung von Selbst und Nicht-Selbst deutlich wird. Der zweite Organisator zeigt sich mit acht Monaten in der Achtmonatsangst, im Fremdeln des Babys gegenüber ihm nicht sehr vertrauten Menschen, womit die Unterscheidung zwischen dem Selbst und den anderen als Organisationsprinzip in der Welt des Babys nun schon eine zentrale Rolle spielt. Als dritter Organisator tritt schließlich im zweiten Lebensjahr das »Nein« in Erscheinung, mit dem das Kleinkind klar und zunehmend bewusst die Grenze zwischen sich und dem anderen markiert, wobei es zunächst erstaunt und dann immer mehr begeistert die Wirkung dieser Verneinung auf die Welt registriert.

Eines Tages entdeckt das Kind den Tod, und auch diese Entdeckung strukturiert das Verhältnis seines Selbst zur Welt neu. Der Tod ist auch eine Art Nein, ein Nein zum bisherigen Weltbild des Kindes und ein Nein zum Leben. Sobald der Tod (immer als Kurzform für die Wahrnehmung des Todes oder Gedanken an den Tod) zum ersten Mal in einer neuen Lebensphase in Erscheinung tritt, werden Änderungen der Organisation der psychischen Struktur, Anpassungs- und Abwehrvorgänge, nötig. Da der Tod in jeder Altersstufe neu erlebt und wahrgenommen wird, markiert er nicht nur eine, sondern viele Wegmarken, begleitet so als Organisator das ganze Leben und fordert immer wieder zu neuen Entwicklungen heraus.

Die immer wieder auftauchenden Gedanken an den Tod machen es nötig, über ihn nachzudenken und die damit verbundenen Gefühle immer wieder zu erleben und auf der jeweiligen Stufe der kognitiven und emotionalen Möglichkeiten neu zu bewältigen. Der Organisator Tod tritt also nicht nur einmal in Erscheinung, sondern in den verschiedenen Lebensphasen immer wieder neu, erfordert neue Anpassungen, führt zu neuen Krisen und neuen Lösungen. Die Gedanken um den Tod sind sicher ein Beispiel für Bions Ansicht, dass das Denken entstehen müsse, um die Gedanken zu bewältigen, die sich der Psyche aufdrängen, und nicht umgekehrt.

Charles du Bos bezeichnete das erstmalige Bewusstwerden über die Existenz des Todes mit dem vielleicht auch ein bisschen verharmlosenden Begriff »le réveil mortel« (nach Barnes, 2008, S. 36). Darauf folgt jedoch irgendwann, spätestens in der Adoleszenz, die schockierende Erkenntnis und Herausforderung an den kindlichen oder jugendlichen Narzissmus, dass der Tod meine Position der ganzen Welt, dem ganzen Leben gegenüber verändert, denn von nun an weiß ich, dass ich nur ein vorübergehendes Phänomen, ein Staubkorn im All bin. Der Tod trianguliert die Position des Kindes dem Leben gegenüber, das nun einen Gegenpart, den Tod, bekommen und dadurch seine Selbstverständlichkeit und Unantastbarkeit verloren hat. Und er dezentriert die Position des Kindes in der Welt; es gibt nicht nur die Eltern als mächtige Figuren, die teilweise einer anderen Sphäre angehören, von der das Kind ausgeschlossen ist, sondern es gibt noch etwas viel, viel Mächtigeres als die Eltern. Und diesem Mächtigeren gegenüber haben die Eltern auch keine Privilegien, sind ihm genauso unterworfen wie das Kind.

Betont werden soll nochmal, dass die für die Entwicklung des Psychischen bedeutsame Begegnung mit dem Tod keineswegs nur eine kognitiv-emotionale, sondern immer zugleich eine körperlich-emotionale Angelegenheit ist. Deutlich erkennbar ist dies oft in Trauerreaktionen, wie sie etwa die Schriftstellerin Joan Didion beschreibt:

> »Gefühle körperlichen Leidens, die in Wellen auftreten, [...] das Gefühl einer zugeschnürten Kehle, Erstickungsanfälle mit Atemnot, das Bedürfnis zu seufzen und ein leeres Gefühl im Unterleib, Versagen der Muskeln und ein intensives subjektives Leiden, beschrieben als Angespanntheit und seelischer Schmerz« (zit. n. Kley-Hutz, 2009, S. 368).

Solche körperlichen Reaktionen lassen sich auch bei Jugendlichen beobachten, die die Tatsache des Todes erschreckt hat, ganz ausgeprägt bei solchen, die ihre Todesangst in Panikattacken erleben. Auch in Fällen, in denen das bewusste Denken den Tod verleugnet, kann der Körper davon wissen und darauf reagieren.

Kindheit

Das Kind kann nicht von Geburt an zwischen Belebtem und Unbelebtem unterscheiden, es muss diese Fähigkeit zuerst entwickeln. In der Phase des ersten Organisators kann es noch nicht zwischen einem lebendigen Gesicht und einer unbelebten Maske unterscheiden. In der Phase des zweiten Organisators, zwischen dem neunten und zwölften Monat, in der es zwischen dem vertrauten, libidinös besetzten und dem fremden Objekt differenziert, ist das Kind dann auch fähig, Belebtes und Unbelebtes zu unterscheiden. Ist es dazu nicht in der Lage, kann es mit Angst reagieren. Nur in ihrer Entwicklung schwer beeinträchtigte, zum Beispiel autistische Menschen haben bleibende Schwierigkeiten, zwischen belebten und unbelebten Objekten zu unterscheiden.

Das Kind kann bekanntlich kraft seiner Fantasie locker zwischen den Kategorien Belebt und Unbelebt hin und her pendeln. Es kann unbelebte Dinge zu belebten Kreaturen erheben, Plüschtiere oder auch Gegenstände als belebt und mit einem eigenen Willen versehen erleben, und es kann damit spielen, sich selber tot zu stellen. Der Unterschied zwischen belebt und unbelebt und der Zustand des Totseins kann das Kind faszinieren, seine forscherische Neugier wecken.

Das Phänomen des Todes tritt schon sehr früh in das Bewusstsein des Kindes, der Tod zieht zunächst die Neugier des Kindes auf sich, bevor er dann Angst und dementsprechend auch eine Abwendung von dem Thema auslöst. Angeregt von Zeichen des Todes, wie toten Tieren, abgefallenen Pflanzenteilen, verstorbenen Verwandten, Friedhöfen und Kreuzen am Wegesrand, ist das Kind als kleiner Forscher grundsätzlich offen dafür, sich mit dem Tod zu beschäftigen, im Gegensatz zu den Erwachsenen, die sich oft weniger unbefangen auf das Thema einlassen können und meinen, dem Kind einen Dienst zu erweisen, indem sie es ablenken und ihm die Beschäftigung mit dem Tod, der den Erwachsenen so große Angst macht, ersparen möchten.

In mancherlei Hinsicht bringt erst der Blick auf das Tote grundlegende Strukturen zum Vorschein, wie etwa ein am Strand liegendes, schon weitgehend zersetztes Skelett eines Fisches. Hier macht erst der Zerfall eine Grundstruktur wahrnehmbar, was beim Kind einerseits Abscheu, andererseits Interesse auslösen kann. Die forscherische Neugier kann die Kinder dazu bringen, Tiere zu töten, um zu schauen, was dann passiert, Tiere aufzuschneiden und zu sezieren. Die Freude am forschenden Zerlegen bringt oft das zum Vorschein, was übrigbleibt, wenn das Leben vergangen ist, wie beispielsweise Haut und Knochen bei Mumien, für die sich Kinder mit intensiver Angstlust interessieren.

Bis zum Alter von drei Jahren können Kinder den Tod als definitives Ende und Abwesenheit noch nicht verstehen, sie erleben die Welt noch ohne die kognitiven Qualitäten der Zeitdimension, der Objektkonstanz und der Kausalität. Trennung und Tod sind das Gleiche, der Verstorbene wird, so denkt das Kind, nach einer kurzen Abwesenheit wiederkommen. Umgekehrt kann die kurze Abwesenheit der Eltern so erlebt werden, als wären sie verstorben. Obwohl Kinder keine Vorstellung davon haben, dass die Toten endgültig tot sind, können sie intensives Leid und Trauerreaktionen zeigen.

Zwei- bis fünfjährige Kinder suchen nach ähnlichen Phänomenen und so mischen sich Vorstellungen vom Tod mit den für dieses Alter typischen Trennungs- und Kastrationsängsten. Besonders der Schlaf eignet sich als Vergleich für den Zustand des Totseins, Homer bezeichnete den Schlaf als den »kleinen Bruder des Todes«, im Talmud wird der Schlaf als ein Sechzigstel des Todes beschrieben (*Babylonischer Talmud*, Traktat Berachot 57b), und auch in buddhistischer Sicht stellt der Schlaf als der »kleine Tod« einen zum Totsein vergleichbaren Zustand dar und deshalb auch eine Möglichkeit, den Tod zu antizipieren. Gerade diese naheliegende Gleichsetzung von Tod und Schlaf kann aber auch zu Schlafstörungen Anlass geben. Für die Angst, aus dem Schlaf nicht mehr zu erwachen, im Schlaf zu sterben, können paradoxerweise auch zur Beruhigung gedachte Schlaflieder beunruhigendes Material liefern. Nehmen wir als Beispiel das Schlaflied *Guten Abend, gut' Nacht*:

Guten Abend, gut' Nacht,
mit Rosen bedacht,
mit Näglein besteckt,
schlupf unter die Deck:
Morgen früh, wenn Gott will,
wirst du wieder geweckt.

Guten Abend, gut' Nacht,
von Englein bewacht,
die zeigen im Traum
dir Christkindleins Baum.
Schlaf nun selig und süß,
schau im Traum 's Paradies.

Der Refrain »Morgen früh, wenn Gott will, wirst du wieder geweckt« verströmt alles andere als eine Sicherheit darüber, dass man am nächsten Morgen wieder aufwachen wird. Insbesondere, wenn man nicht über ein ganz reines Gewissen verfügt. Und auch die Vorstellung, im Traum das Paradies zu sehen, kann das nachdenkliche Kind in ein Dilemma bringen, sobald es gehört hat, dass das Paradies erst nach dem Tod zu erwarten ist, und dies auch nur bei gutem Benehmen. Im Übrigen kennen auch andere Religionen wie der Islam die Vorstellung, dass im Schlaf die Seele der Menschen bei Gott ruht und von diesem am Morgen dem Menschen zurückgegeben wird: »Allah nimmt die Seelen zu Sich zur Zeit ihres Todes, und diejenigen, welche nicht sterben, in ihrem Schlaf. Und diejenigen, über die er den Tod verhängt hat, behält er zurück, und sendet die andern zurück bis zu einem bestimmten Termin« (Koran, Sure 39, Vers 43 [42]).

Erkennt das Kind bis zum Alter von fünf Jahren die Realität des Todes noch nicht an und läuft beispielsweise weg, um die verstorbene Mutter dort zu suchen, wo es sie das letzte Mal gesehen hat, so wird in der nun folgenden Zeitspanne bis zum neunten Lebensjahr die Vorstellung vom Tod realistischer. Mit acht bis zehn Jahren erkennen Kinder, dass alle Tiere und Menschen, auch sie selber, einmal sterben müssen, und sie interessieren sich nun dafür, was nach dem Tod passieren wird. Mit zehn Jahren ist die Vorstellung vom Tod als unausweichlichem und abschließendem Ereignis verankert und mit Gefühlen von Trennung, Liebesverlust und Endgültigkeit assoziiert.

Dies ist eine Leistung des Latenzalters, also ungefähr der Zeitspanne der

Grundschulzeit bis zum Eintritt in die Adoleszenz, wenn sich das Ich gefestigt hat und von der vorübergehenden Verdrängung der Triebanforderungen profitiert. Mit der Verdrängung der Triebimpulse werden auch die beunruhigenden Gedanken an den Tod abgewehrt; »es ist die Bewusstheit des Todes ebenso wie die kindliche Sexualität, die ›latent‹ ist« (Yalom, 1980, S. 115). »Obwohl man in der Latenzzeit viel allgemeines Wissen erwirbt, zieht man sich gleichzeitig vom Wissen über die Tatsachen des Lebens zurück.« Damit ist die Beschäftigung mit dem Tod in diesem Alter sachlicher.

Alle Forschungsresultate belegen, dass Kinder sehr viel mehr mit dem Tod beschäftigt sind, als es sich die Erwachsenen vorstellen. Stellvertretend für andere sei hier Dieter Bürgin (1978, S. 53) zitiert, der seine Übersicht über Forschungsergebnisse zur Entwicklung der Todesvorstellungen des Kindes wie folgt zusammenfasst: »Gedanken an den Tod treten viel früher auf, als gemeinhin angenommen wird. Sie bilden eine mächtige Kraft in Bezug auf die gesamte Entwicklung des Kindes, auf die Entstehung der Religion und auch auf den Sozialisierungsprozess.« Yalom (1980, S. 97) zieht in seinem Überblick den folgenden Schluss: »Der Tod ist für sie ein großes Rätsel, und eine ihrer größten Entwicklungsaufgaben besteht darin, mit der Furcht vor Hilflosigkeit und Vernichtung umzugehen.« Die Kinder beschäftigen sich also nicht nur, wie Freud meinte, mit der Frage nach dem »Woher?«, sondern genauso mit der Frage nach dem »Wohin?«

Die hauptsächliche Strategie des Kindes im Umgang mit dem Tod ist die Verleugnung: Tote sind gar nicht tot, sondern schlafen nur. Der Tod wird nicht mich treffen, sondern jemand anderen. Kinder halten sich für unsterblich, denken, wenn sie doch einen Todesfall erleben, nur Erwachsene sterben, Kinder nicht – eine Idee, die das Erwachsenwerden nicht gerade attraktiv erscheinen lässt. Die Psychoanalytikerin Hermine Hug-Hellmuth berichtet von einem dreieinhalbjährigen Kind, das nicht wachsen wollte. Es bat seine Mutter, ihm einen großen Stein auf den Kopf zu legen, damit es nicht sterben müsse. Der Stein würde verhindern, dass es wächst und damit, dass es stirbt. Denn, erklärte das Mädchen, »die Leute, welche wachsen, werden alt und sterben« (zit. n. Bürgin, 1978, S. 52).

Besonders belastend ist für Kinder, neben einer eigenen lebensbedrohlichen Krankheit, der Tod eines anderen Kindes, weil dieses Ereignis die Verleugnungsstrategie, zu denken, dass nur ältere Menschen sterben können, untergräbt (Yalom, 1980, S. 129).

Die Strategie der Verleugnung gründet, so Yalom, auf zwei Hauptbollwerken, zwei archaischen Glaubenssätzen, nämlich dass man persönlich unverletzlich sei oder dass man »von einem letzten Retter ewig beschützt werde« (1980, S. 137). Besonders die letztere Vorstellung wird kulturell durch religiöse Angebote unterstützt. Auch in einer scheinbar säkularisierten Welt spielen diese immer noch eine bedeutende Rolle, wie eine 2007 erhobene Umfrage unter 35.000 Amerikanern zeigt: 92% der Befragten glauben an die Existenz Gottes und 74% daran, dass es einen Himmel und ein Leben nach dem Tod gibt (zit. n. Solomon et al., 2015, S. 131). Immerhin ist ja auch Jesus vom Tode wieder auferstanden.[2]

Ein weiterer Abwehrmechanismus des Kindes besteht in der Wendung vom Passiven ins Aktive: Das Kind lässt die Dinge verschwinden, und der Erwachsene muss sie wiederfinden, statt dass der Erwachsene oder gar das Kind selber verschwinden würde. Das Kind tötet anstatt getötet zu werden, indem es Insekten zerquetscht oder seine Spielfiguren sterben lässt. Die Angst, in der Badewanne mit dem Wasser weggespült zu werden, wenn der Stöpsel gezogen wird, bewältigt es dadurch, dass es selber den Stöpsel zieht (Yalom, 1980), genauso, wie es Dinge im WC hinunterspült, anstatt selber hinuntergespült zu werden oder wie es Spaß daran hat, Streichhölzer auszublasen, die dann wieder angezündet werden können und so ihren Tod überleben. Die Angst vor dem Tod wird auch in vielen Fänger- und Jägerspielen ins Spielerische gekehrt, wie etwa im Kinderspiel »Wer hat Angst vorm Schwarzen Mann«, in dem der »Schwarze Mann« die anderen Kinder fängt, womit sie – wie in Videospielen – ihr Leben verlieren. Ebenso wurde in der Zeit der Pest, in der das Spiel vermutlich entstand, der Tod von einem Menschen auf den anderen übertragen. Kinder spielen das Versteckspiel, in dem sie aus der Welt verschwinden und wiedergefunden werden wollen, und spielen überhaupt in vielen Varianten und immer wieder, dass sie tot sind.

Als eine weitere Variante der Wendung ins Aktive kann man die Abwehr des Todes durch Vorstellungen von omnipotenten oder zumindest besonderen Fähigkeiten des Kindes betrachten. Zur omnipotenten Abwehr gehört die Überzeugung, es liege im Rahmen der eigenen Möglichkeiten,

2 Eine kleinere repräsentative Befragung in Deutschland aus dem Jahr 2016 ergab allerdings etwas andere Ergebnisse: hier glaubten zwar auch zwei Drittel der Befragten im Alter von 14 bis 29 Jahren daran, dass nach dem Tod noch etwas weitergeht, doch die Hälfte aller Menschen über 60 war der Meinung, dass nach dem Tod nichts mehr kommt (Die Welt, 26.2.2016).

den Tod zu vermeiden, indem man besonders gut und anständig ist oder indem man besonders intelligent und schlau oder gar gerissen ist, wie die Protagonisten in Märchen, die meist durch die eine oder andere dieser Fähigkeiten dem Tod zu entkommen vermögen. Die Vorstellung, dass eigenes Gutsein ein Mittel gegen den Tod sei, weil der Tod nur die bösen Kinder hole, scheint dem Kind zwar selber die Kontrolle über den Tod zu geben, doch zugleich entsteht daraus auch ein erheblicher Über-Ich-Druck, auch ja nie böse zu sein, denn damit könnte man ja sein Leben aufs Spiel setzen.

Dies ist beispielsweise in *Grimms Märchen* eines der immer wiederkehrenden Themen, etwa in der kurzen Geschichte »Das eigensinnige Kind«:

> »Es war einmal ein Kind eigensinnig und tat nicht, was seine Mutter haben wollte. Darum hatte der liebe Gott kein Wohlgefallen an ihm und ließ es krank werden, und kein Arzt konnte ihm helfen, und in kurzem lag es auf dem Totenbettchen. Als es nun ins Grab versenkt und die Erde über es hingedeckt war, so kam auf einmal sein Ärmchen wieder hervor und reichte in die Höhe, und wenn sie es hineinlegten und frische Erde darüber taten, so half das nicht, und das Ärmchen kam immer wieder heraus. Da mußte die Mutter selbst zum Grabe gehen und mit der Rute aufs Ärmchen schlagen, und wie sie das getan hatte, zog es sich hinein, und das Kind hatte nun erst Ruhe unter der Erde« (Grimm, 1949, S. 564).

Wenn es ihn schon nicht ganz verleugnen kann, versucht das Kind, dem Tod, der in seine Welt einbricht und eine beunruhigende Lücke reißt, auf verschiedene Arten einen symbolischen Ort zu geben, ihn zu personifizieren, um ihn dann wie in einer Phobie vermeiden zu können. Wobei er interessanterweise immer noch prickelnd interessant bleibt, man nähert sich ihm an und rennt davon. Es können die Gespenster vor dem Fenster oder unter dem Bett sein, denen die Angst gilt, oder der schwarze Mann, der im Quartier umgeht und die Kinder mitnimmt, oder ein Irrer.

> »Bloß warum wir als Kinder alle so viel Angst vor dem Irren gehabt haben, weiß ich nicht mehr, denn wir wussten ja gar nicht, was das ist, ein Irrer. Und heute, wo ich es weiß, weiß ich auch, dass wir gar keine Angst hatten vor ihm. Sondern vor etwas anderem, von dem wir noch lange nichts wussten« (Herrndorf, 2014, S. 64).

Die Rolle der Erwachsenen

Die Frage ist, ob der Mensch schon irgendeine Art von Wissen um den Tod mit auf die Welt bringt, etwa in dem Sinne, wie Bion es in seinem Modell der Präkonzeptionen entwirft. Bei Bions Präkonzeptionen handelt es sich um die angeborene Erwartung einer Erfahrung, die dann, wenn diese Erfahrung stattfindet, die Präkonzeption zu einer Konzeption werden lässt. Die Präkonzeption ist für Bion das, was Kant als »leere Gedanken« beschrieb. Ein Beispiel dafür ist das angeborene Suchverhalten des Säuglings nach der mütterlichen Brust; wenn »dieses a-priori-Wissen um eine Brust, der ›leere Gedanke‹« (Bion, 1962, S. 226), mit der wirklichen Brust zusammenkommt und zu einem Erlebnis der Befriedigung führt, entsteht aus dieser »Kreuzung einer Präkonzeption mit ihrem Realerlebnis eine Konzeption« (ebd., S. 226f.).

Diese Konzeption ist nun aber noch kein Gedanke, denn ein Gedanke entsteht erst, wenn die Präkonzeption mit einer Erfahrung der Nicht-Befriedigung zusammenfällt, also etwa einer nicht befriedigenden Brust. Gedanken, und in deren Folge das Denken, entstehen also aus dem Zusammentreffen von Präkonzept und einem versagenden Realerlebnis. Man kann deshalb die Frage aufwerfen, ob der Mensch in Analogie zu anderen Präkonzeptionen auch mit einer angeborenen Präkonzeption »Tod« ausgestattet sein könnte und ob ihn diese automatisch zu seinen Gedanken über den Tod führen wird, da es sich hier ja immer um unbefriedigende Erfahrungen handelt; außer vielleicht im Falle eines gesuchten, selbstgewählten Todes oder gegen das Ende des Lebens hin, wenn es zu einer Art von Befriedigung führen könnte, die Realität mit der Präkonzeption »Tod« in Übereinstimmung zu bringen.

Für seine Versuche, den Tod zu verstehen und symbolisierend zu fassen, benutzt das Kind nun aber in erster Linie das Material, das ihm seine Umgebung dafür anbietet. Dafür sind beim kleinen Kind zunächst die Eltern mit ihrem eigenen Umgang mit dem Thema Tod zuständig. Damit stößt das Kind aber sofort auch auf die emotionalen Reaktionen der Erwachsenen auf das Thema und die dadurch mobilisierte Abwehr. Eine der Hauptschwierigkeiten in Kindheit und Jugend, die Erfahrungen mit dem Tod zu bewältigen besteht in der Tabuisierung und Verleugnung des Todes durch die Erwachsenen, die sich selber dem Thema nicht stellen können und vielleicht meinen, sie würden etwas Gutes für die Kinder tun, diese damit vor etwas Schlimmem schützen. Das, was das Kind dann vom Erwachsenen als emotionale Reaktion und als Symbolisierungsmöglichkeit angeboten bekommt, ist oft eine Mischung aus Unbehagen, Angst, misslingenden Verarbeitungsversuchen und Unverarbeitetem.

Ist das Kind zunächst einmal neugierig mit den Fragen um den Tod beschäftigt, so versucht der Erwachsene es schon zu trösten und abzulenken, nur um seine eigene Todesangst zu besänftigen. Die abwehrenden Reaktionen der Erwachsenen können zur Folge haben, dass das Kind sein »oft sehr drängendes« (Bürgin, 1978, S. 50) Interesse an der Erforschung des Todes und des Phänomens der Veränderung von Belebtem zu Unbelebtem vor den Eltern verbirgt. So enthält der Erwachsene dem Kind sein Wissen über den Tod vor – doch »was die Kinder nicht wissen, das erfinden sie« (Yalom, 1980, S. 119), wobei sie aufgrund ihrer archaischen Fantasien auf viel schrecklichere Vorstellungen kommen können als diejenigen, vor denen ihre Eltern sie zu schützen meinen.

Um sich selber zu beruhigen, nehmen die Erwachsenen an, dass sich die Kinder gar nicht mit dem Thema Tod beschäftigen. In einer Studie wurden Kinder im Alter von acht bis zwölf Jahren nach ihren Ängsten gefragt, parallel dazu sollten ihre Mütter sagen, wovor ihre Kinder ihrer Meinung nach Angst hätten. Während »die Mütter angaben, ihre Kinder hätten mehr Angst vor Schlangen und schlechten Noten als davor, krank zu werden oder zu sterben, erklärten die Kinder selbst, sie hätten mehr Angst vor Krankheit und Tod als vor Schlangen und schlechten Zeugnissen« (Solomon et al., 2015, S. 48). Die gleiche irrige Annahme führt dazu, dass beim kleinen Kind, dass seine Angst vor dem Tod noch nicht klar sprachlich formulieren kann, nicht wahrgenommen wird, wenn es Zeichen von Angst vor dem Tod zeigt.

Zur Erforschung der Grundtatsachen des Lebens gehört nicht nur die Beschäftigung des Kindes mit Fragen der Zeugung und der Sexualität, die heutzutage einigermaßen toleriert werden (auch wenn sie viele Eltern immer noch überfordern und an eigene emotionale Grenzen bringen), sondern auch die Erforschung des Gegenstücks, des Übergangs zum Tod. Kurt Eissler brachte den Gedanken auf, dass sich das Kind vielleicht zuerst mit dem Tod und dann erst mit der Frage der Entstehung des Lebens beschäftigen könnte, dass die kindliche Erforschung der Fortpflanzungsvorgänge sekundär von einer vorangehenden Beschäftigung mit dem Tod abstammt, von der sich das Kind abwendet, »weil sie Grauen erregt und es meint, daß jeder mögliche Fortschritt dieser Erkundung völlig hoffnungslos sei und zur Verzweiflung führe« (Eissler, 1955, S. 55). Hemmung des kindlichen

Dranges, die Welt zu erforschen und zu verstehen, das Scheitern seiner Versuche, Dinge wie den Tod und die Entstehung des Lebens gedanklich zu fassen, können Blockierungen der Lern- und Arbeitsfähigkeit nach sich ziehen.

Je jünger das Kind, desto wichtiger ist die Funktion der Bezugsperson als Container für die Affekte und Gedanken, die das Kind noch nicht alleine verarbeiten kann. So projiziert das Kind natürlich auch die schlimmste aller Ängste, seine Todesangst in die Mutter oder den Vater, und diese haben die Aufgabe, sie auszuhalten, zu verdauen und sie dem Kind in einer erträglichen und bekömmlichen Form wieder zur Verfügung zu stellen. Die Eltern müssen dafür fähig sein, die Affekte des Kindes, hier also die Todesangst, in sich aufzunehmen und ihnen eine Bedeutung zu geben, also zu denken, dass sich etwas für das Kind vielleicht gerade so anfühlt, als ob es sterben müsse. Wenn die Eltern zu sehr Angst vor solchen Gedanken haben, werden sie sie aber weder beim Kind wahrnehmen noch selber denken wollen, und sie werden die Projektion der Todesangst des Kindes nicht annehmen, sondern zurückweisen. Dann »fühlt das Kind, daß sein Gefühl der Todesnot aller ihm innewohnenden Bedeutung entkleidet ist. Es reintrojiziert deshalb nicht eine Furcht zu sterben, die erträglich wurde, sondern eine namenlose Angst« (Bion, 1962, S. 232). Diese namenlose Angst bleibt dem Zugriff des Ichs des Kindes entzogen und treibt in der Folge als Pavor nocturnus, als generalisierte Angststörung und in Panikanfällen ihr unkontrolliertes Unwesen.

Winnicott (1962, S. 74) beschreibt den gleichen Vorgang in etwas anderen Worten und spricht anstelle von der namenlosen von »unvorstellbarer Angst« des Kindes, die zurückbleibt, wenn die Mutter in ihrer Fähigkeit gestört ist, sich in das Baby hineinzuversetzen, zu wissen, was das Baby braucht und mit ihrer Liebe Wege zu finden, ihm zu helfen. Die unvorstellbaren Ängste treten in der weiteren Entwicklung in den folgenden vier Varianten in Erscheinung, die, so Winnicott, typisch für psychotische Ängste sind: Zusammenbrechen; unaufhörliches Fallen; keine Beziehung zum Körper haben; keine Orientierung haben.

Besonders gefährdet sind hier Kinder von psychisch kranken Eltern, zum Beispiel von depressiven Müttern, die nicht nur in ihrer Containment-Funktion beeinträchtigt, sondern selber so sehr vom Todesthema angefüllt sind, dass dieses auch ihr Kind anfüllt, anstatt dass die Mutter ihrem Kind in der Konfrontation mit dem Tod helfen könnte. Der Tod tritt dem Kind dann nicht nur in der Welt draußen, sondern auch in der Mutter entgegen.

André Green (1993) spricht denn auch von der depressiven Mutter als der »toten Mutter«.

Ein Kind zu bekommen ist für seine Eltern eine libidinöse Erweiterung ihres Ichs und damit auch eine Gegenbesetzung zu allen ihren bewussten oder abgewehrten Gedanken an den Tod. Andererseits ist ein Kind immer auch eine Quelle der Angst, weil es ja ständig in Gefahr ist, sterben zu können. Deshalb ist davon auszugehen, dass die Eltern schon während der Schwangerschaft sowie unter und nach der Geburt sehr viel mehr mit Todesängsten in Kontakt sind als zuvor. Unbewusst können die Eltern vor, während und nach der Geburt mit ihren als solche nicht bewusstseinsfähigen Erinnerungsspuren an die eigene Geburtserfahrung in Kontakt kommen, also mit einer dramatischen, überwältigenden und oft auch mit Todesängsten oder gar Todeserfahrungen assoziierten Situation. Diese können während der Schwangerschaft, unter oder nach der Geburt durchbrechen und in die ersten geteilten emotionalen Erfahrungen zwischen dem Kind und seinen Eltern prägend eingehen.

Vernünftigerweise haben die meisten Eltern Angst, dass ihrem Kind etwas zustoßen, dass es sterben könnte. Man denke nur daran, dass noch 1947 in Deutschland die Säuglingssterblichkeit bei 10% lag (nach Burchartz, 2014, S. 195). Die erhöhte Aufmerksamkeit der Eltern für Gefahren aller Art ist ebenso unvermeidbar wie für das Überleben des Kindes notwendig. Doch je eingeschränkter die Fähigkeit von Eltern ist, ihre eigene Angst zu bewältigen, desto mehr werden deren eigene Todesängste im un- und vorbewussten Austausch auf das Kind übertragen.

Besonders gefordert sind die Eltern, sollte ihr Kind dann tatsächlich in eine lebensbedrohliche Situation geraten. Kinder mit einer unheilbaren Krankheit wissen oft viel mehr über ihren Zustand, als ihre Eltern an Wissen ertragen können. Und zugleich spüren sie die Angst ihrer Eltern und versuchen, diese genauso zu schonen, wie die Eltern sie zu schonen versuchen. »Alle Kinder wissen – nicht bewußt, aber intuitiv – über den Ausgang ihrer Krankheit Bescheid. Alle Kleinen sind sich auf spiritueller Ebene bewußt, wenn sie dem Tode nahe sind«, zitiert Alain di Gallo (2002, S. 97) Elisabeth Kübler Ross. Dies, führt di Gallo weiter aus, teilen sie indirekt, manchmal verschlüsselt im Spiel oder über Zeichnungen mit, allerdings suchen sie sich dafür Personen aus, die diesem Wissen gewachsen sind, und das sind oft nicht die Eltern.

Das Kind wird also von zwei Seiten her mit dem Phänomen des Todes konfrontiert und muss sich mit diesem auseinandersetzen: Einerseits stößt es selber bei der Entdeckung der Welt darauf, andererseits trifft es den Tod auch in seiner mit den Eltern geteilten emotionalen Binnenwelt an; in letzterer teils als den Eltern selber unbewusste, rätselhafte Botschaften, wie dies Jean Laplanche für die sexuellen Fantasien beschreibt, teils als von den Eltern nicht ausgehaltene, ausgestoßene und in das Kind projizierte Todesängste, teils als Symbolisierungsvorlagen und beispielhafte emotionale Qualitäten dafür, wie man auf die Todeswahrnehmungen reagieren kann. Wenn die Mutter oder der Vater das kleine Kind umsorgt, mit ihm spielt, entstehen nicht nur Situationen mit hoher libidinöser, erotischer, verführender Qualität, in denen sich das Sexuelle so, wie es im Unbewussten des Erwachsenen vorhanden ist, dem Kind vermittelt, sondern auch solche, in denen die unbewussten Todesfantasien des Erwachsenen aktiviert und transgenerationell übermittelt werden. Deshalb ist davon auszugehen, dass das bedrohliche Faktum des Todes genauso von Beginn der psychischen Existenz an eine Dynamik in den frühesten Interaktionen zwischen den Eltern und ihrem Kind erzeugt wie die auf die Sexualität bezogenen »rätselhaften Botschaften des Anderen« (Laplanche, 1988) auch. Sieht Laplanche im rätselhaften, weil den Eltern wie dem Kind unbewussten, sexuellen Begehren der Eltern einen Motor der psychischen Entwicklung, so ist eine analoge Dynamik auch den (unbewussten) Todesvorstellungen der Eltern zuzuschreiben.

Welch enormen Unterschied es macht, ob die Eltern – und darüber hinaus die gesamte Lebenswelt um das Kind herum – eher heiter gestimmt oder vom Thema Tod belastet sind, möchte ich anhand der beiden folgenden Gemälde zeigen, die beide die drei Lebensalter Kindheit, Erwachsenenalter und Alter darstellen. Man kann diese unterschiedlichen Bilder als Darstellungen der äußeren Welt betrachten, in der ein Mensch heranwächst und alt wird, oder auch als Verbildlichung der inneren Gestimmtheit eines Elternteils in der Beziehung zu seinem Kind.

Tizian führt uns in seiner *Allegorie der drei Lebensalter des Menschen* den Lauf des Lebens als ein Dreiecksverhältnis vor Augen. Zwei Kinder schlafen nackt und friedlich, werden von Eros behütet und gegen einen abgestorbenen, den Tod symbolisierenden Baum abgeschirmt, der hinter ihrem Rücken steht und vielleicht sogar auf sie stürzen könnte, wenn Eros ihn nicht daran hindern würde. Hier haben wir also wieder das Zusammen- oder Gegenspiel von Eros und Thanatos, Libido und Tod. Die Libido erblüht im erotischen Spiel der Jugend oder des frühen Erwachsenenalters und der im Spiel der Flöten angedeuteten Kreativität. Die Zukunft dieser

Abb. 3: Tizian, Allegorie der drei Lebensalter des Menschen, um 1513

Beziehung sehen wir im Hintergrund, wo ein Greis über die Schädel der dann schon verstorbenen beiden Menschen sinniert. In diesem Panoptikum des Lebens ist der Tod in einer natürlichen Art und Weise zugegen, ohne dass er das ganze Leben überschatten und verdüstern würde. Die Darstellungen des Todes können ausgehalten werden, ohne dass sie verleugnet werden müssen, sogar, wenn sie in der Szene mit dem toten Baum und den zwei Kindern schon in recht gefährlicher Nähe zu den Menschen stehen, so wie im wirklichen Leben ja auch die kleinen Kinder und die Greise dem Tod am nächsten sind. Unter dem Schutz von Eros, der Libido, kann ein Mensch sein Leben leben, ohne den Tod verleugnen zu müssen. Zu Beginn scheint der Mensch noch nichts vom Tod zu wissen oder kann sich einfach von ihm abwenden, in der Mitte des Lebens ist er unter dem Trieb der Libido mit den anderen Menschen beschäftigt, bis er sich am Ende des Lebens in einer kontemplativen Haltung dem Tod stellt.

Ganz anders in Salvator Rosas *L'Umana Fragilità*, gemalt in der Zeit der Pest, an der auch der Sohn des Malers gestorben war. Die drei Lebensalter sind hier auf dem ägyptischen Obelisken im Hintergrund dargestellt. In diesem Gemälde ist der Tod ganz nah, im Zentrum der Familie, als ob er der verstorbene Vater zu dem Mutter-Kind-Paar wäre. Er führt dem Kind die Hand, die die düstere Lebensmaxime »Conceptio culpa, nasci poena/Labor vita, necesse mori« niederschreibt: »In Sünde gezeugt, unter Schmerzen geboren/Unter Mühen gelebt, aus Notwendigkeit gestorben.«

Eine niederdrückende Präsenz des Todes, wie sie in Zeiten der Pest, des Krieges oder in der inneren Welt von depressiven Eltern vorherrscht. Der Tod und die Toten schreiben sich direkt in das kleine Kind ein, die Mutter erscheint ganz passiv, kann ihr Kind nicht schützen, kann ihrem Kind nicht als Filter gegen den Tod dienen wie Eros in Tizians Bild. Die Mutter befindet sich selbst in einer fragilen Lage, hat zwar ihr Haar mit Blättern geschmückt und wird mit ihrem Kind von einem warmen Licht beschienen, doch sitzt sie auf einer Glaskugel, die die Zerbrechlichkeit der menschlichen Existenz symbolisiert. Auch die Seifenblasen, mit denen eines der anderen Kinder spielt, sind Zeichen der Vergänglichkeit. »An unzähligen Fäden ist die schreibende Hand von Lebenden und Toten geführt. Der Tote lebt im Lebenden fort und signiert« (Han, 1998, S. 92).

Sind die Eltern in Trauer und wissen, was sie traurig macht, so kann das Kind das verstehen. Sind die Eltern aber überwältigt von eigener Angst vor dem Tod oder von nicht verarbeiteten Erfahrungen mit dem Tod und Todesfällen, oder müssen sie deshalb das Thema Tod abspalten, so kann das Kind die Welt wie bei Rosa als Humana fragilitas erleben.

Abb. 4: Salvator Rosa, L'Umana Fragilità, 1656

Eine Kindheit in Kriegs- oder Nachkriegszeiten ist oft von einer Grundstimmung des Grauens imprägniert, die sich aus den Erzählungen der Erwachsenen von den Kriegserlebnissen speist, von Nächten im Luftschutzkeller, von verschwundenen, getöteten und von Bomben zerrissenen Familienangehörigen. Das Kind begegnet Kriegsversehrten und Trümmern in der Stadt. Eine andere, weil in eine künstlerische Form gebrachte Art von Grauen ist jenes, das Märchen aus der *Grimm'schen Märchensammlung* oder Kinderbücher wie der *Struwwelpeter* auslösen, wo das ungehorsame hyperaktive Kind aus eigener Schuld verbrennt, oder Max und Moritz, wo die unartigen Kinder zu Entenfutter vermalen werden. Das Kind fühlt sich von solchem Horror zugleich abgestoßen und angezogen, lauscht den bedrückenden Gesprächen der Eltern, obwohl es schon längst schlafen sollte, und schaut sich heimlich die angstauslösenden Bilder in den Büchern an, für die es nach Befinden der Eltern noch zu klein sein soll.

Das vom Tod überwältigte Kind

Wird das Kind mit dem Tod in einer Form oder einem Ausmaß konfrontiert, die seine Verarbeitungsmöglichkeiten übersteigen, weil seine Umwelt es in der Bewältigung nicht ausreichend gut unterstützen kann, wird dies vielleicht irreparable Spuren in seiner psychischen Welt hinterlassen. Die Verletzung, die solch eine zu frühe und ungeschützte Konfrontation mit dem Tod in den entstehenden, im Wachstum begriffenen psychischen Raum reißt, wird eine Schwachstelle bleiben: »Wer sich der Erfahrung des Todes zu früh geöffnet hat, kann sich nie wieder vor ihr verschliessen, eine Wunde, die wie zu einer Lunge wird, durch die man atmet«, berichtet Elias Canetti aus eigener schmerzhafter Erfahrung (in: *Das Geheimherz der Uhr*, zit. n. Han, 1998, S. 9).

»Betrachtet man den Tod auf diese Weise, als etwas, was dem Patienten widerfuhr, ohne daß er reif genug gewesen wäre, ihn zu erleben, so hat er den Charakter der Vernichtung«, schreibt Winnicott (1974, S. 1123). Damit wird die Kontinuität des Seins unterbrochen, was einen bleibenden Riss im psychischen Raum hinterlässt, durch den unverständliche Wahrnehmungen aus der Welt da draußen und aus dem Keller in den Raum des Dreidimensionalen eindringen und das Ich in seiner Verarbeitungsfähigkeit überfordern. Dieses Erlebnis der Vernichtung ist jedoch nicht nur ein Effekt der Konfrontation mit dem Tod, sondern auch eine Folge des Versagens der fördernden und schützenden Umwelt, weil »zu einem Zeitpunkt, an dem es dringend erforderlich gewesen wäre, einfach nichts geschah« (ebd., S. 1124). Die Spur, die der Tod im Leben des Kindes hinterlässt, ist so auch die Spur der fehlenden emotionalen Antwort durch die Eltern, also eine Art Nichts, eine Leere. Dementsprechend leiden solche Patienten auch noch, wenn sie älter werden und längst erwachsen sind, neben vielen anderen Symptomen an einer Angst vor der Leere. »Es ist leichter für einen Patienten, sich an ein Trauma zu erinnern, als daran, daß nichts geschah, was hätte geschehen sollen« (ebd.).

Solche unbeantworteten Todesgedanken drängen immer wieder von innen an und rütteln an den Grundfesten des psychischen Raumes. Sie müssen immer wieder ausgehalten und unschädlich gemacht werden. Menschen, die über eine entsprechende Begabung verfügen, können diesen steten Hauch des Todes, der ihre Kindheit und ihr weiteres Leben durchzieht, durch kreative Symbolisierungen produktiv machen und in eine erträgliche Form bringen. So bearbeitet die Singer-Songwriterin Rachel Ries Todesvisionen aus den Alpträumen ihrer Kindheit in einem Song mit dem Titel *I see it coming:*

>»I had these dreams
>where everybody died
>some are too awful
>for me to retell
>but one burnt a brand
>in my skull«

Sie schildert dann einen immer wiederkehrenden Alptraum, in dem sie vor der Kirche eine Wand aus Lava auf sich und die Menschen um sie herum zukommen sieht:

>»then I saw it coming –
>burning the fields
>a wall of lava smoking our heels!«

Sie versucht, sich an die Menschen um sich herum zu wenden, diese zu warnen, sich wahrnehmbar zu machen, doch niemand reagiert, man lässt sie allein, während die anderen in ihr Verderben laufen:

>»but nobody listened
>they all turned away
>walked into the church
>walked into their graves

[...]
while I watched it coming
I watched it coming«

Als Kind sei sie immer mit dem Geruch des Verbrannten in der Nase ungehört und einsam aus diesem grausamen Traum erwacht, berichtet sie weiter im Song, doch nun, wo sie erwachsen ist, sei es ja besser, endet der Song, da es nun einen anderen Menschen neben ihr gebe, der sie auch höre. Doch noch immer habe sie diese Träume, in denen sie sieht, wie die schlimmen Dinge wahr werden:

»but still I've these dreams
I see are coming true
yeah I see it coming«

Abb. 5: Still aus Rachel Ries, I see it coming, 2014 (Quelle: Youtube)

Die ewige, zeitlose Präsenz dieser Bedrohung durch den Tod wird nicht nur durch die ständige Wiederholung der Alpträume und durch die Veränderung des Refrains – »I saw it coming« – von der Vergangenheitsform ins Präsens – »I see it coming« – dargestellt, sondern auch in der visuellen Gestaltung im Musikvideo, das die Geschichte in einem auf eine Papierrolle gemalten Film wiedergibt. Dieser wird am Ende wieder zurückgespult, womit klar ist, dass der Alptraum für diesen Moment zwar zu Ende, für die nächste Aufführung jedoch schon wieder parat ist.

Ein Alptraum mit einer erinner- und erzählbaren Geschichte ist schon eine höhere Ich-Leistung als die namenlose Angst im Pavor nocturnus. Doch auch wenn der kreative Prozess und das Älterwerden einem bessere Möglichkeiten zur Verfügung stellen, die Todesangst zu symbolisieren, so erfordert eine Bewältigung immer noch, andere Menschen zu finden, die einen mit dieser Todesangst wirklich hören, halten und aushalten können. Wie wenig dies der Fall ist, zeigt sich darin, dass Erwachsene nicht nur mit den Kindern nicht gerne über den Tod sprechen, sondern auch nicht mit anderen Erwachsenen.

Es überrascht nicht, dass Menschen, die früh im Leben einen Elternteil verloren haben, häufiger psychiatrische Krankheiten entwickeln als andere. Hier zeigt sich die Vulnerabilität von Menschen, die früh mit dem Tod konfrontiert und damit überfordert wurden (Forschungsergebnisse dazu bei Yalom, 1980, S. 130f.). Sie müssen viel dafür tun, den als real erlebten Tod in emotionaler und kognitiver Hinsicht zu verarbeiten und ihren psychischen Raum vor dem Zusammenbruch zu schützen. Sie werden in verschiedener Hinsicht zu einer beschleunigten Entwicklung gezwungen, die zum *Verlust der natürlichen Selbstverständlichkeit* (Blankenburg, 1971) führen kann und durch die sie sich von ihren Altersgenossen unterscheiden. Sie tragen den Tod nicht als Ereignis in der Zukunft, sondern als schon geschehenen Tod in sich, weil sie über ihre Identifikation mit ihm einen toten Elternteil in sich haben. Und dessen Totsein kann auch durch noch so günstig gestaltete Trauerprozesse und Therapien nicht aufgelöst werden. Viele Menschen sind davon überzeugt, sie würden nicht älter werden als der verstorbene Elternteil, und statistisch überdurchschnittlich häufig werden sie auch genau in dem Alter in die Psychiatrie eingewiesen, das der Elternteil hatte, als er starb (Hilgard & Newman, 1961, nach Yalom, 1980, S. 131).

Jugendalter

In der Kindheit verging die Zeit langsam, das Kind lebte im Hier und Jetzt, in einer relativen Zeitlosigkeit. In der Zeit der Latenz, ungefähr vom fünften bis zum zwölften Lebensjahr, kann sich das Kind besser auf kognitive Inhalte und das Lernen konzentrieren, unter anderem deshalb, weil die sexuellen Triebregungen vorübergehend stärker abgewehrt sind. Gleichermaßen treten in der Latenz auch die Gedanken an den Tod in den Hintergrund. Bis dann mit dem Eintritt in die Adoleszenz beide (den geordneten psychischen Raum durcheinanderbringende) Phänomene wieder an Dynamik zunehmen, die sexuellen Triebkräfte wie auch Gedanken an den Tod treten wieder stärker in Erscheinung, drohen die psychische Welt zu erschüttern und erzwingen dadurch neue Entwicklungsschritte.

Der Jugendliche kann den Tod nicht mehr so einfach verleugnen, weil ihm das magische Welterleben des Kindes immer weniger zur Verfügung steht. Er muss den Tod als eine Tatsache zur Kenntnis nehmen und in sein Weltbild, seinen psychischen Raum integrieren. Jetzt muss die Einsicht ausgehalten werden, dass der Tod eine ganz konkrete Relevanz für das eigene Leben und die eigene Person hat. Dies führt zum Philosophieren über den Sinn des Lebens und die Welt; das Philosophieren stellt so etwas wie einen möglichen Sieg über den Tod dar, wenn man mit seinem Denken nur mal zu einem schlüssigen Ende kommen könnte. Doch weit mehr Raum als das Philosophieren nehmen die anderen typischen Bewältigungsversuche in der Adoleszenz ein, die hektischen, hyperaktiven Abwehrmaßnahmen, zu denen auch die Panikattacken und Schlafstörungen gehören, die Suizidfantasien und Suizidversuche. Das qualitativ ganz Neue in der Adoleszenz ist, dass der Tod nun nicht mehr nur passiv als etwas befürchtet wird, das jemandem oder einem selber zustoßen kann, sondern als eine mächtige Option, die man selber aktiv gegen andere oder sich selber einsetzen und mit der man sich auch abgrenzen kann.

Das Bewusstsein von der eigenen Existenz kann einen genauso überraschen und wie ein Blitz treffen, wie die Erkenntnis von der eigenen Sterblichkeit. Vieles kann einem ganz plötzlich und unerwartet klar werden, ohne dass man solche Einsichten gewollt oder gesucht hätte: dass man frei ist, sich so oder so zu entscheiden, sein Leben so oder so zu leben, wozu gehört, dass man sich auch umbringen, gerade jetzt von dieser Klippe stürzen könnte. Die Freiheit, über die eigene Existenz zu entscheiden, erzeugt Angst: »Die Angst ist der Schwindel der Freiheit«, wie es bei Kierkegaard heißt (zit. n. Bakewell, 2016, S. 33).

Gut ist, wenn man gleich ein Heilmittel dagegen zur Hand hat. So erklärt Jean-Paul Sartre, Philosoph der Freiheit und Schöpfer einer autobiografischen Mythologie, am eigenen Beispiel den Ursprung der Todesangst mit dem Verlust des Glaubens, genauer, mit dem Verlust der Verwurzelung des Glaubens des Kindes im Glauben seiner Eltern. Als er elf Jahre alt war, erzählt Sartre, sei er sich plötzlich darüber klar geworden, dass er seinen Glauben verloren hatte. Und zwar habe er an der Straßenbahnhaltestelle auf zwei Freunde gewartet und, um sich die Zeit zu vertreiben, zu sich gesagt: »Schau an, Gott existiert nicht!« (Astruc & Contat, 1977, S. 27). Da sei ihm klar geworden, dass er den Glauben verloren hatte, und zwar wohl schon länger. Doch Sartre ersetzte die verlorene Religion und die damit drohende existenzielle Leere umgehend mit seinem Überlebensprojekt, durch seine Werke und den damit verbundenen Ruhm unsterblich zu werden.

In seinem Theaterstück *Einige Nachrichten an das All* lässt Wolfram Lotz (2011, S. 119ff.) einen Protagonisten sehr treffend den Schock in Worte fassen, und auch die unmittelbar darauf einsetzende Abwehr, die die plötzliche Selbstbewusstwerdung der eigenen Existenz und ihrer Gefährdung zu Beginn der Adoleszenz auslösen kann:

> »Mit zwölf lag ich abends im Bett. (So weit ist das ja alles normal.) Aber ich konnte an diesem Abend nicht einschlafen und habe immer so in die Dunkelheit vor mich hin gestarrt. Irgendwann dachte ich:
>
> Das ist jetzt also jetzt. Und jetzt.
>
> Da habe ich so eine unendliche Angst bekommen, eine Angst vor dem Sterben, ich weiß nicht, wie ich das sagen soll: Eine Angst davor, dass ich verschwinden muss im Universum, so eine Angst habe ich da bekommen, als ich da lag und dachte: Jetzt. Das war ganz schlimm. Da habe ich gespürt, dass ich mein Leben ändern muss, dass ich es irgendwie ändern muss, dass das nicht mehr vorkommen darf, dass so ein Augenblick nicht mehr vorkommen darf.«

Darauf stürzt sich der Protagonist in einen maniformen Aktionismus, reiht eine Tätigkeit und Ausbildung an die andere, um nie zur Ruhe zu kommen, weil ihn dann der Gedanke an den Tod wieder einholen könnte. Am Ende landet er bei seinem aktuellen Beruf des »Unterhalters«:

> »Ich meine, es geht ja doch darum, ein Leben zu führen, das einem keine Qual ist. Und ich glaube, ich habe gelernt, dass ein gelungenes Sein nur von einer einzigen Sache abhängt: Von Unterhaltung. Das ist jetzt sehr zugespitzt formuliert, klar. Aber ich meine eben, dass es davon abhängt, dass keine Leere aufkommt, oder man sie nicht so spürt – ja, darum geht es. Nur keine Leere aufkommen lassen!« (ebd., S. 121)

In der Adoleszenz tritt mit der Fähigkeit, seine eigene Position in der Welt zu reflektieren und sich bewusste Vorstellungen über Lebensentwürfe zu machen, auch das Motiv erstmals auf, sein Leben ändern zu können, ja, zu müssen, um mit der Todesangst fertig zu werden: »Da habe ich gespürt, dass ich mein Leben ändern muss, irgendwie ändern muss, dass das nicht mehr vorkommen darf [...].« Diese Möglichkeit und dieser Druck, sein Leben zu ändern, wird immer wieder aktuell werden, insbesondere an den Schwellensituationen im Leben, den Übergängen von einer Lebensphase in die nächste; und er beinhaltet das Potenzial, dass jeweils ganz unterschiedliche und neue Lösungen gefunden werden können.

Dieser Jugendliche hier stürzt sich in Aktivitäten, wählt die Flucht in den Aktionismus, in Zerstreuung durch Unterhaltung. Dafür sorgen, dass immer etwas läuft, dass keine Ruhe eintritt, ist schon in der Kindheit ein Weg, die Angst vor dem Tod oder der Leere abzuwehren. In dieser maniformen Abwehr der Wendung vom Passiven ins Aktive wird dem eigenen Selbst ständig vorgemacht, dass der Tod anscheinend nichts ist, was man fürchten müsste, er wird herausgefordert und verspottet: Totenköpfe sind omnipräsent, Horror- und Zombiefilme scheinen einem nichts auszumachen und in Computerspielen werden die Gegner getötet, während man selber immer wieder ein neues Leben gewinnt. Auch real wird das Leben aufs Spiel gesetzt, zum Beispiel in tollkühnen Fahrten mit dem Skateboard, Experimenten mit Drogen und so fort.

Häufig bricht die Todesangst in Form von Panikattacken durch, vor allem bei Mädchen. In der ersten heftigen Panikattacke wird der Tod ganz real erlebt, der oder die Jugendliche meint, sterben zu müssen und kann oft erst durch einen Arzt beruhigt werden. Auch Franco De Masi (2004, S. 42) betont die Realität des Todeserlebens in der Panikattacke: »During the panic attack, death is experienced concretly, as the unequivocal sensation of being about to expire.« In den folgenden Panikattacken geht es dann oft eher um die Angst davor, diesen Beinahe-Tod, dem man knapp entronnen ist, wieder erleben zu müssen. Weil die Symbolisierungsfähigkeit und die mentalen Funktionen der Betroffenen nicht ausreichen, die Todesangst auszuhalten und zu verarbeiten, geht die Angst direkt in körperliches Erleben über: »During a panic attack, it is the body that speaks of its own death, or rather of its own agony« (ebd., S. 41). Hilfreich ist ein Halt bietendes Beziehungsangebot, ein Gegenüber, das nicht mit der Angst mitgeht und die Situation dramatisiert, sondern diese Angst, die auch von außen deutlich als Todesangst spürbar sein kann, aushalten und durch seine Präsenz und seine Sicherheit beruhigen kann, wie es die Bezugspersonen der frühesten Lebensphase mit ihrem kleinen Kind konnten.

Mädchen erleben sich eher als passiv dem Tod ausgesetzt, Jungen bringen sich eher aktiv selber in Gefahr, durch schlecht beherrschte motorische Aktivitäten oder die bewusste Suche nach dem Risiko, dem »Thrill«. Eine für die weibliche Adoleszenz typische Methode, die herandrängenden und noch nicht anders zu bewältigenden sexuellen und Todesfantasien unter Kontrolle zu bringen und eine aktive Haltung dazu einzunehmen, ist die Magersucht. Dadurch, dass sich die Jugendliche tagtäglich beweist, dass ihr Wille stärker ist als ihre Gier, werden nicht nur die oralen, sondern auch die in der Adoleszenz oft als bedrohlich erlebten sexuellen Triebimpulse unter Kontrolle gehalten. Zugleich wird das Thema Tod projektiv von der Jugendlichen weg in die Umwelt, zu den anderen Menschen, verschoben: Je mehr die Jugendliche wie der wandelnde Tod aussieht, was sie selber aufgrund ihrer Körperschemastörung und der Spaltungsmechanismen, mit denen sie ihre Welt gestaltet, nicht so sieht, desto mehr nimmt ihre Umwelt sie als Bild des Todes wahr. Ihr Umfeld leidet an den Todesängsten, die die Jugendliche selber nicht mehr erleben muss, weil sie sie dank des Mechanismus der projektiven Identifikation in die anderen Menschen verlagert hat. Die jugendlichen Patientinnen berichten denn auch mit einem gewissen Triumph, dass sie das Entsetzen in den Augen von ihnen fremden Menschen auf der Straße oder in der Straßenbahn durchaus wahrnehmen; dieser Triumph verweist wohl auch darauf, dass sie auf diese Art zumindest vorübergehend die Todesangst losgeworden sind und den Tod überwunden haben.

Der Tod als Begrenzung

Die Möglichkeit, über Leben und Tod selber zu entscheiden – und sogar seinem Leben durch Verhungern und andere Arten des Selbstmords ein Ende zu setzen – stellt dem Jugendlichen nun ein ihn und seine Umgebung erschreckendes neues Mittel zur Verfügung, das er auch dafür einsetzen kann, seine psychischen Probleme zu handhaben und die Beziehungen zu seiner Umwelt zu gestalten. Der Tod kann in der Adoleszenz die Funktion einer klaren Grenze haben, die immer wieder gesucht und gefunden werden muss. Und so, wie in der Adoleszenz viele Grenzen ausgetestet werden müssen, geht es manchen Jugendlichen auch darum, ihre eigene Grenze gegenüber dem Tod zu erfahren.

Man kann mit dem Tod einem drohenden Selbstverlust entgegenwirken, wenn Gefühle der Leere oder des seelischen Schmerzes unaushaltbar zu werden drohen. Darüber hinaus kann der Jugendliche mit dem Selbstmord auf ähnliche Art und Weise eine absolute Grenze setzen, wie er es damals als Kind mit der mächtigen Waffe des »Nein« vermochte. Suizid und Tod stellen Möglichkeiten dar, um sich in Beziehungen abzugrenzen oder, im Gegenteil, in der Fantasie eine symbiotische und ewig dauernde Verschmelzung herzustellen – oder auch beides zugleich. In der Todesfantasie kann man zugleich mit dem anderen im Tod auf ewig verschmolzen und zugleich von ihm ein für alle Mal getrennt sein.

> »Aus der Perspektive einer antifusionären Bewegung könnte man überspitzt formulieren, dass dem Suizid/dem Tod und den mit ihm korrespondierenden Fantasien eine Triangulierungsfunktion zukommt, das heißt, der Tod würde sich als drittes Objekt vorgestellt, das aus einer verschweißten Dyade herauszuhelfen imstande wäre« (Gerisch, 2012, S. 78).

Eine strukturierende Funktion findet auch ein Patient Ende Zwanzig im Tod, wenn er davon spricht, dass ihm heute der Tod nicht mehr so viel Angst einjage wie früher, sondern dass im Gegenteil der Tod für ihn heute etwas Entlastendes darstelle, weil da jemand anders »die Entscheidung« übernehme, eine »harte Kante« setze. Der Tod stelle als »harte Kante« einen Gegenpol zu der großen (endlosen) Freiheit dar, die er immer in seinem Leben hatte. Diese Freiheit, die das weitgehende Fehlen von Einschränkungen durch seine Eltern meint, habe zweifellos viel Gutes gehabt, die Kehrseite sei jedoch gewesen, dass dann immer alles bei und an ihm zu liegen schien.

> Als Kind hatte dieser Patient unter Anfällen von Pavor nocturnus gelitten. Im Alter von 14 bis 17 Jahren hatten ihm die Gedanken an den Tod sehr zugesetzt, in dieser Zeit sei der Tod als nackter Schrecken in sein Leben eingebrochen und habe ihn zum Philosophieren gezwungen. Damals habe er gegen den Tod seinen Willen, zu leben, mobilisieren müssen; das extensive Philosophieren über die Welt sei sein Weg dazu gewesen. Merkwürdig kommt ihm in der Rückschau vor, dass ihn der Tod so sehr erschrecken konnte, wo er sich doch gleichzeitig immer sicher gewesen sei, über 80 Jahre alt zu werden (hier sieht man, wie verschiedene Abwehr- oder Bewältigungsstrategien parallel am Werk sein können: die mentale, symbolisierende Tätigkeit des Philosophierens und Nachdenkens sowie die Verleugnung). Die

> Wende zur Bewältigung der Todesängste kam dann noch, bevor er 18 wurde, als eine intensive nostalgische Sehnsucht nach seiner verlorenen Kindheit in ihm erwachte. Diese Sehnsucht begleitete ihn seit einer luziden, mit Datum erinnerten Nacht, als er einen Fiebertraum hatte, den er wie die früheren Anfälle von Pavor nocturnus erlebte. Er entwickelte nun Vorstellungen über eine ewige Wiederholung der Lebensgeschichte, wie er sie viel später in Friedrich Nietzsches Gedanken von der ewigen Wiederkehr wiederfand: Unter der Annahme, dass sich die Lebensgeschichte immer wiederholt, würde er nach seinem Tod seine Kindheit, diese als Zeit glücklicher Geborgenheit erinnerte Lebensphase, erneut erleben können. Mit dieser Fantasie konnte er philosophierend seine Vorstellungen vom Tod als einer Bedrohung überwinden und zur Wunscherfüllung transformieren; er konnte das verlorene Paradies wiederaufleben lassen.

In den traditionellen Übergangsriten der Adoleszenz hatte das symbolische Sterben und Wiedergeborenwerden schon immer seinen Platz und spielte eine wichtige Rolle dafür, dass den Jugendlichen ihr Platz in der Gesellschaft als nun erwachsene Männer oder Frauen zugewiesen wurde. In diesen Initiationsriten müssen die Jugendlichen nicht nur Todesängste aushalten, sondern einen symbolischen Tod sterben, um dabei die Geheimnisse des Mann- oder Frauseins zu erfahren und in die Gruppe der Erwachsenen aufgenommen zu werden. In traditionellen Gesellschaften, in denen diese Übergangsrituale besonders grausam und konkretistisch durchgeführt werden, ist das reale Überleben dieser Torturen nicht immer gewährleistet. Die Initianden können verrückt werden oder sogar sterben, nicht nur aufgrund von Infektionen wie bei den rituellen Beschneidungen.

Mario Erdheim (1982) beschreibt verschiedene solcher Initiationsriten. In einem Fall wird den Knaben im Alter von zehn bis zwölf Jahren ein Trank verabreicht, der ihnen das Bewusstsein nimmt, worauf sie für tot erklärt und in den Wald getragen werden. Nach dem Erwachen, der Wiedergeburt, erhalten sie einen neuen Namen. In einer anderen Variante wird das Erscheinen eines Waldungeheuers inszeniert, das die Knaben verschlingt, die darauf fernab ihres Dorfes Qualen und Belehrungen über sich ergehen lassen müssen. »Der Tod wird oft drastisch inszeniert« und entscheidend »war immer die Beherrschung; wer die Qualen nicht aushielt, galt nicht als Mann bzw. nicht als Frau« (S. 286). Eine zentrale Funktion dieser Initiationsriten besteht darin, in einer emotional intensiven Erfahrung aus dem

Kind einen Erwachsenen mit einer für die jeweilige Kultur typischen Persönlichkeitsprägung zu machen. Der Einzelne durchläuft dafür einen durch die Mobilisierung der Todesangst intensivierten Prozess der Veränderung, auch wenn in manchen Kulturen am Ende des Rituals die Enthüllung steht, »daß es die Geister, die dem Prüfling so schwere Angst einjagten und ihn so quälten, gar nicht gibt«. Zugleich kann in dieser Konfrontation mit dem Tod aber auch eine Vorbereitung auf den Tod gesehen werden (vgl. Grof & Halifax, 1978).

Auch in der Harry Potter-Saga, die millionenfach als Buch und Film auf Resonanz bei Jugendlichen wie Erwachsenen stößt, geht es neben verschiedenen anderen Entwicklungslinien, an denen man als Leser oder Zuschauer identifikatorisch teilnimmt, im Kern um eine Darstellung der Auseinandersetzung des Jugendlichen mit dem Tod. In den sieben Bänden wird die Entwicklungsgeschichte der Adoleszenz am Beispiel von Harry, seinen Freunden Hermine und Ron und auch von weiteren, mit ihnen zum Teil rivalisierenden Peers dargestellt. Harry Potters Leben ist dadurch verkompliziert, dass seine Entwicklung durch den Mord an seinen Eltern und den versuchten Mord an ihm selber schwer belastet wurde, einerseits durch die frühe Erfahrung eines gewaltsamen Todes, andererseits durch das Fehlen empathischer Ersatzelternobjekte. Letztere findet er erst in der Zaubererschule Hogwarts. Der todbringende Lord Voldemort, dessen Name das Wort »Tod« schon enthält, und seine »Todesser« genannten Gefolgsleute stehen für eine besonders bösartige Erscheinungsweise des Todes, weil sie nicht nur den Tod darstellen, sondern die Verschmelzung des Todes mit dem Bösen.

Diese Verschmelzung des Todes mit dem Bösen selber wird auch wieder auf traumatische Kindheitserfahrungen des jugendlichen Lord Voldemort zurückgeführt, auf dessen Kampf gegen den Tod, der ihn dazu führt, dass er zu Beginn seiner Adoleszenz verbotenerweise einen Zauber aus dem Bereich der schwarzen Magie entdeckt und verwendet. Dieser Zauber verschafft einem die Unsterblichkeit, indem er die Persönlichkeit aufspaltet. Stirbt man, so kann man auf die abgespaltenen Kopien seiner Persönlichkeit zurückgreifen. Die Verwendung dieses Zaubers erfordert allerdings, dass man jemanden tötet, was Voldemort daraufhin gleich sechsmal macht.

Die ganze Harry Potter-Saga dreht sich um das immer wieder ins Unglück führende Streben nach der Überwindung des Todes, symbolisiert unter anderem im Streben nach dem Besitz des Steins der Weisen. Im letzten Band der Reihe geht es auch schon im Titel um die drei *Heiligtümer des Todes* (Rowling, 2007), die die Überwindung des Todes zu versprechen scheinen. In ständig neuen Verwicklungen wird nicht nur davon erzählt, dass die Protagonisten um den Weg und die Mittel zur Unsterblichkeit kämpfen, sondern auch davon, dass Verstorbene wieder auftauchen und einem hilfreich zur Seite stehen können, wie etwa Harry Potters Eltern oder andere Ersatzelternfiguren.

Eine alternative Haltung gegenüber dem Tod bietet schon im ersten Band des Zyklus die große weise Vaterfigur Albus Dumbledore an, wenn er dem elfjährigen Harry das Sterben damit erklärt, dass »der Tod für den gut vorbereiteten Geist nur das nächste große Abenteuer« sei (Rowling, 1997, S. 323), nichts anderes, als wenn man nach einem sehr, sehr langen Tag zu Bett gehe. Die ganze Romanfolge kann als diese Vorbereitung des Geistes auf den Tod, als Entwicklungsweg hin zu dieser geläuterten Haltung gegenüber dem Tod gelesen werden. Doch ist dieser Weg dermaßen heikel, dass nicht nur der jugendliche Harry, sondern auch der weise und scheinbar über allem stehende Dumbledore in Gefahr gerät, der Verführung zu erliegen, mächtiger als der Tod, allmächtig werden zu wollen. Immer wieder geht es darum, die Entscheidung für eine Beschränkung des eigenen Selbst und gegen das Streben nach Omnipotenz zu treffen, für die Sterblichkeit und gegen die Unsterblichkeit.

Dass es auch mit den Mitteln der Magie schlussendlich keinen Weg am Tod vorbei gibt, sondern dass man dann am besten fährt, wenn man den Tod als stärkere Macht akzeptiert, erläutert das im letzten Band erzählte »Märchen von den drei Brüdern« (Rowling, 2007, S. 415ff.):

Drei Zaubererbrüder bauten mithilfe ihrer magischen Fähigkeiten eine Brücke über den Fluss, der das Leben vom Tod trennt, und gingen darüber. Auf der anderen Seite stand der Tod, zornig, weil normalerweise die Wandersleute im Fluss ertrinken und er nun um drei Opfer gebracht worden war. Doch er war gerissen und bot an, jedem der Brüder einen Wunsch zu erfüllen. Der Älteste wollte einen Zauberstab, der mächtiger als jeder andere war, mit dem er jedes Duell gewinnen und unbesiegbar werden konnte, so wie es einem, der den Tod besiegt hatte, zustand. Der mittlere, auch ein hochmütiger Mann, forderte die Macht, Tote wieder zum Leben erwecken können, und erhielt dafür einen magischen Stein. Der jüngste und bescheidenste der Brüder traute dem Tod nicht und wünschte sich nur etwas, damit er so weggehen könne, dass der Tod ihn nicht finden könne. Widerwillig gab ihm der Tod seinen eigenen Umhang, der ihn unsichtbar machte.

Für die beiden älteren Brüder nahm nun das Unheil seinen Lauf, der Tod hatte sie reingelegt und holte sie alsbald zu sich. Der Älteste prahlte mit seinem Zauberstab und wurde von einem Neider getötet. Der Mittlere holte zwar seine verstorbene Angebetete ins Leben zurück, doch war sie so traurig und kalt und nicht für die Welt der Lebenden tauglich, dass er vor unerfüllter Sehnsucht wahnsinnig wurde und sich umbrachte, um mit ihr im Tod vereint zu sein. Nur der Dritte hatte es klug angestellt, war vom Tod nicht zu finden, bis er schließlich im Alter selber befand, nun sei es Zeit, seinen für den Tod unsichtbar machenden Umhang an seinen Sohn weiterzureichen und zu sterben. Er hieß den Tod als alten Freund willkommen und verließ ebenbürtig mit ihm das Leben.

Mehrmals ist das zentrale Thema der Überwindung des Todes und der Suche nach Unsterblichkeit sogar zum Titel der einzelnen Bände geworden: Der Stein der Weisen – *Harry Potter und der Stein der Weisen* (Rowling, 1997) – ist ebenso ein Mittel zur Unsterblichkeit wie der Phönix – *Harry Potter und der Orden des Phönix* (Rowling, 2003) –, der die Wiedergeburt aus der Asche darstellt. »Das Muster des Phönix schillert durch alle Seiten der Harry Potter-Saga. Leben und Tod sind in diesen Büchern nicht kategorial geschieden. Sie sind entgegen gesetzte Enden auf einem Farbspektrum, mit gleitenden Übergängen: Echos, Wiedergänger, Patroni, Schatten, Geister. Dies sind tröstliche Gedanken«, meint Peter Subkowski (2008, S. 579). In der Identifikation mit Harry Potter kann man viele lebensgefährliche Situationen überstehen, symbolisch viele Tode sterben und sie doch überleben, und die Verstorbenen wiedertreffen.

Die Überwindung der destruktiv-bösen Kräfte des Todes gelingt Harry Potter schlussendlich, können wir Subkowskis Analyse seiner Entwicklungsgeschichte folgend sagen, weil er trotz des frühen und gewaltsamen Todes seiner Eltern über primäre gute Beziehungserfahrungen verfügt, liebes- und beziehungsfähig ist, was ihm ermöglicht, neben guten inneren Objekten immer auch hilfreich-unterstützende Bezugspersonen zu finden, sowohl Mentoren und andere elterliche Figuren als auch Gleichaltrige, die zu ihm halten.

Die Harry Potter-Bücher bieten das, was wir auch in Märchen finden, was aber, wie Bruno Bettelheim schon 1975 feststellte, die meisten modernen Kinderbücher verschweigen, nämlich die Darstellung der »tiefsten inneren Konflikte, die aus unseren primitiven Trieben und unseren heftigsten Emotionen entstehen« (zit. n. Subkowski, S. 573). Die meisten Kinderbücher würden nichts zur Bewältigung der verzweifelten Gefühle der Einsamkeit, der Absonderung und der Todesängste beitragen. »Eltern ist es unbehaglich, wenn sie solche Emotionen bei ihrem Kind entdecken; sie neigen dazu darüber hinwegzugehen ... in dem Glauben, dies werde die Angst der Kinder überdecken«, meint Bettelheim weiter. Im Märchen hingegen werden diese existenziellen Ängste dargestellt und ausformuliert, »wie beispielsweise das Bedürfnis geliebt zu werden und die Furcht, als nutzlos zu gelten; die Liebe zu Leben und die Furcht vor dem Tod«.

Die meisten Jugendlichen durchleben nicht solche aufregenden Abenteuer und bedrohlichen Übergangsriten, ihnen fehlen oft solche Ausgestaltungen der intensiven emotionalen, auch an den Tod rührenden Erfahrungen. Hingegen haben viele Jugendliche in der späteren Adoleszenz die Angst, das ihnen bevorstehende Erwachsensein werde eine Art des Totseins sein, eine graue Welt der Langeweile ohne eigenen Lebensraum, in der die Erwachsenenrollen und -pflichten jegliche Freiheit vernichten, Lebendigkeit und Liebesfähigkeit ersticken. Steht am Anfang der Adoleszenz der Einbruch der sexuellen Triebkräfte in die stabile Welt der Adoleszenz, so gilt es im Übergang von der Adoleszenz ins Erwachsenenalter erneut einen mit Todesfantasien verbundenen Abschied zu bewältigen, um die eigene Lebendigkeit zu erhalten und in die nächste Lebensphase mitzunehmen.

> »Der Übergang in das Erwachsensein ist oft besonders schwierig. Menschen um die Zwanzig haben oft akute Angst vor dem Tod. Tatsächlich wurde ein klinisches Syndrom in der Adoleszenz beschrieben, das man den ›Schrecken des Lebens‹ nennt: Es besteht aus richtigem Krankheitswahn und der Beschäftigung mit dem alt werdenden Körper, mit dem schnellen Vergehen der Zeit und mit der Unausweichlichkeit des Todes« (Yalom, 1980, S. 204).

Mit der Adoleszenz hat die Dimension der Zeit für die eigene Person Bedeutung erhalten. Das eigene Selbst wird als in Veränderung begriffen erlebt, man hat schon ein Stück Geschichte hinter sich und kann dies auch in seiner Bedeutung für das eigene Selbst reflektieren. So entsteht ein Bewusstsein von der eigenen Geschichtlichkeit, vom eigenen Gewordensein und der eigenen Zukunft. In der Adoleszenz beginnt man, sich zu fragen, ob man im Erwachsenenalter die narzisstischen Bedürfnisse nach Anerkennung, nach einer Rolle in der Gesellschaft befriedigen können wird, ob sich die libidinösen Wünsche nach Freundschaft, Liebe und Sex erfüllen werden. All dies würde man nun gerne, aber kann man noch nicht wissen;

das Einzige, was klar ist, ist ein Bewusstsein von der eigenen Existenz im Moment und ihrem Gegenpart, dem sicheren Tod am Lebensende. In der Zwischenzeit kann man zwei miteinander verknüpfte Dinge tun: das eigene Selbst entwickeln, um die Resonanz und Anerkennung zu bekommen, die der eigene Narzissmus benötigt, und Liebesbeziehungen entwickeln. Beides, das eigene bedeutungsvolle Tun, das bei den Mitmenschen und bei den eigenen Idealvorstellungen viele »Likes« auslöst und zum gesellschaftlichen Erfolg führen kann, wie auch die Fähigkeit, stabile und libidinös gesättigte Objektbeziehungen zu leben, drängt die Beschäftigung mit der Endlichkeit und möglichen Vergeblichkeit der eigenen Existenz in den Hintergrund.

Eine 19-jährige Patientin, die als Kind schon immer viel über den Tod nachgedacht hatte, spricht darüber, dass das Leben ja nicht nur daraus bestehen könne, geboren werden, leben, sterben, das könne doch nicht alles sein, da müsse es noch etwas mehr geben. Sie selber habe keine Angst vor dem Tod, hingegen große Angst davor, dass andere sterben werden. Sie wüsste gerne, wie lange sie noch zu leben habe, könnte sie wählen, würde sie noch zehn Jahre besser finden als noch 60 Jahre, denn zehn Jahre seien überschaubarer, auf zehn Jahre hinaus könne sie »den Faden ihres Lebens« eher vor sich sehen. Gehe es länger, dann gäbe es so viele dunkle Bereiche in der Zukunft, die machten ihr Angst.

Auf die Frage, was sie machen würde, wenn sie wüsste, dass sie noch zehn, aber nicht noch 60 Jahre zu leben hätte, meint die Patientin, dann würde sie ihre Ausbildung abbrechen, die würde dann keinen Sinn mehr machen, und sie würde das, was ihr am wichtigsten sei, in Angriff nehmen, nämlich die Transition, die Umwandlung und Anpassung ihres Körpers an ihr wahres, männliches Geschlecht. Dies sei das Wichtigste, was sie in ihrem Leben realisieren müsse, das müsse sie noch erleben.

Das Beispiel zeigt, dass in der Adoleszenz bereits eine Klarheit darüber besteht, dass angesichts der begrenzten Lebensspanne bis zum Tod bestimmte Schritte der Identitätsentwicklung unbedingt gemacht werden müssen. Ist die verfügbare Lebenszeit begrenzt, werden solche Entwicklungsaufgaben als unerledigte Angelegenheiten dringlicher, können weniger gut aufgeschoben werden; dann muss die Entwicklung beschleunigt werden.

In der Adoleszenz muss man sich mit der Wahrnehmung einer existenziellen Entfremdung von der Welt auseinandersetzen, mit der bedrohlichen Erkenntnis, »dass man ja nicht mehr wie ein Tier oder eine Pflanze ist, also aufgehoben in der Natur oder Welt, sondern man ist von dieser Welt abgetrennt, und das liegt wahrscheinlich daran, dass man begriffen hat, dass man sterben muss, das ist es, was einen von der Welt trennt« (Lotz, 2011, S. 136). Aber dafür hat man auch einen mächtigen Gegenentwurf entdeckt, wie man doch wieder zu einem Aufgehobensein, einer Geborgenheit in der Welt finden kann – das Projekt der Liebe und der Libido:

> »[...] dass man aber, wenn man jemanden liebt, dass man dann vielleicht mit dieser Person ... also dass man eben in dieser Person dann auch aufgehoben sein kann. Dass die Liebe also vielleicht da ist, damit man, wenn man schon nicht in der Welt aufgehoben sein kann, dann eben in dem anderen aufgehoben ist auf irgendeine Weise. Und wenn man jemanden liebt und mit ihm auch ein Kind hat, dann kann man vielleicht sogar eine eigene kleine Welt sein, eine Welt in der Welt, in der man dann ganz aufgehoben ist, vielleicht« (Lotz, 2011, S. 136f.).

Die Liebe als die Gegenstrategie zum Tod verspricht, die schmerzhafte Entfremdung von der Natur wieder aufzuheben und einem wieder eine Heimat in einer anderen Person zu geben, wie man sie früher einmal bei der Mutter hatte. Der Kampf um die Liebe fällt zusammen mit dem Kampf gegen Vereinzelung, Verlorenheit und gegen den Tod. Die Angst, nicht lieben zu können und von niemandem in einer solchen Totalität geliebt zu werden, dass man ganz ineinander aufgehen und alles rundherum vergessen kann – insbesondere den Tod –, ist die Angst vor der absoluten Verlorenheit in den unendlichen Weiten des Alls. Dagegen stellt der Wunsch nach einer stabilen dyadischen Beziehung den Wunsch nach einer den Unberechenbarkeiten des gefährlichen Lebens entzogenen Insel in der Welt dar. Eine solche umgrenzte, auf der Liebe fundierte Welt, die den Tod ausschließt, fühlt sich noch verlässlicher an, wenn man in dieser Beziehung ein neues Leben zeugt und sich in seiner kleinen Welt zu dritt gegen das Wissen um die bedrohlichen Tatsachen des Lebens außerhalb abgrenzen kann.

Wem es nicht gelingt, ein solches Bollwerk der Liebe gegen den Tod zu errichten, schaut voller Neid und Missgunst auf das Leben der anderen, von dem er sich schmerzlich ausgeschlossen fühlt. Ein Patient in der Spätadoleszenz seziert das spießige Leben der anderen mit kritischem Blick, beschreibt es als deren Welt der »Gemütlichkeit«, die aber nichts anderes als ein Refugium vor den Unannehmlichkeiten des Lebens sei, eine Blase, die die anderen gegen die unangenehmen Tatsachen des Lebens errichten, während er den unangenehmen Tatsachen des Lebens ins Auge zu schauen habe. Seine Überzeugung, dass das Böse in der Welt dominiere, kommt ihm deshalb als die Wahrheit vor, der sich die anderen in ihren gemütlichen Paarbeziehungen und ihm oberflächlich erscheinenden Lebenskonstruktionen entziehen.

Romantische Idealisierung des Todes

Aber auch die Idealisierung des Todes bis hin zur romantischen Todessehnsucht ist ein für die Adoleszenz typischer Versuch, mit dem bedrängenden Thema des Todes fertig zu werden. Dies spiegelt sich in einer enormen Produktivität der von Jugendlichen und jungen Erwachsenen erschaffenen oder konsumierten Musik, Filmen und Literatur wieder. Wir müssen hier nicht von oberflächlichen und der Abwehr des Todesthemas durch Banalisierung dienenden Phänomenen wie den heute modisch omnipräsenten Totenköpfen reden, die früher auf enge religiöse Subkulturen oder Rituale wie den »Dia de los Muertos« – den Tag der Toten – in Mexiko beschränkt war. Am Dia de los Muertos kehrten gemäß der vorchristlichen Tradition einmal im Jahr die Toten zurück, weshalb man sich mit ihnen auf ihren Gräbern zu einem Fest traf.

Werden die zeitgenössischen Symbolisierungen des Todes in der Unterhaltungsindustrie, wie etwa in den beliebten Vampir- oder Zombiefilmen, von den Jugendlichen primär dazu benutzt, den Tod zu verharmlosen – beim ersten Mal noch mit einem gewissen Schaudern – und sich locker über ihn zu stellen, so enthält doch zumindest die Musik häufig eine tiefe Bedeutsamkeit, die sie aus dem Thema Tod und aus dem Existenziellen, dem Absoluten und dem Geheimnisvollen schöpft, das mit dem Tod verbunden ist. Die gefährliche Mischung von romantischen Gefühlen, Drogen, Tod und Sex waren die Ingredienzien dessen, womit die Rockmusik der 1960er und 1970er Jahre die Welt schockieren konnte, indem sie das Abgewehrte und Unbewusste, wozu auch der Tod gehörte, tabulos zum Thema machte. Der existenzielle Cocktail von Liebe/Sex und Tod ging den Zuhörern direkt unter die Haut, konnte, zumindest damals, alle Abwehrmechanismen unterlaufen. Liebe, Sex und Tod schienen zu einer Einheit zu verschmelzen, alle schienen gemeinsam das Gleiche, das Absolute zu bedeuten. Zum einen schien die Rockmusik sich mit der Sehnsucht nach Liebe, Freiheit und selbstbestimmtem Leben zu beschäftigen, zum anderen mit dem Tod und zum dritten mit der Musik selber als Ausweg oder Lösung der Probleme.

Als Beispiel dafür kann der schon im Titel auf den Tod verweisende Song *When The Music's Over* (1967) von Jim Morrison und The Doors verweisen. Darin wird nicht nur die Musik als bester Freund gelobt (»For the music is your special friend«) und auf die Versprechungen der Auferstehung nach einem biederen Leben im Jenseits verzichtet (»Cancel my subscription to the Resurrection«), sondern es wird auch in einer poetischen Metapher der eine Wunsch formuliert, der vor dem Tod noch in Erfüllung gehen soll:

> »Before I sink
> Into the big sleep
> I want to hear
> I want to hear
> The scream of the butterfly
>
> Come back, baby
> Back into my arm«

Der »Schrei des Schmetterlings« – das wirkt wie ein Zen-Paradox, wie das Klatschen der einen Hand, oder verweist auf die Metamorphose, vielleicht schreit der Schmetterling ja bei seiner Geburt, wenn er sich aus der Raupe entpuppt. Vielleicht ist dieser Schrei also ein Zeichen für die Wiedergeburt, vielleicht aber auch der Hinweis, dass einen durch das ganze Leben und in den Tod Vokalisierungen, Schreie, Musik begleiten können, die lautlichen Äußerungen unseres »special friend«. Oder der Schrei des Schmetterlings steht dafür,

Abb. 6: Scream of the Butterfly, 1965

dass man alles bis an die Grenze des Möglichen und darüber hinaus erleben möchte, bis hin zum Schrei eines Schmetterlings. Doch »The scream of the butterfly« bezieht sich auch noch auf etwas ganz anderes, und dieser Bezug bringt nun auch die Angst zum Vorschein, von der im Song gar nicht die Rede ist; *The scream of the butterfly* ist nämlich auch der Titel eines Pornofilms, den Jim Morrison gesehen hatte. Betrachtet man das Plakat, mit dem der Film damals angepriesen wurde, so sticht einem sofort die Verbindung von unersättlichem Begehren, Sex und Tod ins Auge: »She lured them with her beauty and destroyed them with her sex« – »Sie lockte sie mit ihrer Schönheit und zerstörte sie mit ihrem Sex.« Damit werden auch die Zeilen »Come back, baby/Back into my arm« zweideutig sehnsüchtig, sie verheißen nicht nur Glück, sondern auch Unheil und Untergang.

Erwachsenenalter

Das Erwachsenenalter umfasst eine im Vergleich zu den sich in kurzer Zeit vollziehenden tiefgreifenden Umwälzungen, wie sie die Kindheit und Jugend prägen, eine scheinbar gleichförmigere Zeitspanne von mehreren Jahrzehnten. Wenn man Kindheit und Jugend ohne traumatische Fixierungen auf die Thematik des Todes durchlaufen konnte und im frühen Erwachsenenalter nicht mit schwerer Krankheit oder Tod im nahen Umfeld konfrontiert wird, hat man vorerst keinen Anlass, sich häufig bewusst mit dem Tod zu beschäftigen. Der Tod und das Sterben scheinen vor allem bei den anderen stattzufinden und man ist froh, nicht davon betroffen zu sein.

Das Erwachsenenalter wird im günstigen Fall zunächst einmal als Hineinschreiten in einen offenen Raum der Zukunft erlebt, in dem sich die libidinösen und narzisstischen Wünsche in Beruf, Karriere, sozialem Leben, Beziehungen und Familie entfalten können. In dieser Lebensphase »werden die jugendlichen Todesängste von den zwei Hauptaufgaben des jungen Erwachsenenlebens beiseitegeschoben: Karriere machen und eine Familie gründen« (Yalom, 2008, S. 11). Die Suche nach der Erfüllung dieser Lebensziele kann sich auch als Arbeit daran anfühlen, seinem Leben einen Raum zu erschaffen, in dem man sich ähnlich aufgehoben fühlen könnte wie damals, vor dem Verlust der natürlichen Selbstverständlichkeit und vor der Erkenntnis der Verletzlichkeit des eigenen Seins durch den Tod. Die in der ersten Hälfte des Erwachsenenlebens dominierenden Ängste kreisen denn auch eher darum, ob man die Dinge im sozialen Sinn, in den Augen der anderen, und auch seinen eigenen Idealen gemäß richtig angeht, ob man »richtig« lebt eher im Sinn von »es recht machen« als im Sinn von »sein Leben intensiv und umfassend leben«. Es handelt sich also eher um Über-Ich- und Ich-Ideal-Ängste als um Ängste, die sich direkt auf Fragen der Endlichkeit des Lebens und auf den Tod beziehen. Doch, wie wir schon gesehen haben, können auch genau dort, wo man sich auf der am weitesten vom Tod entfernten Seite der Lebenstreppe sieht, in Zusammenhang mit der Geburt und dem Aufwachsen eigener Kinder Gedanken um Sterben und Tod mehr oder weniger Raum im Bewusstsein einnehmen.

Doch irgendwann, manchmal ganz plötzlich, wenn alles so gut zu laufen scheint oder wenn die Kinder älter werden und sich ein Umbruch abzeichnet, weil diese irgendwann das Haus verlassen werden, sieht sich der Mensch wieder mit dem Thema der Endlichkeit, des Älterwerdens, des Todes konfrontiert, insbesondere wenn die eigenen Eltern schon verstorben sind und niemand mehr zwischen einem selbst und dem Tod steht, man selber in der Generationenfolge der nächste sein wird. Der Mensch tritt in die Krise der Lebensmitte ein, eine jener normativen Krisen, die jedes Individuum in seiner Entwicklung durchlaufen muss. Nun ist zum ersten Mal seit der Adoleszenz eine erneute Auseinandersetzung mit dem Tod unumgänglich.

Zu diesem, von dem Psychoanalytiker Elliot Jaques (1965) »Midlife Crisis« genannten Einbruch des Todesbewusstseins in das oft scheinbar geradlinig dahinfließende Leben kommt es aus einer inneren Dynamik, weshalb es nicht unbedingt einen äußeren Auslöser braucht. Jaques illustriert dies mit diesen drei Zeilen aus Dantes *Göttlicher Komödie* (Alighieri, 1990, S. 47):

> »Wohl in der Mitte unsres Lebensweges
> geriet ich tief in einen dunklen Wald,
> so daß vom graden Pfade ich verirrte.«

Bei Jung, der den Lauf des Lebens mit der Parabel vergleicht, die ein Geschoss beschreibt, klingt das so: Das, »was in der geheimen Stunde des Lebensmittags geschieht, ist die Umkehr der Parabel, *die Geburt des Todes*« (Jung, 1934, S. 231, kursiv i. O.). Das Bild vom Lebensmittag, nach dem die Sonne wieder absteigt, verweist auf die in den Lebenstreppen bildlich gefasste Vorstellung vom Lebenslauf als Zyklus von Auf- und Abstieg.

Wie ein Patient Yaloms (1980, S. 205) sagt:

> »Bis jetzt erschien das Leben wie ein endloser Aufstieg, mit nichts als dem fernen Horizont im Blickfeld. Jetzt plötzlich scheine ich den Kamm des Hügels erreicht zu haben, und vor mir breitet sich der Abhang aus, mit dem Ende der Straße in Sicht – zwar weit weg, aber der Tod ist dort am Ende gegenwärtig.«

Man hat den Kamm des Lebens erreicht und sieht nun plötzlich bis zum Ende, bis zum Tod. Man realisiert plötzlich, dass man nur noch einen zeitlich begrenzten Lebensweg vor sich hat, eine zweite Lebenshälfte zwar, aber auch nicht mehr. Die Einsicht in die Beschränktheit der verbleibenden Lebenszeit löst einen Schreck, dann einen Schock aus, weil sie die bisher als selbstverständlich angenommene Offenheit des Raumes, den das eigene Leben darstellt, radikal begrenzt. So berichtet ein Mann, der gerade 40 Jahre alt wurde, dass er vor Schreck in der Dusche ausrutschte und fast gestürzt wäre, als er wie in einer animierten Grafik die Zahl 40 vor sich sah und einen Pfeil, der zur Zahl 80 führte; mit diesen beiden Zahlen vor Augen war ihm plötzlich klar, dass er die Hälfte seines Lebens nun hinter sich hatte, und von da an begann er alles, was er in seinem Leben machte, in Frage zu stellen, mit Ausnahme seiner Kinder.

Weil die verbleibende Zeit mit jedem Tag immer kürzer wird, scheint der Tod immer schneller zu kommen und sich das Leben immer mehr zu beschleunigen. Erst das Bewusstsein des eigenen näherkommenden Todes führt einem die Zeitdimension in ihrer für das eigene Selbst existenziellen Bedeutung vor Augen. Je näher der Tod kommt, desto mehr entpuppt sich das Zeiterleben als relativ, von eigenem Alter abhängig. War es einem früher egal, wenn man nicht älter als 30 würde, so stellt sich dies nun ganz anders dar, man möchte plötzlich lange leben und alt werden. Und ist man dann alt, kann es »einem entscheidend wichtig sein, jetzt, sagen wir mit 81, noch eine Weile weiterzuleben, obwohl einem dieselbe Verlängerung nach 81 früher, als man 27 war, gleichgültig gewesen wäre« (Tugendhat, 1996, S. 71).

Damit brechen nun unsere Strategien, mit denen wir seit dem Eintritt ins Erwachsenenalter den Tod auf Abstand halten konnten, zusammen. Die Verleugnungen funktionieren nicht mehr. Schauen wir in den Spiegel, schaut uns wie in Charles Allan Gilberts *All is Vanity* der Tod entgegen. Der Tod wird nun nicht mehr als ein Abstraktum erlebt, sondern als eine von innen heraus wirkende, für das eigene Leben zerstörerische Kraft, gegen die am Ende nichts auszurichten ist. Man kann sie nicht abschütteln, nicht loswerden. Dies führt zu Verfolgungsgefühlen, zu Todesangst und zu einer Fragmentierung des psychischen Raumes, zu einem inneren Chaos; das Ich befindet sich im paranoid-schizoiden Funktionsmodus.

Abb. 7: Charles Allan Gilbert, All is Vanity, 1892

Melanie Klein hatte mit der paranoid-schizoiden und der depressiven Position zwei grundlegende Funktionsweisen der Psyche beschrieben, mit denen das kleine Kind versucht, mit den emotionalen Herausforderungen umzugehen, die das Leben ihm stellt. In einem dieser beiden Funktionsmodi befindet sich auch der erwachsene Mensch. Der paranoid-schizoide Modus arbeitet mit der Spaltung in gute und böse Anteile, als Versuch, das Gute zu retten und das Böse auszublenden. So wird etwa die gute Vorstellung von einer Person von der schlechten Vorstellung von derselben Person als so getrennt erlebt, als ob es sich nicht um eine Person mit verschiedenen Eigenschaften, sondern um zwei Personen handeln würde. Im depressiven Modus hingegen kann der Mensch die guten und die bösen Anteile des Objekts integrieren und in ihrem Widerspruch aushalten. Beide Funktionsweisen oder »Positionen« haben in bestimmten Situationen Vor- und Nachteile. In Krisenzeiten, Bedrohungssituationen oder wenn es darum geht, sich durchzusetzen, ist die paranoid-schizoide Position der depressiven überlegen, welche weniger handlungs- und bewältigungsorientiert und langsamer ist, weil sie mit empathischer Einfühlung arbeitet und verschiedene Aspekte berücksichtigt und integriert.

In der Midlife-Crisis müssen massiv paranoid-schizoide Mechanismen eingesetzt werden, um im inneren Chaos eine Art Ordnung zu schaffen, die Fragmentierung des eigenen Selbst einzugrenzen und die Todesängste abzuwehren. Die paranoid-schizoide Abwehr bedient sich neben der Spaltung hauptsächlich des Mechanismus der manischen Erhöhung des eigenen Selbst, genauer des in der Gut-Böse-Spaltung entstandenen guten Selbst-Teils. In einer Vorwärtsstrategie beweist man sich und der Welt, wie jung, dynamisch, handlungsfähig und erfolgreich man ist, das genaue Gegenteil von einem Menschen, dem der Tod droht und der sich darüber Gedanken machen müsste. Diese Haltung einer manischen Abwehr wird auch durch die Angebote unserer Kultur unterstützt, ja, geradezu gefordert:

> »Die Möglichkeit, mit Hilfe manischer Abwehren die damit verbundene Trauer, Angst und Depression zu überspielen, sich in einer zwanghaften Flucht nach vorne in Aktivität und Jugendlichkeit zu stürzen, ganze Persönlichkeitsanteile mit Verleugnungsmechanismen zu isolieren oder alles, was mit Tod in Verbindung stehen könnte, phobisch zu vermeiden, wird durch unsere Gesellschaft- und Wertstruktur nur zu leicht gefördert« (Bürgin, 1978, S. 69).

Eine Lösung der Krise ist jedoch nur in der anderen Richtung zu finden, darin, einen Weg zu entdecken, der es ermöglicht, die eigene Sterblichkeit zu denken und zu akzeptieren. Diese zentrale Herausforderung der zweiten Lebenshälfte führt im günstigen Fall nicht nur zur Wiedergewinnung der depressiven Position und damit zu einer integrierten Beziehungsfähigkeit und einer weiteren Persönlichkeitsentwicklung, sondern auch zur Überwindung der narzisstischen Größenfantasien, die uns seit der Kindheit begleiten, indem man sie in reifere Formen transformiert, bis hin zu einer Haltung der Weisheit und des »kosmischen Bewusstseins« (Kohut, 1966) im Alter.

Zunächst muss der Mensch in der Krise der Lebensmitte seine idealen Vorstellungen von sich und seinen Objekten überprüfen und revidieren, er muss unter dem Druck der nun als beschränkt wahrgenommenen verbleibenden Lebenszeit seine Lebensziele überprüfen: Was habe ich umgesetzt, was habe ich nicht erreicht, welche Ziele sind mir so wichtig, dass ich mich dafür von anderen verabschieden kann, welche Verzichte sind vielleicht nötig, damit ich am Ende auf dem Sterbebett zufrieden sein kann, weil ich in Übereinstimmung mit meinen Idealen und Werten gelebt habe? Diese

Selbstbefragung geht auch mit Schuldgefühlen einher, die aus dem Widerspruch zu den eigenen Idealvorstellungen stammen, denen man nicht genügen kann, und die auch daher rühren, dass man vielleicht feststellen muss, dass man in bestimmten wichtigen Belangen bisher nicht gut genug für sich gesorgt hat, sich um wichtige Belange des Lebens – Beziehungen, Angehörige, Gesundheit, spirituelle Dinge – zu wenig gekümmert hat. Dies kann bis zu der Erkenntnis führen, dass man aus Feigheit oder Bequemlichkeit zu wenig bereit war, etwas zu riskieren, um die eigenen Wünsche und Ansprüche umzusetzen, das eigene Leben in die richtige Bahn zu lenken.

Die Kehrseite der manischen Abwehr ist die Depression: Das eigene Selbst ist erschlagen und gelähmt, der Tod droht nicht in der Zukunft, sondern breitet sich schon jetzt als Landschaft des Todes in der Psyche aus. Trotz des verwirrenden psychoanalytischen Sprachgebrauchs ist die depressive Position das Gegenteil der Depression. In der depressiven Position ist das Ich in der Lage, die Todesvisionen auszuhalten und mit den guten Anteilen des Lebens auszugleichen, lebendig zu bleiben, ohne in den Modus der manischen Abwehr zu gehen. Der Mensch ist in der depressiven Position fähig, gegensätzliche Bilder und Emotionen als unterschiedliche Aspekte derselben Sache zu sehen und auszuhalten; er kann mit dem Wissen leben und lebendig bleiben, dass von nun an der Tod sein ständiger Begleiter bleiben wird. Es geht darum, Doppeldeutigkeiten und Widersprüchliches auszuhalten, wie in dem chassidischen Sprichwort, das besagt,

> »daß ein Mensch zwei Hosentaschen braucht, in die er dann und wann greifen kann, je nachdem, was er gerade braucht. In der rechten Tasche muß er die Worte ›um meinetwillen wurde die Welt erschaffen‹ aufbewahren und in der linken: ›Ich bin Staub und Asche‹« (Kopp, 1972, S. 178).

Beide Sätze haben ihre Berechtigung, aber nur zusammen stellen sie in ihrer dialektischen Widersprüchlichkeit eine für das Leben brauchbare Wahrheit dar.

Die Midlife-Crisis bewältigen heißt, die Tatsache des Wandels als Grundtatsache des Lebens zu akzeptieren, aushalten zu können, dass sich alles immer verändert, einschließlich des eigenen Selbst. Nur wenn zugelassen werden kann, dass sich das Selbst wandelt, dass man sich nicht an das alte Selbst und die alten Idealvorstellungen klammern muss, kann die Krise zu einer Persönlichkeitsveränderung im Sinne von persönlichem Wachstum führen und nachhaltig bewältigt werden. Wenn so unter Anerkennung der Endlichkeit der eigenen Existenz für die zweite Lebenshälfte eine neue, realitätstaugliche Position in der Welt gefunden wurde, können die libidinösen Kräfte wieder stabil mit den bedrohlichen Repräsentanzen des Todesthemas verbunden werden und diese können in das Gesamtgebäude des psychischen Raumes integriert und neutralisiert werden. Dadurch wird auch das vorübergehend von den Todesvisionen und den in der paranoid-schizoiden Position freigesetzten Aggressionen bedrohte gute innere Objekt wiederhergestellt – die Person ist wieder kompensiert und handlungsfähig.

Nun hat der Mensch auch Zugang zu einer neuen Weltsicht, in der die vor ihm liegende Lebensspanne nicht mehr als ein Abstieg erlebt werden muss und in der das einengende Bild der Lebenskurve als Auf- und Abstieg zugunsten von flexibleren Vorstellungen überwunden werden kann, die neue Entwicklungsmöglichkeiten eröffnen. Man kann nun die Vorstellung von einer unweigerlich abwärtsführenden Lebenstreppe differenzieren und dem unbezweifelbaren körperlichen Abstieg einen möglicherweise fortwährenden weiteren Aufstieg in Dimensionen des Bewusstseins oder sozialer Kompetenzen zur Seite stellen. Ebenfalls kann man die Perspektive erweitern, indem man sich ganz von dem hierarchischen Denkschema des Oben und Unten löst und eine Erweiterung des Horizontes in Richtung eines weiteren, umfassenderen Bewusstseins erlebt.

Jung sieht die ganze Entwicklung des Menschen als Weg der Individuation, der Herstellung einer Ganzheit der Persönlichkeit. Die erste Lebenshälfte diene dazu, dass der Mensch in einem Prozess der Differenzierung einen Platz in seiner Umwelt finden kann, die zweite dann der Erweiterung der Persönlichkeit mit dem Ziel, sich auf den Tod vorzubereiten. Zu diesem Zweck finde in der zweiten Lebenshälfte eine Rückwendung auf die eigene innere Wahrheit und Wirklichkeit statt, »zu den bis dahin unbewußt gebliebenen oder gewordenen Wesenszügen, zu ihrer Bewußtmachung und dadurch zu einem bewußten inneren und äußeren Bezogensein des Menschen in das irdische und kosmische Weltgefüge« (Jacobi, 1971, S. 167).

Konnte die Entwicklungsaufgabe der Midlife-Crisis bewältigt werden, so steht dem Menschen für die weitere Gestaltung seiner Entwicklung die Möglichkeit zur Verfügung, immer wieder mit Blick auf die Endlichkeit seines Lebens seine Lebensgestaltung zu überprüfen. Wie in der philosophischen Übung des Memento mori kann er nun in einer Triangulierung über die nicht mehr zu verleugnende Tatsache seines zukünftigen Todes seine Ziele und Entscheidungen überprüfen, sie probehalber aus der Perspektive des letzten Tages seines Lebens bilanzierend betrachten. So kann nun das Wissen um den Tod eine bewusste Rolle in der weiteren Entwicklung des eigenen Lebens spielen, es kann in diesem Sinne auch als vorwärtstreibende und raumschaffende Kraft wahrgenommen werden. Wurde die Entwicklung des psychischen Raumes in der ersten Lebenshälfte vorwiegend unreflektiert durch unbewusste Abwehrmaßnahmen gegenüber Gedanken an den Tod beeinflusst, so kann dieser Raum nun zunehmend durch eine bewusste Auseinandersetzung mit dem Tod erweitert werden. Nun ist nicht mehr die Vorstellung einer Entwicklung ins Offene, in eine potenziell in Zeit und Raum unbegrenzte Welt hinein, der bewusstseinsfähige Antrieb der Entwicklung, sondern die Einsicht in die Begrenztheit der verbleibenden Lebensspanne.

Die Position der gemeisterten Midlife-Crisis muss immer wieder neu hergestellt werden, da es im weiteren Verlauf des Lebens mit dem Näherrücken des Todes immer neuer Auseinandersetzungen und Anstrengungen bedarf, um den immer realer werdenden Tod in das Leben zu integrieren. So kann man auch am Übergang ins letzte Lebensdrittel von einer Integrationskrise des Alters sprechen, in der es nach Erik Eriksons Modell von Entwicklung und Individuation im Lebenszyklus darum geht, ob es gelingt, die Integrität des Ichs aufrecht zu erhalten, oder ob die Verzweiflung überhandnimmt.

Die Zeit der Krise der Lebensmitte ist die Lebensphase, in der die Fragen der Adoleszenz nach dem Sinn des Lebens und seiner Endlichkeit wieder auftauchen, diesmal vor dem neuen Horizont der Begrenztheit der vor einem liegenden Lebensspanne. Wenn brauchbare Antworten auf diese Fragen gefunden werden, können sich dank der Transformation des Bewusstseins und der Einstellung zum Leben für die letzten Lebensjahrzehnte neue Erlebens-, Genuss- und Befriedigungsmöglichkeiten eröffnen. Findet man keine konstruktive Einstellung zur Frage des Todes, muss man sich voller Angst an das Gegebene, den Status Quo des Daseins klammern. Ohne eine sinnstiftende integrative Sicht auf das eigene Leben im Kontext eines die eigene Existenz überschreitenden Bewusstseins drohen für das Jugendalter noch adäquate Positionen zu nun zynisch-fatalistischen Einstellungen zu gerinnen, wie zum Beispiel die Haltung des »Tout va bien jusqu'ici« – »Bis hierher ist alles gut gegangen aber bald ist alles zuende.« Diese Weltsicht beschreibt der Spielfilm *La Haine* (»Der Hass«, 1995) anhand des perspektivlosen Lebens von Jugendlichen in den Pariser Banlieues, die ihr Leben mit dem Sturz aus einem Hochhaus vergleichen: Man stürzt hinunter, sagt sich aber bei jedem Stockwerk: »Jusqu'ici tout va bien.«

Alter und Sterben

Über die Entwicklung des psychischen Raumes im Alter und Sterben gibt es zwei gegensätzliche Vorstellungen. In der einen wiederholt sich die Kindheitsentwicklung, nur in umgekehrter Richtung, wie in den Darstellungen der Lebenstreppen. Hier schrumpft der psychische Raum des alternden Menschen genauso wie der physische Raum und die Rolle, die er in der Welt noch einzunehmen vermag. Am Schluss kehrt er zurück in den Mutterleib, symbolisiert im Sarg, dem Grab, der Urne oder einer Gruft – metaphorische Höhlen im Leib der Mutter Erde. Der alte Mensch scheint sich immer mehr wie ein Kind zu verhalten, wie in der frühen Kindheit prägen anale und orale Phänomene wie Geiz, Retentivität oder die Fixierung auf die Mahlzeiten das Bild.

In der anderen, entgegengesetzten Vorstellung vom Altern entwickelt sich die Persönlichkeit weiter, sogar noch im Prozess des Sterbens. Noch im hohen Alter kann der Mensch eine immer weitere und umfassendere Wahrnehmung in Bezug auf das eigene Leben und seine Position in der Welt entwickeln. Das libidinöse Begehren kann auch auf höherem Niveau aufrechterhalten werden und auch die Sexualität inklusive genitaler Triebbefriedigung ist noch Teil des Lebens. Hier kann auch der alte Mensch noch ein autonomes und handlungsfähiges Individuum sein und er bleibt, vor allem auch in ökonomischer Hinsicht – als potenzieller Konsument –, für die Gesellschaft interessant. Im Vergleich dazu erscheint die erste Vorstellung eher als Beschreibung einer misslingenden Variante des Alterns, als Artefakt seelischer Deprivation unter emotional und sozial reduzierten Lebensumständen wie im Altersheim.

Für einen einigermaßen gesunden alten Menschen kann die Vision gelten, die Jung mit 69 Jahren in einem Brief für das Alter entwarf: »Der Blick [des Alten] umfasst Fernen, die ins Unendliche entfliegen. Die letzten Stufen [des Lebens] sind die schönsten und kostbarsten, denn sie führen zu jener Fülle, zu der hin innerstes Wesen des Menschen geboren ist« (zit. n. Jaffé, 1980, S. 17). Hier führt die Lebenstreppe also eindeutig nicht abwärts, sondern immer weiter auf- und himmelwärts. Und weil Jung das Ziel des Lebens in der möglichst weitgehenden Bewusstwerdung des Individuums sah, fand er auch, dass man so lange am Leben festhalten solle, solange noch ein Zuwachs an Bewusstwerdung möglich sei. Deshalb verabreichte er auch seiner Frau erst, als er befand, dass sie in ihrem Sterbeprozess »genug bewußt gemacht« habe, die einschläfernden Medikamente zur Linderung ihres Leidens (Jaffé, 1980, S. 21).

Mit zunehmendem Alter wird das Bewusstsein für die bevorstehenden Verluste geschärft: Verlust von Eltern, die sterben, von Altersgefährten, die sterben, Verlust der eigenen körperlichen Fähigkeiten, der Gesundheit, der Libido und Potenz, zuletzt der Verlust des eigenen Lebens, dem vielleicht – je nach spiritueller Vorstellung, die man darüber hat – der Verlust des eigenen Körpers oder des eigenen Selbst vorausgeht, wenn die Seele den Körper verlässt. Auch das Nachlassen und der Verlust der sexuellen Lust kann als Verlust eines Teils der eigenen Person erlebt werden, wie ein Patient Igor Carusos (1974, S. 261) beschreibt: »Ich hatte das Gefühl, etwas von mir selbst gehe verloren, werde von mir abgetrennt; es ist die Trennung vom Eros in mir selbst: eine Trennung von mir selbst.«

Diese Inhalte der Verlustängste im reifen Erwachsenenalter führen nun aber auch zur Erkenntnis, dass diese Verlustängste im Grunde alle auf den letzten und entscheidenden aller Verluste zulaufen, den Verlust des Lebens im Tod. Dies kann eine neue Einsicht auch in die Natur der anderen menschlichen Ängste eröffnen, wie der Psychoanalytiker Wolfgang Schmidbauer im autobiografischen Blick auf sein Leben beschreibt:

> »Ich hatte keinen Begriff von der Macht der Angst im menschlichen Leben. Wenn ich heute glaube, davon mehr zu verstehen, hängt das auch damit zusammen, dass die Mutter aller Ängste, die Todesangst, sich erst im höheren Alter zu erkennen gibt. Erst dann zeigt sich, wie eng sie mit der ersten aller Ängste, der Angst vor dem Verlust, verschmolzen ist, die Freud in einer seiner drastischen Verkürzungen Kastrationsangst nennt« (Schmidbauer, 2016, S. 145).

Je näher der Tod kommt, je mehr sich das Selbst und der Tod aufeinander zubewegen, desto mehr Raum nimmt der Tod ein und desto mehr ist er im Bewusstsein präsent. Um sich mit diesen Gedanken und Ängsten auseinanderzusetzen, kann sich der Mensch auf nichts anderes beziehen als auf seine psychische Struktur, wie sie sich bis dahin entwickelt hat, seine Beziehungen und die symbolischen Formen, die ihm seine Kultur anbietet. Zur psychischen Struktur gehört auch die in der Bewältigung der Krise der

Lebensmitte gewonnene Fähigkeit, den Tod als Teil des Lebens in der zweiten Lebenshälfte integrieren und für die weitere Entwicklung der eigenen Persönlichkeit nutzen zu können, anstatt ihn als Bedrohung für die Integrität des eigenen Selbst verleugnen zu müssen.

Zwar unterliegt die innere Vorstellungswelt des Menschen »offenbar nicht der Korrosion der chronologischen Alterung«, wie Helmut Luft (2005, S. 27f.) im Alter von 80 Jahren festhält:

> »Erotische Wünsche und Phantasien sind also offenbar nicht vergänglich. Ältere Ehepaare gehen oft so miteinander um, als ob – in eklatantem Gegensatz zur Realität – die Partnerin noch die junge Geliebte von damals wäre, die Zeit stehen geblieben wäre.«

Ins Gewicht fällt mit zunehmendem Älterwerden deshalb nicht, dass die Wünsche weniger werden, sondern dass die Energie nachlässt und deshalb sowohl die libidinösen als auch die narzisstischen Besetzungen dieser Wünsche an Intensität verlieren. Weil dies die Gegenbesetzungen zu den Todesfantasien schwächt, können letztere an Macht gewinnen.

Die beste Voraussetzung für ein gutes Altern ist, neben Gesundheit, auf ein erfülltes Leben zurückschauen zu können, auf ein Leben, das sich erfüllt hat, wozu gehören kann, dass man die Möglichkeiten, die sich einem in seiner eigenen Person boten, einigermaßen ausgeschöpft hat. Deshalb geht es auch unter dem Druck des näher rückenden Todes vermehrt darum, bislang vernachlässigte oder nicht eingelöste Wünsche oder Idealvorstellungen ernst zu nehmen und zu überprüfen, welche Möglichkeiten noch bestehen, diese zu erfüllen. Dafür müssen einerseits die libidinösen Besetzungen, das Wünschen und das Begehren, aufrechterhalten werden, andererseits muss das Ich-Ideal mit den sich verändernden realen Möglichkeiten abgeglichen werden, die von Einschränkungen und schwindenden Ressourcen gekennzeichnet sind. Dazu gehört auch, dass die nun nicht mehr realisierbaren Wünsche und Ansprüche betrauert und abgelegt werden müssen.

Deshalb ist die Fähigkeit, zu trauern, eine zentrale Kompetenz im Umgang mit der Todesangst, weil nur, wie Freud beschrieb, durch den Prozess der Trauer die noch verfügbaren Ressourcen von den alten, nicht mehr erfüllbaren Vorstellungen abgezogen werden und auf die noch realisierbaren ausgerichtet werden können. Nur, je älter man wird, desto schwieriger wird es, Verlorenes durch Neues zu ersetzen, was man vor allem dann erlebt, wenn viele Gleichaltrige schon vor einem sterben und man die verlorenen

Menschen nicht durch neue zu ersetzen vermag. Auch wenn die verlorenen Menschen im Prozess der Trauer als Objekte der inneren Welt gerettet oder wiedergefunden werden können, so unterstützt der Mangel an geeigneten neuen Objekten in der Außenwelt die Tendenz des alten Menschen, sich immer weniger in der Gegenwart und immer mehr in seiner inneren Welt mit den Geschichten und Personen der Vergangenheit zu bewegen. Im günstigen Fall gelingt es jedoch, die verlorenen Beziehungen durch »Umwandlungen in symbolische Befriedigungsformen« (Luft, 2005, S. 30) zu ersetzen. Dann übernehmen kulturelle Interessen, Sammeln und Reisen die Funktion, die früher das Herstellen von neuen Beziehungen und sexuelle Eroberungen hatten.

Häufig ist dank einer gewissen Radikalisierung des älter werdenden Menschen angesichts der beschränkten noch verfügbaren Lebenszeit doch noch eine Neuorientierung, eine Annäherung an die idealen Vorstellungen möglich. Forschungen belegen, dass sich auch über 70-jährige in ihrer Persönlichkeitsstruktur noch erheblich verändern können (Specht et al., 2014). Die Mehrheit der älteren Menschen bleibt allerdings lieber beim Gewohnten, statt nochmal seelisches Neuland betreten und den psychischen Raum erweitern zu wollen. Untersuchungen zum Freizeitverhalten älterer Menschen zeigen, dass sie mehr Zeit auf die Hobbys und Beschäftigungen verwenden, die sie immer schon pflegten, statt ihre Welt noch einmal auszudehnen (Peters, 2004, S. 150). Je mehr die realen Möglichkeiten schwinden, desto mehr ist »eine Umkehr in den Lebenszielen festzustellen […], die nunmehr weniger von einem Wunsch nach Veränderung als von einem Wunsch nach möglichst wenig Veränderung getragen werden […], nach Erhaltung und Stabilität« (Peters, 2004, S. 146).

Der Eintritt in die letzte Lebensphase, wenn es auf das Sterben zugeht, führt den Menschen zu einer besonders harten und erbarmungslosen Bilanzierung seines Lebens. Gelingt ihm dank einer Neuorientierung und Umbesetzung der eigenen Idealvorstellungen und Werte vielleicht noch in letzter Minute ein Zugang zu abgespaltenen Anteilen seines Selbst, scheinbar versiegten Wünschen und Quellen der Libido und Lebendigkeit, so kann dies Zustände tiefer Verzweiflung auf dem Sterbebett verhindern. Denn, wie Cicely Saunders, die Begründerin der Palliativmedizin und der Hospizbewegung, schreibt: »Es ist nicht das Schlimmste für einen Menschen, festzustellen, dass er gelebt hat und jetzt sterben muss; das Schlimmste ist, festzustellen, dass man nicht gelebt hat und jetzt sterben muss« (zit. n. Borasio, 2011, S. 192). Spätestens jetzt, wo die Tatsache des Endes des Lebens kaum mehr verleugnet werden kann, kann mich ein Schrecken erfassen, wenn ich feststellen muss, »daß mein Leben leer war« und »daß ich mich an belanglose Inhalte verloren habe« (Tugendhat, 1996, S. 81).

Ein klassisches Beispiel dafür ist Leo Tolstojs Beschreibung des Sterbens Iwan Iljitschs, dem plötzlich der bisher nie gedachte Gedanke kommt, dass vielleicht sein ganzes Leben nicht das Richtige gewesen sein könnte, dass er so gelebt haben könnte, wie er nicht hätte leben sollen, und dass er sich, statt sich immer anzupassen, hätte wehren sollen, dass

> »jene kaum merkbaren Neigungen, die er stets sofort unterdrückt hatte, wirklich berechtigt waren und daß alles andere nichts war: sein Dienst, seine Lebensgestaltung, seine Familie, die Interessen der Gesellschaft und des Dienstes – alles das war vielleicht nichts, nichts. [...] ›Und wenn das wirklich so ist‹, sagte er zu sich, ›und ich aus dem Leben gehe mit dem Bewußtsein, alles verdorben zu haben, was mir gegeben wurde, und ich es nicht mehr gutmachen kann, was dann?‹« (Tolstoj, 1886, S. 78).

»Ein Mensch beurteilt sein Leben danach, ob die Wirklichkeit seinen Möglichkeiten entsprochen hat«, fasst Wilhelm Schmid (2010, S. 20) seine Erfahrungen in der Begleitung Sterbender zusammen,

> »[o]b er zum Beispiel mit dem richtigen Partner gelebt hat. Oder ob die Beziehung hinter den eigenen Möglichkeiten zurückgeblieben ist. Dann quält das Gefühl, dass man eigentlich jemanden hätte haben können, mit dem man mehr Sex, intensivere Gefühle, geistreichere Gespräche erlebt hätte.«

Und die Sterbehelferin Bronnie Ware führt in ihrem Bestseller *5 Dinge, die Sterbende am meisten bereuen* (2012) die folgenden fünf Zielvorstellungen an, die die Bilanz am Lebensende am häufigsten belasten (zit. n. Merli, 2012):

1. »Ich wünschte, ich hätte den Mut gehabt, mein eigenes Leben zu leben.«
2. »Ich wünschte, ich hätte nicht so viel gearbeitet.«
3. »Ich wünschte, ich hätte den Mut gehabt, meine Gefühle auszudrücken.«
4. »Ich wünschte, ich wäre mit meinen Freunden in Kontakt geblieben.«
5. »Ich wünschte, ich hätte mir erlaubt, glücklicher zu sein.«

Als dem Top-Manager Markus Müller, Europa-Chef von Blackberry und damit verantwortlich für eine Milliarde Dollar Umsatz und 2.000 Angestellte, Wares Buch in die Hände fiel, trafen ihn die wenigen Sätze auf dem Umschlag »bis ins Mark. Mir wurde schlagartig klar, dass ich mein Leben vergeudete, mir selber fremd geworden war« (Müller, 2017). Müller kündigte, beschäftigte sich mit dem Tod und ließ sich zum Sterbehelfer ausbilden. Dies gab ihm »ein Gefühl für Prioritäten im Leben, relativierte das Ego, die Eitelkeit, den Stolz«. Daneben arbeitet er als Tantra-Masseur. »Ich wünschte, ich hätte mich früher mit der Sexualität und dem Tod auseinandergesetzt, diesen beiden grossen Themen des Lebens.«

Es ist ein bekanntes Phänomen, dass die Begegnungen mit dem Tod manche Menschen zu einer radikalen Änderung ihres bisherigen Wertesystems und Lebensstils führen können. Als Tolstojs Iwan Iljitsch am Ende seines Lebens einsieht, dass er sein Leben falsch gelebt hat, führt dies neben einer Verzehnfachung seiner Qualen und tagelangem Schreien auch in einen Moment der versöhnlichen Einsicht in das Leiden seiner Angehörigen, dessen Ursache er selber war. Dies mündet in die einzige ihm noch mögliche gute Handlung, die darin besteht, endlich zu sterben, um dem Leiden seiner Angehörigen ein Ende zu setzen.

Tugendhat weist darauf hin, dass Tolstoj in seinem 20 Jahre früher geschriebenen Werk *Krieg und Frieden* den im Kampf verwundeten Fürst Andrej, der zu sterben meint, einen ähnlichen Wandel erleben lässt. Im Zustand seines vermeintlichen Sterbens sieht Andrej den Himmel über sich wie neu, es kommt ihm vor, als ob er diesen Himmel nie gesehen hätte. Ihm wird diese Erkenntnis des Himmels zur tiefen Einsicht, neben der alle seine bisherigen Ziele, wie bei Iwan Iljitsch, als Trug und Irrtum erscheinen. Dies mündet darin, dass er sich nicht einmal mehr für Napoleon interessiert, sein Idol, das dahergeritten kommt, weil ihm nun auch Napoleon nur noch »als ein so kleiner, nichtiger Mensch« erscheint »im Vergleich mit alledem, was jetzt zwischen seiner Seele und diesem hohen, unendlichen Himmel mit den darüber hinlaufenden Wolken vorging« wie Tolstoj schreibt (zit. n. Tugendhat, 1996, S. 86f.). Dieser »unendliche Himmel« wird Andrej zur letzten Wahrheit, die er bisher nicht gesehen hat, zu einer neuen Wertordnung, die alles andere, was ihm bisher wichtig war, unbedeutend werden lässt.

So altert der Mensch zwar nicht in Bezug auf die Trieb- und Bindungswünsche und seine Vorstellungen über sein ideales Selbst, aber doch in Bezug auf das kulturelle Referenzsystem. Je mehr der alte Mensch die

Sprache und die Spielregeln der Jüngeren nicht mehr versteht, desto mehr gerät er an den Rand und ins Abseits der Welt. Der Wandel der kulturellen Zeichensysteme und Strukturen schwächt das eigene, auf diese kulturelle Struktur bezogene Koordinatensystem und damit die eigene psychische Struktur. Der psychische Raum zerfällt mit der Fähigkeit, symbolisierend und kommunizierend mit der Welt zu verkehren, in einem Austausch mit ihr zu stehen und sich in ihr aufgehoben zu fühlen. Und auch die Welt will vom alten Menschen immer weniger Kenntnis nehmen: »Die Leute geben sich nicht damit ab, einem alten Mann zuzuhören, deshalb gibt es hier so viele verstummte Alte mit verlorenem Blick, wie in einem fremden Land« (Buarque, 2009, S. 76).

So ist der alte Mensch zunehmend damit beschäftigt, sein Haus in Ordnung zu halten, tragende Strukturen abzustützen und zerfallende Strukturen zu erhalten, letzte Dinge vorzubereiten und zu erledigen. Am Ende seines Lebens und von Krankheit gezeichnet empfiehlt Leonard Cohen dies in einem Gespräch als Schmerzmittel und Trost zugleich:

> »At a certain point, if you still have your marbles and are not faced with serious financial challenges, you have a chance to put your house in order. It's a clicheé, but it's underestimated as an analgesic on all levels. Putting your house in order, if you can do it, is one of the most comforting activities, and the benefits of it are incalculable« (Remnick, 2016).

Für den Menschen, der noch Lust am Leben hat, gilt es, den alltäglichen, gewohnten Lebensvollzug bis zuletzt aufrechtzuerhalten. Auch sehr kranken Menschen kann es gelingen, immer noch eine libidinöse Besetzung aufrechtzuerhalten, sie leben oft von Festtag zu Festtag, der nächste Geburtstag, das nächste Familienfest ist die Möglichkeit, das libidinöse Begehren und die narzisstischen Wünsche erneut zu mobilisieren und dem Tod noch einmal etwas entgegenzustellen. So gehörte es zu Margarete Mitscherlichs Strategie der Gestaltung ihrer letzten Lebensphase, sich aktiv »immer wieder festliche Augenblicke zu verschaffen und nie zu vergessen, dass es solche Augenblicke immer wieder zu geben vermag und es von mir abhängt, ob ich verstehe, sie zu erkennen, sie zu erschaffen und zu genießen« (zit. n. Hermann, 2012, S. 81). Andere Menschen erleben sich hingegen als ausgelebt und haben nur noch einen Wunsch, nämlich den, zu sterben.

Weil wir in einem rational-kognitiven Sinn den Tod schlussendlich nicht denken können, geraten wir mit seinem Näherkommen immer mehr an die

Grenzen unserer dreidimensionalen Vorstellungswelt, die wir in der Kindheit gegen die bedrohlichen, vieldimensionalen Vorstellungsräume abgegrenzt hatten, umso stärker, je mehr sich die Beziehungen und Symbolisierungen, die den Menschen im Dreidimensionalen gehalten haben, auflösen und verloren gehen. Nun ist es nötig, Zugang zu anderen Vorstellungsräumen und Symbolisierungsmöglichkeiten zu haben, die man als transpersonale oder spirituelle Erfahrungswelten beschreiben kann. Stehen solche Möglichkeiten nicht zur Verfügung, können die immer größer werdenden Risse in unserer symbolischen Hülle nicht als Öffnungen in eine weitere Realität verstanden werden, sondern nur als Rückschritt, Abbau, Verlust von Errungenschaften, als Zerfall und Regression des Selbst, was mit der entsprechenden Angst einhergeht, die dann nicht nur Angst vor dem Tod, sondern auch Angst vor dem Zerfall des Selbst ist.

Gegen den Zerfall und damit gegen eine Überflutung mit Todesängsten hilft die Aufrechterhaltung der gewohnten Beziehungen und symbolischen Strukturen. Dem steht entschieden die Praxis des Alterns und Sterbens in den hochentwickelten Ländern gegenüber: In einem Wohlstandsland wie der Schweiz sterben 75% der alten Menschen nicht zu Hause in einem vertrauten Umfeld, sondern im Pflegheim. Der Welt der Altersheime ohne persönliches Mobiliar, der Einengung auf das eigene Zimmer oder gar Zweierzimmer, der Beraubung der Privatsphäre im öffentlichen Aufenthaltsraum entzieht sich der Insasse durch Abkehr von der äußeren Welt ins Innere, in Erinnerungen, Fantasietätigkeit und Schweigen (vgl. Peters, 2004).

Auf die Angst vor dem Sterben kann heute die Palliativmedizin brauchbare Antworten geben; sie kann den Menschen über deren Möglichkeiten aufklären, kann die Angst vor dem Sterben mildern, sofern der Mensch in der privilegierten Situation ist, dass ihm, wenn es mit ihm zu Ende geht, jemand Zugang zu den lindernden Maßnahmen und stützenden Gesprächen verschafft. Für den kranken Sterbenden mit seinen Schmerzen und Ängsten stellt oft sein Zugang zu Morphinpräparaten die Kernfrage dar, um die dann zunehmend das Denken kreisen kann. Dies kann im Einzelfall so weit gehen, dass der Glaube an das Morphin und die Möglichkeiten der Medizin den Glauben an Gott und die Versprechungen der Religion ersetzt.

Idealerweise führen die Auseinandersetzungen mit dem Tod im Alter dazu, dass der alte Mensch einen gelasseneren Umgang mit solchen Phänomenen entwickelt, die den gewohnten Rahmen seiner vertrauten dreidimensionalen Welt überschreiten. Kann er die mit dem Überschreiten der Grenzen, der Transzendenz der gewohnten Ordnung der Welt einhergehende Angst aushalten, dann kann er sich vielleicht sogar in seiner Angst vor dem sich abzeichnenden Verlust des eigenen Körpers und Lebens mit einer Vision von der Befreiung der Seele aus dem Gefängnis des Dreidimensionalen trösten, wie sie vielleicht in Hieronymus Boschs Gemälde vom *Aufstieg in den Himmel* dargestellt ist.

Abb. 8: Hieronymus Bosch, Aufstieg in den Himmel (Visionen aus dem Jenseits), ca. 1500–1504

Der Mensch erweitert und vertieft vielleicht seine Weltsicht der Weisheit und des kosmischen Bewusstseins, wendet sich – vielleicht wieder – früher verpönten spirituellen Dingen zu, die der eine als Glaube, der andere als Mystik, der dritte als Philosophie der Transzendenz bezeichnen mag. Sogar Freud hatte, wie schon erwähnt, kurz vor seinem Tod die Notiz hinterlassen: »Mystik die dunkle Selbstwahrnehmung des Reiches ausserhalb des

Ichs, des Es« (Freud, 1941f, S. 152). In einem Interview in seinem 77. Lebensjahr erzählt der Philosoph Ernst Tugendhat (2007), wie er begann, sich mit der Angst vor dem Tod zu beschäftigen, als ihn im Alter von 64 Jahren das Gefühl überfiel, nun nur noch den Tod vor sich zu haben, und wie seine Hinwendung zu spirituellen Themen dieses Gefühl zu relativieren vermochte.

Tugendhat: »Wenn ich mir vorstelle, dass ich nur noch kurze Zeit zum Leben habe, dann erschrecke ich. Nicht weil ich unbedingt weiterleben will, sondern weil ich finde, dass ich mich verzettelt habe und eigentlich ganz anders leben müsste.«

Interviewerin: »Und wie?«

Tugendhat: »Das weiß ich nicht. Ich habe nur diese Sorge, dass ich die Hauptsache verpasst haben könnte. Allerdings ist dieses Gefühl inzwischen durch die Mystik an den Rand gedrängt worden.«

Interviewerin: »Aber wie kann Mystik helfen?«

Tugendhat: »Sie hilft erkennen, dass man sowieso nicht so relevant ist. Das hat zu tun mit dem Staunen vor dem, was Heidegger das Sein nannte, oder, wie Wittgenstein sagte, dass es überhaupt diese Welt gibt.«

In der Lebensphase des reifen Alters ab 60 kann der wachsenden Todesnähe und damit Todesangst mit einer ebenfalls wachsenden und sich transformierenden Sicht auf das Leben und die Welt begegnet werden. Das bereits erwähnte kosmische Bewusstsein kann zu einer neuen, triangulierten Position dem eigenen Leben gegenüber führen, wenn es gelingt, in Bezug auf sich und sein eigenes Leben eine exzentrische Position einzunehmen, in der man sich und sein Leben von einem Standpunkt nicht innerhalb, sondern außerhalb des eigenen Lebens wahrzunehmen vermag. Um dies zu veranschaulichen, vergleicht Tugendhat das Leben mit einer Wurst, die wie jede Wurst nicht nur einen Anfang, sondern auch ein Ende hat, wobei sich die Würste durch ihre Länge unterscheiden, die eine kann länger als die andere sein, aber doch ist jedes Leben einfach eine Wurst. Der Gedanke, dass man auch in einer exzentrischen Position zum eigenen Leben stehen könnte, macht deutlich, dass wir uns normalerweise in unserem Alltagsbewusstsein »zum Tod immer von einem bestimmten Standpunkt aus verhalten, von einem Standpunkt innerhalb der Wurst: wir sehen weder die Wurst noch ihr mögliches Ende von außen« (Tugendhat, 1996, S. 69).

Aus einer Perspektive sub specie aeternitatis, wie Spinoza dies nannte, einer Perspektive, die über den eigenen Tod hinausreicht, sogar die Ewigkeit miteinschließt, vermögen wir die eigene Existenz wie von außen wahrzunehmen. »Die gewöhnliche Betrachtungsweise sieht die Gegenstände gleichsam aus ihrer Mitte, die Betrachtung sub specie aeternitatis von außerhalb. So daß sie die ganze Welt als Hintergrund haben«, schreibt Ludwig Wittgenstein in sein Tagebuch (1960, S. 178). »Ist es etwa das, daß sie den Gegenstand *mit* Raum und Zeit sieht statt *in* Raum und Zeit?« (ebd., kursiv i. O.). Und er zieht daraus den Schluss: »Das Ding sub specie aeternitatis gesehen ist das Ding mit dem ganzen logischen Raum gesehen.«

Je mehr transpersonale und spirituelle Perspektiven die Sicht auf die Welt erweitern, desto mehr relativiert dies die Bedeutung des eigenen Selbst. Auch eine Rückkehr zum Glauben als einer Möglichkeit, die letzten Fragen um Leben und Tod in Bezug auf ein überindividuelles Symbolsystem zu denken, geschieht auf einer neuen Stufe. Man glaubt nun nicht mehr an die personifizierte Vorstellung von einem Gott wie in der Kindheit, sondern auf einer reiferen kognitiven und ethischen Stufe an übergeordnete Prinzipien und »Wahrheiten«. Ganz wenigen gelingt es sogar, das eigene Selbst und damit natürlich auch die Angst vor dem Tod vollständig zu überwinden, wenn sie die höchste der von James Fowler (in seiner Hierarchie der Stufen des Glaubens oder des spirituellen Erlebens) beschriebenen Stufen erreichen. Dann ist das Selbst vollständig dezentriert und der Mensch entwickelt in einer »Identifikation mit der Spezies« eine »transnarzißtische Liebe zum Sein« (Fowler, 1981, S. 263). Damit, dass nun nicht mehr das eigene Selbst im Zentrum des Erlebens steht, sondern die lebendige Welt als Ganze den Bezugspunkt des Menschen darstellt, verliert auch der eigene Tod seine Bedeutung.

Vom Leben gegen den Tod zum Leben mit dem Tod

Unser Überblick bestätigt die auch von Heidegger in *Sein und Zeit* vertretene Auffassung, wonach das Bewusstsein der Vergänglichkeit und des Todes das ganze Leben durchzieht und als eine Quelle von Spannung und Angst ständig präsent ist. Der Mensch kommt zwar nicht mit einer Vorstellung vom Tod zur Welt, wohl aber mit einer Angst vor dem Tod, die sich zeigt, wenn seine Existenz vital bedroht erscheint. Zwar haben das

Tier und das kleine Kind (noch) kein Bewusstsein davon, dass sie sterben können, weil sie über keinen Begriff von der Zeit und von der Endlichkeit verfügen, doch zeigen schon die höheren Tiere eindeutige Zeichen einer diffusen »vegetativen Todesangst« (Tugendhat, 1996, S. 70). Schon 1912 beschrieb der Direktor des Pariser Schlachthofes Herlequin im Detail die Symptome der Todesangst bei Rindern, Schafen, Schweinen, Hunden und Pferden (Kabel, 1912). Als erwiesen kann auch gelten, dass höhere Säugetiere wie Elefanten, Schimpansen und Paviane auf den Tod von Artgenossen reagieren und trauerartige Verhaltensweisen zeigen.

Wenn also schon höheren Tieren eine nicht bewusste, doch vegetativ erlebte Todesangst zugesprochen wird, so ist davon auszugehen, dass auch der Mensch mit einer Präkonzeption vom Tod und einer Fähigkeit, vegetativ mit Todesangst zu reagieren, sein Leben beginnt. Im Gegensatz zum Tier (zumindest soweit das Wissen der Zoologie der Gegenwart reicht) reagiert der Mensch auf die Todesangst im Laufe seiner Entwicklung damit, dass er sie in Gedanken fasst, eine Todesfurcht entwickelt, die er dann mit den mit zunehmender Reife komplexer werdenden psychischen Mechanismen bewältigen kann. Da der Tod als Grundtatsache immer da ist, stellt er für den Menschen auch eine permanente Herausforderung und Entwicklungsaufgabe dar, die immer wieder zu Veränderungen seiner Sicht auf sich und die Welt führt.

Anstatt wie Freud von einem Todestrieb zu sprechen, wäre es deshalb passender, von einem Todesantrieb zu reden, der diese psychischen Entwicklungen erzwingt und vorantreibt. Der englische Begriff »death drive« könnte in diesem Sinne nicht nur als »Todestrieb« ins Deutsche zurückübersetzt werden, als Antrieb *hin* zum Tod, sondern auch in Analogie zu den englischen Begriffen »all-wheel drive« oder »diesel drive« passender als Antrieb *durch* den Tod. Schreibt Freud seinem Todestrieb die Tendenz zu, unbelebte Zustände herzustellen, so bewirkt, wie unser Durchgang durch die menschliche Entwicklung gezeigt hat, der Antrieb durch den Tod das genaue Gegenteil, treibt er doch den Menschen dazu an, als Reaktion und Antwort auf den Tod eine Welt der lebendigen Erfahrung zu erschaffen.

Der Mensch muss auf die Bedrohung durch den Tod von Anfang an mit den ihm zur Verfügung stehenden Anpassungs- und Abwehrleistungen reagieren, was analog zur biologischen Entwicklung und kognitiven Reifung immer wieder zu neuen Lösungen und psychischen Entwicklungsschritten führt. Die Einsicht in seine Sterblichkeit ist die traumatische Erfahrung des

Menschen par excellence und vielleicht kann man so weit gehen, zu sagen, dass allen psychischen Errungenschaften etwas von der Todesgefahr innewohnt, die mit dieser psychischen Leistung bewältigt werden soll. So trägt denn der psychische Raum, den der Mensch als seinen Lebensraum errichtet, immer Spuren seiner Aufgabe, die existenzielle Tatsache des Todes zu bewältigen.

Der Mensch muss immer wieder aufs Neue kreativ werden, um den Tod in eine symbolische Gestalt zu bringen und ihn sich so zugleich vom Leibe zu halten und anzuverwandeln. Wird das Leben in der ersten Lebenshälfte als Leben *gegen* den Tod erlebt, so steht der Mensch in der zweiten Lebenshälfte vor der Herausforderung, sein Leben zunehmend als ein Leben *mit* dem Tod zu entwerfen, weil das Wissen um den eigenen Tod immer weniger auf Distanz gehalten werden kann. Genügen in der Kindheit, wenn man nicht allzu früh und ungeschützt mit dem Tod konfrontiert wird, noch weitgehend Strategien der Verleugnung, um die Bedrohung des Todes auf Distanz zu halten, so zwingt uns das Leben mit dem Älterwerden zunehmend dazu, solche Lösungen zu finden, die die Realität des Todes stärker anerkennen. Deshalb wird spätestens in der zweiten Lebenshälfte, wenn die Libido nachlässt und Sexualität und Fortpflanzung nicht mehr als Antwort auf die existenziellen Fragen wie die nach dem Sinn des Lebens taugen, der immer weniger zu verleugnende Sachverhalt des Todes als immer präsenter und als eine triebähnliche Dynamik erlebt. War das Denken früher vielleicht von Gedanken an Sex und die eigene Großartigkeit angetrieben, so treten an deren Stelle mit zunehmendem Älterwerden Gedanken an den Tod und die Nichtigkeit der eigenen Existenz als Themen, mit denen man sich nicht beschäftigen will, sondern beschäftigen muss.

Die Untersuchungen zur Rolle des Todes in der Kindheit lassen sich mit Yalom (1980, S. 43) so zusammenfassen: »Das Kind ist im frühen Alter ausgiebig mit dem Tod beschäftigt und seine hauptsächliche Entwicklungsaufgabe ist es, mit den erschreckenden Ängsten vor der Vernichtung umzugehen.« Die Furcht vor dem Tod »rumort ständig unter der Oberfläche; sie ist eine dunkle, unstete Präsenz am Rande des Bewusstseins«. Um diese Ängste zu bewältigen, entwickelt das Kind Abwehrmechanismen, die darauf abzielen, den Tod unbewusst zu machen, die Gefahr zu verleugnen. Daraus entwickelt sich die Charakterstruktur des Kindes und es entstehen, wenn die Abwehrmechanismen im Widerspruch zu den Entwicklungsaufgaben des Kindes stehen, psychopathologische Symptome.

Mit dem Übergang zur Adoleszenz kommt hinzu, dass der Mensch das Problem des Todes dahin weiterdenkt, dass ihm nun angesichts des Todes das Leben als solches absurd erscheint – mit Sartre (1943, S. 939) gesprochen: Es »ist absurd, daß wir geboren werden, es ist absurd, daß wir sterben«. Der Mensch muss sich mit dem Älterwerden zunehmend mehr denkend mit seiner »Wunde der Sterblichkeit« (Yalom, 2008, S.9), diesem immer nur notdürftig geflickten Loch in der Hülle des psychischen Raumes, herumschlagen, durch das uns der Tod in das Nichts hinauszubefördern droht, wenn wir nicht dagegen andenken und (an-)leben. Über die ganze Lebensspanne gedacht geht es bei abnehmenden Möglichkeiten, den Tod zu verdrängen, immer stärker darum, ihn denkbar und aushaltbar zu machen: *Making Death Thinkable* (De Masi, 2004).

Mit jedem Übergang von einer Lebensphase in die nächste bricht der Tod erneut, wie in einer neuen Gestalt, in die bewusste Wahrnehmung ein. Die Lösung der mit diesem Übergang und der neuen Begegnung mit dem Tod verbundenen normativen Krise führt jeweils zu einer Anpassung und Weiterentwicklung des psychischen Raumes und einer neuen Ausbalancierung von Libido und Todesgedanken, auch von Liebe und Hass. Dies ist im Übergang von der Kindheit in die Adoleszenz der Fall, von der Adoleszenz ins frühe Erwachsenenalter und dann jeweils ins mittlere und spätere Erwachsenenalter. Dabei handelt es sich nicht nur um eine Bewältigung von Verlust und Trauer im Übergang der Lebensphasen, sondern auch darum, dass der Tod jeweils im Licht der neuen Lebens- oder Entwicklungsaufgabe und der gereiften kognitiven und emotionalen Fähigkeiten aufs Neue und in einer neuen Form zu begreifen und zu bewältigen ist.

Das Verlusterleben, das häufig mit dem Übergang von einer Lebensphase in die nächste einhergeht, lädt zu Assoziationen über Todeserfahrungen ein und ist häufig ein Grund dafür, dass diese Übergänge nicht bewältigt werden. Der Übergang von der Kindheit ins Jugendalter wird häufig als Verlust erlebt, in dem es darum geht, sich von der Kindheit auf eine Weise verabschieden zu können, die es ermöglicht, dass die Lebendigkeit der Kindheit nicht zurückgelassen, sondern in die neue Lebensphase mitgenommen werden kann. Das Gleiche gilt bei anderen Übergängen, wie jenem in die Phase von Berufstätigkeit und Familiengründung oder ins Alter.

Bei all den Übergängen im Lebenslauf geht es darum, die Fähigkeit zu haben und weiterzuentwickeln, Veränderungen geschehen zu lassen, damit klarzukommen, dass sich das eigene Selbst und die Welt transformieren, und zwar nicht nur in der Art, dass wir selber die Veränderungen aktiv gestalten, sondern auch in dem Sinne, dass mit uns Dinge geschehen, die wir akzeptieren und hinnehmen müssen; mit denen wir besser leben, wenn wir ihnen schlussendlich zustimmen können. Häufig finden diese Wachstumskrisen in dem beschriebenen Schema der Regression auf die paranoid-schizoide Erlebnisweise und der anschließenden Wiedergewinnung der depressiven Position statt. Die depressive Position wiedergewinnen oder neu errichten bedeutet, die eigene Sterblichkeit immer wieder aufs Neue zu akzeptieren. Nur dies ermöglicht, dass die Energien, die zuvor im Kampf gegen den Tod im paranoid-schizoiden Modus eingesetzt und blockiert wurden, nun wieder für das Leben zur Verfügung stehen, und damit für eine progressive Lösung des Themas Tod durch die Stärkung seiner Gegenspieler, der Libido und der narzisstischen Besetzung von sinnvollen und realistischen Lebenszielen.

Der Tod, wie er dem jüngeren und gesunden Menschen erscheint, ist nicht der gleiche, wie der, der dem älteren und dem Tode nahen Menschen vor Augen steht. Rainer Maria Rilke beschreibt im *Stundenbuch* (1905) den ersteren als den »kleinen Tod«, den letzteren als den »großen Tod«. Der kleine Tod ist der, dem wir »täglich übern Scheitel schaun« (S. 30), von dem wir »nicht glauben, daß er ernsthaft droht«, den wir in die Zukunft verlegen und verleugnen können:

> »Ich kann nicht glauben, daß er ernsthaft droht;
> ich lebe noch, ich habe Zeit zu bauen:
> mein Blut ist länger als die Rosen rot.«

Der große Tod ist dort, wo wirklich gestorben wird, in den Hospitälern. Auf ihn trifft der Leser dann viele Seiten später (S. 94):

> »Dort ist der Tod. Nicht jener, dessen Grüße
> sie in der Kindheit wundersam gestreift, –
> der kleine Tod, wie man ihn dort begreift;
> ihr eigener hängt grün und ohne Süße
> wie eine Frucht in ihnen, die nicht reift.«

Der große Tod ist nicht mehr gut abgewehrt scheinbar außerhalb der eigenen Person und kann einen deshalb nicht wirklich bedrohen, der große Tod ist in einem drin und entwickelt sich von innen heraus. Und, darüber hinaus, ist der große Tod in Rilkes Mystik zugleich der Keim, der Antrieb des Lebens (S. 94f.):

»Denn wir sind nur die Schale und das Blatt.
Der große Tod, den jeder in sich hat,
das ist die Frucht, um die sich alles dreht.

Um ihretwillen heben Mädchen an
und kommen wie ein Baum aus einer Laute,
und Knaben sehnen sich um sie zum Mann;
und Frauen sind den Wachsenden Vertraute
für Ängste, die sonst niemand nehmen kann.«

Können sich Kinder und Jugendliche noch in einer Mischung aus Angst und Lust für das Gruselige – den »kleinen Tod« – interessieren, gar begeistern, so lässt dies bei Erwachsenen umso mehr nach, je näher sie dem »großen Tod« kommen. Je älter der Mensch wird, desto mehr versucht er zu den Ausläufern des Todes Distanz zu bewahren und ersetzt das wirklich Gruselige beispielsweise durch Krimis mit absehbarem Ausgang. Diese müssen aber, weil der beruhigende Effekt nicht lange anhält, in endloser Wiederholung konsumiert werden. Der Krimi ist eine »gefahrlose Simulation des Umgangs mit Sterben und Tod«, meint Marc Wittmann (2012, S. 112). Im Krimi begegnen wir dem Geheimnis des Todes. Die Ermittler sind oft selber angeschlagen und haben persönliche Probleme, für die sie keine Lösung finden; mit ihnen kann man sich auf der Suche nach der Aufklärung des Geheimnisses des Todes gut identifizieren. »Im Krimi gelingt die Lösung eines Geheimnisses, die im Leben so nicht gelingen will.«

Heute kann man – in der urbanen Welt des Westens – alt werden, ohne jemals einen Toten gesehen zu haben. Vor 100 Jahren, bei einer wesentlich geringeren Lebenserwartung, war es unmöglich, aufzuwachsen, ohne konkret mit dem Tod in Kontakt gekommen zu sein. Die Kulturwissenschaftlerin Christine Süssmann beschreibt dies am Beispiel des sozialistischen Politikers und Publizisten August Bebel, geboren 1840: Bebel

> »hatte schon mit 19 Jahren kein einziges Familienmitglied mehr. Vor seiner Geburt hatten seine Eltern ein Mädchen verloren, als Bebel 4-jährig war, starb sein Vater, mit 5 verlor er einen Bruder, mit 6 seinen Stiefvater, mit 13 Jahren die Mutter. 6 Jahre später verstarb sein zweiter Bruder« (Süssmann, 2016).

Heute, meint Süssmann, stehe der Sicherheit, dass man sterben werde, die große Unsicherheit und das daraus resultierende Unbehagen gegenüber, dass man keine Ahnung hat, »wie Sterben vor sich geht«. Ganz anders ergeht es da den in Indonesien auf der Insel Sulawesi lebenden Toraja, die alle drei Jahre die Gräber öffnen und die mumifizierten Leichname waschen und neu einkleiden, weil sie davon überzeugt sind, dass sich deren Seelen weiterhin in der Nähe aufhalten.

Im Grunde möchte sich der Mensch in seinem Verhältnis zu seinem Leben in einer stabilen und behaglichen dyadischen Position einrichten und den Tod als störenden Dritten am liebsten ausschließen. Je älter der Mensch wird, desto weniger gelingt dies jedoch. Weil der Tod sich nicht ausschließen lässt, hat er die triangulierende Funktion eines jeden Dritten: Er ermöglicht und erzwingt, dass der Mensch nicht einfach sein Leben lebt, sondern dass er auf sich und sein Leben, diese Tugendhat'sche Wurst, wie von außen schauen und sich und sein Leben in Bezug auf die Endlichkeit dieses Lebens reflektieren und entsprechend organisieren muss. Und sei es auch erst im letzten Moment vor Torschluss, wie bei Tolstojs Iwan Iljitsch.

Eine solche dezentrierte Position gegenüber dem eigenen Leben einnehmen zu lernen, ist der Kern der lebenslangen Entwicklungsaufgaben, die uns der Tod stellt. Hält sich der Säugling oder das kleine Kind für das Universum oder zumindest für den Mittelpunkt desselben, so muss der Mensch mit dem Älterwerden diese Sichtweise nach und nach verändern, wie Tugendhat beschreibt. Mit zunehmendem Realitätssinn erkenne der Mensch an, dass er nicht die Welt *ist*, sondern die Welt als ein Anderes sich gegenüber hat und vor der Aufgabe steht, seine Wünsche mit dieser in Übereinstimmung bringen zu müssen. Um unsere Wünsche erfüllen zu können, seien wir, so Tugendhat, gezwungen, uns mit der Kraft, die wir aus unserer Illusion beziehen, dass wir das Zentrum der Welt wären, gegen die Grenzen zu stemmen, die uns die Realität vorgibt. Angesichts des Todes müssten wir jedoch eine andere Sichtweise entwickeln und anerkennen, dass wir keineswegs in der Lage sind, die Realität gemäß unserem Wunsch zu gestalten, uns im Mittelpunkt des Universums zu fühlen. »Der Tod und schon das Altern enthalten die Chance, diesen Irrtum einzusehen und sich gewissermaßen innerhalb des Theaters auf die Seite zu stellen, aus dem Zentrum heraus« (Tugendhat, 1996, S. 87).

Der Gewinn dieser dezentrierten Position sei, dass einem der Tod weniger Schrecken bereiten müsse, führt Tugendhat weiter aus. Denn dem nicht dezentrierten Menschen

> »erscheint das Aufhören des Lebens [...] nicht als ein im Theater Zurück- und schließlich aus ihm Heraustreten, sondern als Aufhören des Theaters selbst, und das wirkt unvorstellbar im Sinn von schrecklich. Für denjenigen hingegen, der den Tod zum Anlass nehmen kann, sich aus dem Zentrum zurückzunehmen [...] verändern sich die Gewichte. Er läßt sich los, indem er sich in die Welt zurück und in dieser an den Rand stellt« (ebd.).

Das Leben geht weiter, nur ohne mich. Angesichts des Todes enthält eine Haltung, in der wir das Universum nicht mehr uns gegenüber haben, sondern in dieses zurücktreten, einen tieferen Realitätssinn als das Festhalten an alten Positionen. Eine solche »Positionsänderung« ermöglicht dem Menschen eine größere Gelassenheit. Dieses Loslassen und Zurücktreten in die dezentrierte Position gegenüber dem eigenen Leben und der Welt ist die letzte Entwicklungsaufgabe, die sich dem Menschen stellt, und derjenige, der sich dem Tod nahe sieht, würde es bedauern, »wenn ihm die Entzentrierung nicht gelingt« (ebd., S. 88). So schließt sich der Kreis in einer spiralförmigen Bewegung: Erlebt sich der Mensch als Säugling vielleicht wie in Tugendhats Vorstellung als das Universum selbst, und muss er sich dann von diesem Universum differenzieren, zurückziehen und sich diesem gegenüberstellen, so wird er sich am Schluss bewusst, dass er in seinem Leben nichts anderes als ein winziger Bestandteil dieses Universums war. Aber, würde ein Buddhist oder Anhänger der Fraktal-Theorie sagen, auch so, in dieser relativierten Position, ist er wieder mit dem Universum eins.

Der Tod ist in den Dimensionen des dreidimensionalen psychischen Raumes nicht fassbar. Kann man ihn nicht einfach abwehren und vom Bewusstsein fernhalten, kommt man nicht umhin, Vorstellungen jenseits der gewohnten Dreidimensionalität des Alltagsraumes zu entwickeln. Dies wird umso naheliegender, je mehr mit zunehmendem Alter die Zeitachse als vierte Dimension in die Wahrnehmung tritt. Wie ich an anderer Stelle (Grieser, 2011) ausgeführt habe, führt die subjektiv erlebte Beschleunigung im Älterwerden, wie in der in der Relativitätstheorie beschriebenen Raumzeit, zunehmend zu einer Zusammenschau der verschiedenen Lebensphasen, zu einem Blick über das ganze Leben. Damit wird man, wenn man loslassen kann, zunehmend in eine exzentrische Position gerückt, aus der man sein ganzes Leben mit seinen Höhen und Tiefen und mit allem, was erledigt und unerfüllt ist, vor sich sehen kann. Weil nun unser konventionell auf das Dreidimensionale eingeschränktes Symbolsystem unsere sich erweiternde Erfahrung symbolisch schlecht repräsentieren und integrieren kann muss spätestens jetzt unsere Vorstellungswelt um andere Dimensionen erweitert werden, damit sie uns in der Erfahrung von Transzendenz und Tod am Lebensende Orientierung geben kann.

III. Die Angst vor dem Tod

»Der Schrecken des Todes ist der des Sterbens in Unreife, was Rilke ›die ungelebten Linien unseres Leibes‹ nannte.«
Norman O. Brown: Zukunft im Zeichen des Eros

Weil der Tod Angst macht, muss sich der Mensch mit ihm auseinandersetzen, Möglichkeiten finden, mit ihm umzugehen. Bei dem, was wir die Angst vor dem Tod nennen, handelt es sich meist um ein Gemenge von verschiedenen Elementen. Wir können konkretere Anteile wie zum Beispiel die Angst vor dem Sterben von den diffuseren und unheimlicheren Anteilen unterscheiden, die wir angemessener als Todesfurcht zu bezeichnen hätten. Die Angst vor dem Tod ist nicht das gleiche wie die Angst vor dem Sterben; die Angst vor dem Sterben ist mit Vorstellungen von Schmerzen, vom Todeskampf, von Ersticken oder Ertrinken, davon, überwältigt zu werden, ausgeliefert oder hilflos zu sein, verbunden. Die Angst vor dem Tod zeichnet sich hingegen durch das genaue Gegenteil aus, nämlich dadurch, dass keine Vorstellungen verfügbar sind, weil der Tod das Unvorstellbare schlechthin ist, das Ende aller Vorstellungen, das Nichts.

Ich möchte versuchen, einige Elemente zu unterscheiden, aus denen sich die Todesfurcht zusammensetzt und die in je unterschiedlicher Mischung jedem Menschen seine individuelle Form von Todesangst oder Todesängsten bescheren. Von den drei Arten von Todesfurcht, die Tugendhat (1996, S. 71) unterscheidet – der Furcht vor der Todesnähe, der schon erwähnten vegetativen Todesangst und dem Bewusstsein, dass wir irgendwann einmal sterben werden – wird es vor allem um den letzteren Bereich gehen, um die bewussten und unbewussten Vorstellungen, die sich an unser Wissen um unsere Sterblichkeit anheften und die Angst vor dem Tod verstärken.

Wissen und Nicht-Wissen

»Die Menschen haben Angst vor dem Tod, weil sie das Unbekannte fürchten«, sagt der zehnjährige krebskranke Junge in Eric Emmanuel Schmitts Film *Oskar und die Dame in Rosa* (2009). Oskars Eltern haben Angst vor dem Tod, lassen überfordert ihren Sohn im Stich, sprechen nicht mit ihm über seine Krankheit und den Tod. Zum Glück gibt es Rose, die Pizza ins Kinderkrankenhaus liefert und mit Oskar über alles redet, über seine Krankheit, über sein Leben, das er nicht leben wird, über Gott und den Tod. Doch muss das Unbekannte notwendigerweise Angst machen? Wohl nicht, es kann auch Neugier erregen und zum Forschen anregen. Was Angst macht, ist wohl eher das Wissen darum, dass niemand weiß, was es mit dem Tod auf sich hat, dass man ahnt, dass man es zu Lebzeiten nicht herausfinden wird und dass man erlebt, wie dieses mit dem Tod oder dem Sterben verbundene Nicht-Wissen den Erwachsenen Angst macht.

> Ein jugendlicher Patient, der wie Oskar als Kind eine Krebserkrankung durchmachte und später noch einen schweren Unfall erlitt, lebt in der stetigen Angst, es könne etwas schiefgehen oder etwas Schlimmes passieren. »Ich weiß nicht, was auf mich zukommt«, bringt er sein Lebensgefühl auf den Punkt. Die von ihm mehrfach erlebte Nähe zum Tod hinterlässt das Gefühl eines Ungesichertseins und Nicht-Wissens im Leben, das sich trotz aller Kontrollversuche immer nur vorübergehend beruhigen lässt. Dabei wissen wir alle nicht, was auf uns zukommt im Leben, abgesehen vom Tod am Ende des Lebens.

Die Leere des Nicht-Wissens macht Angst und drängt deshalb danach, beseitigt zu werden, mit Wissen gefüllt zu werden. Man kann sich jemanden suchen, einen großen Wissenden, um sich in der Anlehnung an ihn sicher zu fühlen. Oder man versucht, sich selber zum Wissenden zu machen, wird zu einem Alleswisser, der das Wissen in sich hineinfrisst, um die Leerstelle des Nicht-Wissens nicht erleben zu müssen, um nie in Gefahr zu sein, von der unendlichen Weite des Nicht-Wissens im Universum überwältigt zu werden. Dann ist Wissen-Wollen keine Haltung der Neugier, der Offenheit für Neues, sondern ein zwanghaftes Tun, um Lücken zu schließen und Offenheit zu beseitigen. Oft erlebt man Erwachsene, die sogar ihren Kindern gegenüber immer wieder aufs Neue beweisen müssen, dass sie das Wissen haben, dass es keine Lücke des Nicht-Wissens gibt, als ob etwas nicht zu wissen eine gefährliche Sache, die Achillesferse ihres Daseins wäre.

Der Tod als das Negative, die Antithese

In manchen Glaubenssystemen ist der Tod der Kontrapunkt zum Leben, Übergang zu einer anderen Art von Leben. Für alle, die daran nicht so recht glauben können, ist der Tod jedoch nicht einfach der Kontrapunkt zum

Leben, sondern insofern, als er nichts ist, die Negation des Lebens. Damit wird der Tod zur Projektionsfläche für das Negative schlechthin und für alle aus dem Bewusstsein normalerweise ferngehaltenen, verdrängten Inhalte des Unbewussten und des Es. Mit dem Tod drohen einen alle die abgewehrten Übel anzuspringen, wie aus der Büchse der Pandora.

Mit einer etwas reiferen, philosophischen Haltung oder kosmischem Bewusstsein kann man den Tod auch als die notwendige und unvermeidliche Antithese zum Leben sehen, woraus sich in der dialektischen Denkbewegung durch die Integration von Leben und Tod auf einer neuen qualitativen oder Wahrnehmungsebene eine Synthese ergibt. Doch primär wird der Tod, bevor man ein gewisses Maß an Weisheit oder Reife erlangt hat, nur als das Leben vernichtende Antithese erlebt, als reale Gefahr für das eigene Leben, seine drohende Negation. Doch im Laufe des Lebens und Älterwerdens wird einem klarer, wie der Tod – gerade als die Kraft des Negativen – nicht nur einen negativen, sondern auch einen produktiven Einfluss auf die Gestaltung des Lebens hat; unter anderem dadurch, dass der Tod die Frage nach dem Sinn des Lebens aufwirft, auf die wir später noch zu sprechen kommen werden.

Doch zunächst einmal tendieren die bedrohlichen Inhalte des Unbewussten, die ja immer Auftrieb haben, dazu, sich an den Tod als das Negative und Abzuwehrende par excellence zu heften und mit ihm ins Bewusstsein zu drängen. Dieser Rattenschwanz an verdrängten und nicht-bewusstseinsfähigen Inhalten des Unbewussten bläht das Negative des Todes auf und lässt es für manch einen Menschen so übermächtig werden, dass es ihn vollkommen lähmen kann. Mit zu vielen bedrohlichen Trittbrettfahrern an Bord kann das Negative des Todes keine dialektische Wirkung als Antithese zum Leben entfalten und nichts in Bewegung bringen. Der Tod wird dann nicht als Negation des Lebens, sondern als das Böse erlebt.

So können wir mit François Jullien

> »unterscheiden zwischen dem, was nur zerstört und nichts erzeugt (was hier zunächst als das Böse bezeichnet werden soll) und dem, was ein aktivierendes, *in Bewegung setzendes* Negatives wäre, welches Dinge in Spannung versetzt, auf den Weg bringt, intensiver macht und zu Neuerungen führt« (Jullien, 2004, S. 21, kursiv i. O.).

Das Böse wäre das mit einer Lähmung verbundene Erleben des Todes als zerstörerische Kraft, wie in der Depression im klinischen Sinn, während das aktivierende Negative eine Suchbewegung auslösen und eine kreative und konstruktive Auseinandersetzung des Menschen mit dem Tod und dem Leben, dessen Ende er ist, initiieren kann.

Je nachdem, ob der Tod eher als Verkörperung des Bösen oder des Negativen erlebt wird, kann die Suche nach einer Lösung in verschiedene Richtungen gehen. Zum Bösen gehört als Gegenstück das Heilsdenken, während das Negative eher zur Weisheit tendiert. Für die Befreiung vom Bösen seien dementsprechend die Heiligen zuständig, meint Jullien, während das Negative eine Angelegenheit der Weisen sei. Dem Rückzug vor dem Bösen in die Suche nach dem Heil auf der einen Seite stellt Jullien »das Denken der Weisheit, das das Negative in den ›Gang der Dinge‹ einbezieht« (ebd., S. 26), gegenüber. Der Weg der Weisheit ist natürlich wieder mit jener Haltung verwandt, die wir als kosmisches Bewusstsein kennengelernt haben. Die Weisheit, »die das Negative berücksichtigt, versteht sich in Beziehung zur Welt und in Mitwirkung in ihr«. Gelingt es also, den Tod als das Negative des Lebens und nicht als das Böse zu erleben, so kann man eher in lebendiger Verbindung mit der Welt stehen, als wenn man in einer Abwehrbewegung gegen das Böse bei einer Heilslehre Zuflucht sucht, um das Böse aus der Welt zu verbannen. Die Heilslehre scheint einen Weg zurück zur kindlichen Omnipotenz zu offerieren, einem Zustand des Heilseins, welcher mit der Einsicht in die eigene Sterblichkeit verloren ging.

Trennungs-, Desintegrations- und Vernichtungsängste

Der Tod versucht, auf der Klaviatur aller Ängste zu spielen und ist dabei in der Lage, noch die entferntesten Tasten anzuschlagen. Die Angst vor dem Tod zu bewältigen würde heißen, dass man auch alle frühen Ängste, die in der Entwicklung auftreten, so stabil bewältigt hätte, dass sie nicht einmal durch den Tod reaktiviert werden könnten. Die Angst vor dem Tod ist durchsetzt von den in bestimmten Entwicklungsphasen jeweils normalen und typischen Ängsten, wie der vor Vernichtung, Desintegration oder Trennung. Sie treten in der Entwicklung in dieser Reihenfolge auf; je unreifer, früher die Form der Angst ist, als desto vernichtender wird sie erlebt.

Vernichtungsängste treten bereits im Säuglingsalter, vielleicht schon vor der Geburt auf. Mit Beginn der Selbstentwicklung kommt die Angst vor der Desintegration hinzu, vor dem Verlust der neu gewonnenen Struktur des eigenen Selbst. Danach folgt dann die Angst vor Trennung, vor dem

Verlust der wichtigen Bezugspersonen, und schließlich kommen Ängste vor Beschädigung und Kastration hinzu. Jenö Harnik sieht in der Todesangst drei Ängste vereint,

> »die vom Geburtserlebnis abgeleitete Angst vor dem Ersticken (der Unmöglichkeit zu atmen, z. B. beim Gefressenwerden, beim Ertrinken usw.) –, die Angst, das primäre Liebesobjekt zu verlieren (Trennungsangst), und später – die Angst vor der Beschädigung der körperlichen Integrität (Verstümmelungsangst)« (Bürgin, 1978, S. 79).

Die frühen archaischen Ängste bleiben weitgehend außerhalb des Bewusstseins, werden körpernah erlebt, weil sie noch nicht sprachlich repräsentiert und dann später in symbolisierter Form erinnert werden können.

Je nachdem, zu welcher Art Angst der Einzelne aufgrund seiner spezifischen Geschichte und Vulnerabilität vorzugsweise neigt, wird die Konfrontation mit dem Tod dann auch mehr mit Vernichtungs-, Desintegrations- oder Trennungsängsten einhergehen. In dem Maße, wie der Tod solche Ängste auslöst, die in Bezug zu früheren Lebenserfahrungen stehen, scheint die Begegnung mit dem Tod auch die Mauern der Abwehr einzureißen und abgewehrte gefährliche Inhalte des Unbewussten hervorbrechen zu lassen. Umgekehrt eignet sich natürlich der Tod auch vorzüglich zur Darstellung von Ängsten, dient als Symbolisierungsmöglichkeit für solche abgewehrten Gefahren.

Viele Psychoanalytiker sehen in der Angst vor dem Tod in erster Linie eine Variante der Trennungsangst. Zweifellos beinhaltet der Tod eine Vielzahl von Trennungen, ja, die Trennung von allem, auch von sich selber. Man kann auch mit Caruso (1974, S. 22) sagen, »daß die Trennung die Manifestation des Todes im Leben darstellt«. Ob aber die Angst vor dem Tod vor allem eine Angst vor der Trennung ist, ist eine andere Frage. Dahinter steht vielleicht der Wunsch, es möge sich »nur« um eine Trennung handeln und nicht um eine Vernichtung, denn dann könnte man den Tod vielleicht so ähnlich bewältigen, wie man auch frühere Trennungen bewältigen konnte.

Wenn der Tod als Trennungserfahrung an frühere Trennungserfahrungen anschließt, ist die entscheidende Frage, wie diese früheren Erfahrungen bewältigt werden konnten. Trennungsangst ist weniger existenziell und umfassend als die Vernichtungsangst, weil das Selbst in der Trennung ja nicht zerstört wird, sondern überlebt. Auch beinhaltet Trennung nicht nur eine negative Erfahrung, sondern kann als Grunderfahrung des Lebens immer wieder als notwendiger Schritt in einem Prozess erlebt werden, der zu einer neuen Erfahrung oder Entwicklungsstufe führt. Deshalb kann mit der Erfahrung von Trennung nicht nur Verlust und Gefahr verbunden sein, sondern auch die Öffnung hin zu etwas Neuem. Wie wir schon gesehen haben, stellt die Trennung vom realen Objekt ja auch die Voraussetzung für die Entstehung der Symbolisierungen und der psychischen Repräsentanzen dar, und auch das Selbst kann nur als etwas vom primären (Selbst-)Objekt Getrenntes gedacht werden.

So gesehen sollten gelungene Erfahrungen von Trennung und Neubeginn also eine positive Matrix für den Umgang mit dem Tod darstellen. Andererseits erscheint es jedoch als völlig unwahrscheinlich, dass so etwas wie eine beobachtende Instanz übrigbleiben und die Trennung erleben könnte, weil der Tod ja jede Trennung aufhebt in dem Sinne, dass ein eigenes Selbst, Denken oder Bewusstsein als ein von irgendetwas anderem Unterschiedenes, Getrenntes übrigbliebe. Mit dem Tod drohen sich unser Denken, unser Bewusstsein, unsere Welt zu entgrenzen, komplett ungetrennt und unabgegrenzt zu werden; alles Individuelle droht sich komplett im Allgemeinen aufzulösen – so wie sich in der hinduistischen Vorstellung die der Weltseele *Brahman* entnommene Individualseele *Atman*, das individuelle Selbst, wieder in der Weltseele *Brahman* auflösen wird (dazu später mehr).

In bestimmten traumatischen Situationen kann der Mensch allerdings eine Erfahrung machen, die wahrscheinlich eine gewisse Annäherung an die Trennung darstellt, wie man sie im Sterben erleben mag, wenn nämlich in Notfallsituationen plötzlich die Seele den Körper verlässt und man sich in einer Out-of-Body-Erfahrung wie von außen wahrnimmt. Hier scheint ein beobachtendes Ich oder Selbst erhalten zu sein, das Körper und Selbst oder Seele als deutlich voneinander getrennt erlebt und später darüber berichten kann.

Wie sehr Trennung ein Grundelement unseres Bewusstseins darstellt, veranschaulicht Ignacio Matte Blanco in seiner Gegenüberstellung von einem *trennenden Modus* und einem *nicht trennenden Modus*. Ralf Zwiebel und Gerald Weischede (2015, S. 214) illustrieren den Unterschied zwischen diesen beiden Modi am Beispiel des Traumes, indem sie das Erzählen eines Traumes dem Träumen des Traumes gegenüberstellen: Der geträumte Traum funktioniert im nicht trennenden Modus, der unter anderem durch die Abwesenheit von Zeit und Kausalität gekennzeichnet ist oder dadurch, dass Gegensätze ineinander aufgehoben werden können. Der erinnerte und erzählte Traum hingegen wird »durch den ›trennenden Modus‹ des Bewusstseins (Sprache, Zeitlichkeit, Realitätsprüfung, asymmetrische Logik, Kausalität) umgestaltet«. Die Autoren vergleichen dies mit der Erfahrung in der Meditation und vermuten, dass hier »die Balance zwischen ›trennendem‹ und ›nicht trennendem Modus‹ zugunsten des ›nicht trennenden‹ verschoben wird«. Träumen und Meditieren ermöglichen also Erfahrungen mit dem, in unserer Alltagserfahrung weniger zugänglichen, nicht trennenden Modus.

Sobald wir die Sprache verwenden, um zu denken, bedienen wir uns des trennenden Modus. Erzählen wir den Traum oder schreiben wir ihn nieder, so haben wir ihn uns damit zwar zu eigen gemacht, sind aber auch von ihm getrennt, nicht mehr im vorsprachlichen unmittelbaren Erleben. Als Benutzer der Sprache und ausgestattet mit der Fähigkeit zur Selbstreflexivität, sind wir im Zustand der Urentfremdung. Am Ende des Lebens geht es vielleicht darum, sich wieder im nicht trennenden Modus auf die neue Erfahrung des Todes einlassen zu können. Dann ist vielleicht ein gefasster Abschied, eine Akzeptanz der Trennung von den Bezugspersonen und der Welt möglich, wie sie bei jenem Mann zum Ausdruck kommt, der sich von seiner Familie mit den folgenden letzten Worten verabschiedet: »Ich freue mich auf meine letzte Reise. Es war schön mit dir und den Kindern. Ich weiss, dass ihr es ohne mich schafft« (Ibello & Rüffer, 2016, S. 29).

Dieser Mann, der in einem assistierten Suizid aus dem Leben scheidet, scheint den Tod in erster Linie als Trennung zu erleben und nicht in die Angst vor Desintegration und Vernichtung zu verfallen. Kann das eigene Selbst auch noch in unmittelbarer Nähe zum Sterben als intakt und integriert erlebt werden, so scheint es vor allem um eine Trennung und einen Abschied zu gehen, in dem das eigene Selbst ebenso erhalten zu bleiben scheint wie seine Objekte. Dazu mag auch beitragen, dass die aktiv gestaltete Situation des assistierten Suizids und das Wissen darüber, wie das Medikament wirken und wie lange es dauern wird, bis der Tod eintritt, dem aus dem Leben scheidenden Menschen eine aktiv-handelnde Position ermöglicht. Anstelle eines passiven Erleidens erhält die Situation so einen für den Sterbenden berechenbaren und kontrollierbaren Anstrich.

Die Option, durch Suizid oder Sterbehilfe den Zeitpunkt und die Umstände des Todes selber bestimmen zu können, vermag dem Menschen das Gefühl zu geben, angesichts des Unaufhaltbaren doch noch, zumindest in dieser Hinsicht, selber entscheiden und handeln zu können. Diese Möglichkeit, sich selber bis zuletzt als handlungsfähig und damit sein Ich als intakt zu erleben, kann ein entscheidender Beitrag dazu sein, dass Vernichtungsängste abgewehrt werden können, die ansonsten die Integrität des eigenen Selbst bedrohen. Zur Beruhigung genügt oft schon das Wissen darum, dass es die Möglichkeit gibt, den Zeitpunkt des Todes selber zu bestimmen; diese muss dann, wie die Erfahrungen mit der Sterbehilfe zeigen, oft gar nicht realisiert werden. Dabei geht es zu einem guten Teil um die Sorge, schlimmes Leiden und den Verlust der Würde zu vermeiden, andererseits aber auch um die Illusion, dass man, indem man den Zeitpunkt des eigenen Ablebens selber in der Hand hat, dem Tod zuletzt doch noch ein »Nein« entgegenstellen könnte.

Über die Option des Selbstmords zu verfügen, selbstbestimmt den Tod als Möglichkeit wählen zu können, kann zur letzten Zuflucht eines von Auflösung und Vernichtung bedrohten Selbst werden. In einer etwas übertriebenen, paradoxen Formulierung bringt dies die suizidale Heldin eines Romans von Walker Percy (*Der Kinogeher*, 1961) auf den Punkt, wenn sie sagt, der Selbstmord sei

> »das einzige was mich am Leben hält. Wenn alles andere schiefgeht, muss ich nur an Selbstmord denken, und in Null komma nichts bin ich wieder gut drauf. Wenn ich mich nicht umbringen könnte – ja, das wäre ein Grund, es zu tun« (zit. n. Macho, 2018, S. 13).

So kann sogar die Angst vor dem Tod mit dem Gedanken an den Selbstmord gebändigt und abgemildert werden. Nimmt die Angst vor dem Tod jedoch ein solches Ausmaß an, dass sie das Selbst zu zerstören scheint, so droht dem eigentlichen Tod ein psychischer Tod vorherzugehen, ein Zerfall des Selbst wie in der Psychose. Weil im psychischen Tod die Zertrümmerung des eigenen Selbst bewusst miterlebt wird, ist die Angst vor dem psychischen Tod in der Auflösung des Selbst viel schrecklicher als die Angst vor dem körperlichen Sterben oder vor dem Tod, wenn er als Trennung erlebt wird. Oft liegen solchen Desintegrations- und Vernichtungsängsten frühere traumatische Erfahrungen zugrunde, oft, wie schon erwähnt und von Winnicott immer wieder beschrieben, ein Versagen der frühesten Bezugspersonen, das die Entwicklung des kindlichen Selbst durch übermäßige Frustrationen unterbricht. Die daraus resultierende »sehr reale, urtümliche Angst« vor der Vernichtung, vor dem Nichtsein, geht »jeglicher Angst, zu deren Beschreibung das Wort Tod gehört, weit voraus« (Winnicott, 1956, S. 162).

Die Fähigkeit, sich zu trennen, spielt auch hinsichtlich des Schuldgefühls eine Rolle, das man mit dem eigenen Tod verbinden kann und von dem erstaunlich selten die Rede ist – als ob man dadurch, dass man zu sterben hat, auf die Opferseite rutschen und keine Schuldgefühle zu bewältigen hätte gegenüber denen, die man mehr oder weniger gut für ihr weiteres Leben ausgerüstet und versorgt im Leben zurücklässt. Schließlich tut man ihnen mit dem eigenen Tod auch etwas an; man mutet ihnen den Schmerz des Todes und das Leiden an dem Verlust zu und hätte allen Grund zu sagen: »Es tut mir für Euch leid, dass ich sterben muss.«

Die Wiederkehr des Verdrängten

Der Tod kann nicht nur als das Unbekannte erscheinen, das Angst macht, weil man nicht weiß, was es mit ihm auf sich hat und ob und was nach ihm noch kommen könnte. Im Gegenteil kann sich die Angst, die der Tod auslöst, auf eine Erfahrung beziehen, die einem seltsam bekannt-unbekannt vorkommen kann, als ob man so etwas Ähnliches schon einmal erlebt hätte. Der Tod kann einen an etwas erinnern, was einem schon mal begegnet ist und dann der Verdrängung anheimfiel oder das zu einem Zeitpunkt im Leben geschah, an dem man noch nicht über die Fähigkeit verfügte, Erfahrungen symbolisierend zu begreifen und festzuhalten. Man hat es zwar erlebt, doch weil es nicht symbolisiert und erinnert werden kann, ist es auch wieder unbekannt und gehört eher dem Bereich des Nicht-Wissens als dem des Wissens an. Doch der Tod ist so bedrohlich, weil er die Macht zu haben scheint, all das Abgewehrte und Verdrängte zum Vorschein bringen zu können, die Mauern der Abwehr einzureißen und alle gefährlichen Inhalte des Es hervorbrechen zu lassen, alles, was außerhalb der alltäglichen Wahrnehmung gehalten wurde.

Dies führt uns zu der Frage, ob es sich bei der bevorstehenden Erfahrung des Todes um eine grundsätzlich neue Erfahrung handelt oder um die Wiederholung eines in ähnlicher Form früher schon einmal erlebten Geschehens. Wir können dabei an zwei analoge Erfahrungen denken, an die der Geburt und die eines früher schon einmal erlebten Zusammenbruchs. Unser Denken neigt jedenfalls dazu, sich an bekannten Phänomenen zu orientieren und das Unbekannte auf frühere Erfahrungen als Muster zurückzubeziehen, anstatt sich etwas ganz Neues, noch nie Erlebtes vorzustellen.

Freud war der Ansicht, dass sich der Mensch den Tod als Rückkehr in den Mutterleib vorstellt. Er analysiert das Symbol der Brücke als

> »Übergang vom Jenseits (dem Noch-nicht-geboren-sein, dem Mutterleib) zum Diesseits (dem Leben), und da sich der Mensch auch den Tod als Rückkehr in den Mutterleib (ins Wasser) vorstellt, bekommt die Brücke auch die Bedeutung einer Beförderung in den Tod« (Freud, 1933a, S. 25).

Das Bild der Brücke steht schließlich für Übergänge und Zustandsveränderungen überhaupt. Im *Motiv der Kästchenwahl* beschreibt Freud in den drei Formen, zu denen sich dem Mann »das Bild der Mutter im Laufe des Lebens wandelt«, auch wieder den Bogen von der Geburt bis zum Tod im Mütterlichen: Zunächst erlebt der Mann seine Mutter, die ihn geboren hat und aufzieht, dann findet er das Bild der Mutter in seiner Geliebten wieder, und zuletzt trifft er auf »die Mutter Erde, die ihn wieder aufnimmt« (Freud, 1913f, S. 37).

Dementsprechend wird die Entwicklung zum Tod auch als Rückentwicklung, Verlust der psychischen Struktur gedacht, die in der Kindheit ausgebildet wurde, weshalb mit dem Wiederauftreten der Ängste vor Desintegration und Verlust des eigenen Selbst zu rechnen ist, wie damals in der Kindheit, und auch mit jenen Ängsten, die mit der Erfahrung der Geburt selber verbunden waren. Der Tod als Rückkehr in die Heimat, zum Ort, wo man schon einmal war, löst als Äquivalent zur Regression in den mütterlichen Schoß Ängste aus, die mit den damals verfügbaren Mitteln bewältigt werden wollen: Spaltungen, Verleugnungen und dem Wunsch nach einem omnipotenten Objekt, das, wie die Mutter oder Eltern damals, stärker wäre als alle Gefahren, unzerstörbar und auch gegen den Tod gefeit. Eine konkretistische Ausformung dieser Fantasie ist im tröstlichen Wunschbild anzutreffen, nach dem Tod sei man mit den verlorenen früheren Bezugspersonen wieder vereint; Hierdeis (2014, S. 23) sieht darin allerdings vor allem »das Wunschdenken zeitlebens Entfremdeter«.

Wie bereits erwähnt, stellte Rank das Trauma der Geburt an den Anfang der menschlichen Angstentwicklung. Rank sah in der plötzlichen Trennung des Kindes von der Mutter die traumatische Wurzel einer »Urangst«, die den Menschen das ganze Leben bis zum Sterben begleitet: »Es scheint, daß der Urangstaffekt der Geburt, der das ganze Leben hindurch, bis zur neuerlichen Trennung von der allmählich zur zweiten Mutter gewordenen Außenwelt im Tode wirksam bleibt« (Rank, 1924, S. 179). Die Verbindung von Tod und Geburt ist in Ranks Auffassung auch durch die begrenzten Darstellungsmöglichkeiten gegeben, die er dem Unbewussten zuschreibt, welches jede Form von Trennung oder Abreise und damit auch das Sterben

»nur im Sinne der wunscherfüllenden Rückkehr in den Mutterleib auffassen« (ebd., S. 79) könne. So kann das Unbewusste das Verlassen der Welt im Tod nur als Wiederholung und Umkehrung der Geburt und Rückkehr in den Mutterleib verstehen.

Die Grunderfahrung der Geburt mit ihrer Extremerfahrung von lebensbedrohlicher Bedrängung und anschließender Befreiung aus der Gefahr bildet zweifellos eine Matrix emotionalen Erlebens, die den Menschen lebenslang begleitet. Jedes plötzlich auftretende Ereignis, jede Krise oder jeder Wendepunkt im Leben kann als existenzielle Bedrohung erlebt werden, in der das Gegebene zerstört zu werden droht und sich Panik und Verzweiflung breitmachen. Weil »alle Wendepunkte im Leben mehr oder weniger überfallartig und von Schrecken begleitet auftreten, würden sie unbewußt wie eine Geburt erlebt« (Haas, 1997, S. 162, sich auf Bion beziehend), also auch der Tod, oder, wie wir gesehen haben, die Krise der Lebensmitte.

Es scheint eine allgemein gültige Matrix für solche existenziellen Übergangskrisen zu geben, für die die Geburtserfahrung als Paradigma dienen kann. Stanislav Grof (1975) teilt die Erfahrung der Geburt in vier Phasen ein:

1. Erfahrung des Einsseins mit der Mutter
2. Verzweiflung und Ausweglosigkeit in der Eröffnungsphase mit dem Einsetzen der Wehen
3. Kampf in der Austreibungsphase
4. Geburt, Befreiung, Hinaustreten ins Licht

Je nachdem, welche dieser Phasen im Geburtsverlauf mit Schwierigkeiten verbunden sind und traumatische Spuren hinterlassen, wird der Mensch im weiteren Leben sich und seine Welt unter den entsprechenden Perspektiven und Gefühlsqualitäten erleben, wie das die prä- und perinatale Psychotherapie beschreibt. Das gilt natürlich auch für die Vorstellungen und Gefühle des Menschen in Bezug auf den Tod und sein Erleben des Sterbens. Auch das Sterben wurde von Elisabeth Kübler-Ross auf ähnliche Art und Weise als ein regelhaft ablaufender Prozess beschrieben, worauf sich Grof auch explizit bezieht. Kübler-Ross (1969) führt fünf Phasen an, die sie wie folgt charakterisiert:

1. Nichtwahrhabenwollen und Isolierung
2. Zorn
3. Verhandeln

4. Depression
5. Zustimmung

Da es beim Tod um die biologisch-körperliche Existenz an sich geht, ist es nicht überraschend, dass alle mit dem Tod verknüpften Gedanken das größte Potenzial haben, früheste somato-psychische Erinnerungsspuren an existenzielle und lebensbedrohliche Erfahrungen zu mobilisieren. Diese werden, weil sie nicht mit bewusstseinsfähigen Erinnerungen verknüpft sind, vorwiegend körperlich (wieder-)erlebt, wenn sie beispielsweise mit wie bei der Geburt von den Stresshormonen induzierten Zuständen starker Erregung einhergehen oder in Handlungen inszeniert werden. Wenn die Schwangerschaft problemlos verlief, ist die Geburt die erste Gelegenheit, in der der Mensch in Lebensgefahr geraten kann, was ihn aber nicht unbedingt traumatisieren muss. Eine traumatische Erfahrung wird das »Trauma der Geburt« nur dann, wenn diese Erfahrung nicht mithilfe von einfühlsamen Bezugspersonen gehalten und bewältigt werden kann.

Das Thema Tod kann uns aber auch an spätere lebensbedrohliche oder traumatische Erfahrungen erinnern, die wir verdrängt haben oder die nie bewusst erinnert werden konnten, weil wir noch zu klein waren oder keine Sprache dafür zur Verfügung hatten. Insbesondere nicht weiter begründete Ängste vor einem Zusammenbruch, die nicht wenige Menschen immer wieder heimsuchen, können Hinweise auf einen früher tatsächlich schon einmal erlebten Zusammenbruch sein. Kurz vor seinem Tod, also angesichts seines eigenen drohenden Zusammenbruchs, schrieb Winnicott (1974, S. 1120):

> »Ich behaupte, dass das, was uns klinisch als Angst vor dem Zusammenbruch begegnet, die Angst vor einem Zusammenbruch ist, der bereits erlebt wurde. Eine Furcht vor den ursprünglichen archaischen Seelenqualen, die der Grund für die Abwehrorganisation war, die der Patient jetzt als ein Krankheitssyndrom zum Ausdruck bringt.«

Zu diesem Zusammenbruch, meint Winnicott, sei es »in der Nähe des Beginns eines individuellen Lebens« (ebd., S. 1122) gekommen, doch weil der Patient als psychisches Selbst noch nicht wirklich vorhanden war, kann er dieses Geschehen nicht als ein ihm geschehenes Ereignis erinnern. Doch kann er es sehr wohl in der Gegenwart erleben; er kann es nur nicht als die Wiederkehr oder Erinnerung an ein früheres Ereignis erkennen. Diese Einsicht kann jedoch mit der Hilfe eines Therapeuten in der therapeutischen Beziehung gewonnen werden, in der es auch hilfreich sein kann, wenn der Therapeut dem Patienten mitteilt, »daß der Zusammenbruch, den er oder sie befürchtet, eine Angst, die sein bzw. ihr Leben bedroht, bereits stattgefunden hat« (ebd., S. 1120).

Menschen, die in besonderem Maße an Todesangst leiden, können laut Winnicott deshalb nicht durch religiöse Vorstellungen über ein Leben nach dem Tod getröstet werden, weil sie unbewusst ja nicht das Leben, sondern den Tod suchen, der die Wiederholung ihrer früheren Erfahrung eines Zusammenbruchs, ihres psychischen Todes ist. Weil diese traumatische Erfahrung nicht erinnert werden kann, der Mensch aber unbewusst zwanghaft nach einer Erinnerung an seinen früheren Tod sucht, muss diese Erfahrung paradoxerweise wiederholt werden, um erinnerbar zu werden und als ein Teil der eigenen Person und Geschichte angenommen werden zu können. So kann der Selbstmordversuch ein Versuch sein, den früheren psychischen Tod nachzustellen, um ihn erinnern und sich aneignen zu können, womit erst ein vom Tod nicht mehr ständig belastetes, freies Leben möglich wäre.

Solche Erfahrungen eines traumatisierenden frühen psychischen Todes sind in der Regel deshalb so vernichtend und die ganze weitere Entwicklung des Kindes überschattend, weil die Personen in seiner Umgebung darin versagten, dem Kind dabei zu helfen, die schlimme Erfahrung, mit der es konfrontiert war, zu filtern und zu bewältigen. Schon in der vorgeburtlichen Zeit spielt es eine Rolle, wie die Mutter, unterstützt vom Vater und anderen Bezugspersonen, mit den belastenden Einflüssen in ihrer Umwelt umgehen kann, ob sie sich und das in ihr heranwachsende Kind davor schützen und diese negativen Ereignisse bewältigen kann oder ob sie davon überwältigt wird und dies ungefiltert in Form von Stress und Angst in den Uterus weiterleitet. Solche frühen Beziehungserfahrungen bereits in der vorgeburtlichen Zeit fließen prägend in alle späteren Erfahrungen mit ein und bestimmen deshalb mit, wie gut man sich als Mutter und als Kind dieser Mutter solchen existenziellen Erfahrungen wie der Geburt oder später dann dem Sterben überlassen kann oder ob man sie als Zerstörung und Unterwerfung erleben wird.

Letztlich weiß der Mensch, dass er die Erfahrung des Todes im Sterben nicht mehr symbolisieren können wird, dass er sie wie damals als Kind nur noch erleben kann, dass sie reines Erleben sein wird. Da in diesem Sinne wohl angesichts des Sterbens tatsächlich die Erfahrungsqualitäten und -dimensionen der Kindheit wiederkehren werden, kann es nur von Vorteil sein, auch im Erwachsenenalter immer wieder Erfahrungen mit dieser Art es-haften, nicht-symbolisierten Erlebens zuzulassen.

Der Tod als Mord oder als Vergehen des Lebens

Man kann sich den Tod also je nach den Vorerfahrungen, die man gemacht hat, als gewalttätiges Geschehen, dessen Opfer man wird, oder als natürlichen Vorgang, dem man sich mit Zuversicht überlassen kann, vorstellen. In der einen Vorstellung bringt der Tod einen um, ist der Tod ein Mord oder, in einer personifizierten Vorstellung, der Mörder selbst, und das Leben endet in einem verlorenen Kampf mit dem Tod. Friedlicher sind dagegen solche Vorstellungen wie die, dass das ausgelebte Leben mit dem letzten Atemzug den Körper verlässt, dass es Zeit ist, zu gehen, oder dass man friedlich im Schlaf entschlummern könnte. Je nachdem, welche – meist frühen – Vorerfahrungen wir gemacht haben, begleiten uns unser ganzes Leben lang eher traumatische oder eher physiologische Vorstellungen darüber, wie es mit uns eines Tages zu Ende gehen wird, ob wir gewaltsam an Krebs, an einem Infarkt oder durch einen Unfall, im Krieg, durch Ertrinken beim Tauchen, durch einen Flugzeugabsturz ums Leben kommen werden oder ob wir in einem »normalen« biologischen Prozess, einer natürlichen Metamorphose den Zustand unseres Daseins wechseln werden.

In den gewaltsamen Vorstellungen sieht sich der Mensch dem Tod wie einem feindseligen Objekt ausgeliefert; mein Tod stellt ein Verbrechen an mir dar, nicht ein natürliches Ereignis, einen Übergang, in dem »das von sich aus zu Ende gelebte, geliebte, gesättigte Leben« (Han, 1998, S. 56) endet. Weniger bedrohlich und tröstlicher sind die Todesvorstellungen, wenn der Tod nicht als ein brutales Ende, sondern als Teil einer Bewegung gedacht werden kann, in der er den dialektisch notwendigen natürlichen Gegenpart zum Leben darstellt, wie die Ebbe zur Flut. So wie man ins Leben gespült wurde, so wird man wieder fortgenommen und es entsteht Platz für Neues. Sich als kleinen und recht unbedeutenden Organismus in diesem ewigen Kreislauf und übergeordneten Geschehen zu sehen, relativiert die Wichtigkeit der eigenen Existenz dahingehend, dass das eigene Sterben schlussendlich wirklich bedeutungslos wird und nur noch die Funktion hat, neuem, anderem Leben Platz zu schaffen.

Todesangst, Mordlust und abgewehrte Aggression

Nun ist der Mensch mit seiner Abneigung gegenüber dem Tod ja nicht ständig damit beschäftigt, den Tod unbedingt zu vermeiden, sondern nur, wenn es um ihn selber und seine Angehörigen oder sein soziales Umfeld geht. Weniger Hemmungen hat er hingegen, anderen den Tod zuzufügen oder auch sein eigenes Leben aufs Spiel zu setzen, wenn es um eine für ihn emotional sehr aufgeladene Angelegenheit geht. Auch ist der Mensch ja ständig in der Hinsicht mit dem Tod in Kontakt, als er jeden Tag selber tötet, schon indem er Lebewesen oder Pflanzen den Tod zufügt, wenn er sie isst oder beim Gehen zerquetscht. Er erhält sein Leben, indem er anderes Leben in Totes transformiert. Das Wissen darum ist dem modernen Menschen weitgehend unbewusst. Der Sachverhalt, dass er ein Raubtier ist wie andere Raubtiere auch schockiert ihn; er ist entsetzt, wenn er in einem Tierfilm damit konfrontiert wird, wie das eine Tier das andere tötet oder gar noch lebendig frisst, oder wenn er vielleicht einmal einen Schlachthof betritt.

Doch das kleine Kind stellt solche Sachverhalte noch ganz naiv und im Normalfall ohne besondere Furcht in seinem Spiel dar. Auch der Tod kann im Kindesalter noch ganz unverstellt dazu dienen, bestimmte grundlegende Tatsachen des Lebens darzustellen. So spielte etwa Winnicotts kleine Patientin Piggle im Alter von vier Jahren in der Therapie immer wieder, dass sie Winnicott tötete oder dass er sie tötete. Wie Winnicott meinte, war dies eine Form, das Thema von Trennung und Getrenntheit abzuhandeln. Doch handelte es sich bei Piggle um ein neurotisches Kind mit depressiven Ängsten, das sich viel mit dem Thema Tod beschäftigte, was bei seiner Mutter zu dem, wie ich meine, bedenkenswerten Gedanken führte, ob sich das Kind vielleicht darüber bewusst sein könnte, dass seine Entwicklung verlangt, einige Anteile seines eigenen Wesens aufzugeben und zurückzulassen, um andere besser entwickeln zu können: »Hat dieses Todes-Thema auch mit dem Teil von ihr zu tun, der ›weggeräumt‹, d. h. getötet werden muß? Der gierige, mißgünstige Teil zum Beispiel?« (Winnicott, 1977, S. 78)

So besteht auch eine Grundlage des menschlichen Wachsens und Lebens darin, dass im programmierten Zelltod ständig Teile des Körpers absterben, um anderen Platz zu schaffen oder um erneuert zu werden. Schon in den physiologischen Prozessen während der Fötalzeit ist das Absterben Teil der Entwicklung; schon hier kommt der Tod von innen und nicht von außen. Absterben lassen und Töten sind dem Menschen eigene Instrumente, die ontogenetisch dazu dienen, dass er sich entwickeln und ausdifferenzieren kann, und phylogenetisch dazu, dass die Art durch die Fähigkeit, sich an sich verändernde Umweltbedingungen anzupassen und weiterzuentwickeln, überleben kann. Der Tod ist eine Grundlage der Evolution, denn würden wir ewig leben, könnten nie neue, der Umwelt besser angepasste Strukturen und Organismen entstehen.

Diese für das Leben und das Gleichgewicht in der Natur unersetzliche Funktion des Todes wird auch im Märchen »Die Boten des Todes« aus der Märchensammlung der Brüder Grimm erwähnt, wo es einem Riesen gelingt, den Tod zu besiegen. Der Tod, der kraftlos auf dem Weg liegen bleibt, fragt sich, was passieren wird, wenn er nicht mehr wirken kann: »Es stirbt niemand mehr auf der Welt, und sie wird so mit Menschen angefüllt werden, daß sie nicht mehr Platz haben, nebeneinander zu stehen« (Grimm, 1949, S. 725). Doch da kommt ein junger Mensch des Weges, »frisch und gesund«, kümmert sich um den Halbohnmächtigen und hilft ihm, wieder zu Kräften zu kommen. Der Tod offenbart ihm, wer er ist und dass er auch seinen Retter nicht verschonen wird, wenn dessen Zeit gekommen sein wird.

Auch im französischen Märchen »Wie eine Alte den Tod narrte« (in: Strich, 1987, S. 409ff.) endet die Geschichte nicht mit dem Triumph des Menschen über den Tod. Die kluge Alte kann dank eines Wunsches, den sie für ihre Wohltaten erfüllt bekam, den Tod auf einem Baum in ihrem Garten festsetzen. Die Folge ist, dass er nicht nur die alte Frau nicht mit sich nehmen kann, sondern dass auch sonst niemand auf Erden mehr stirbt. Nach einem halben Jahr, in dem kein Kranker und Leidender mehr von seinen Qualen erlöst werden konnte, gibt die gutmütige Alte dem von allen Seiten an sie herangetragenen Wunsch nach und lässt den Tod vom Baum herunter, »zur großen Erleichterung der einen, zur großen Verzweiflung der andern« (ebd., S. 411). Auch sie selber holt der Tod, als sie ganz schwach und hinfällig geworden ist. Allerdings hatte sie sich ausbedungen, ihn selber rufen zu können, wenn sie befindet, dass der richtige Zeitpunkt gekommen ist.

Aus den Märchen spricht die alltägliche Vertrautheit der Menschen mit dem Tod in früheren Zeiten. Heute findet der Tod in unseren Breitengraden nicht mehr im Alltag statt, doch Mord und Totschlag sind in den Medien omnipräsent. Ein amerikanischer Jugendlicher hat heutzutage bis er 18 Jahre alt wird allein im Fernsehen 16.000 Morde und 200.000 Gewalttaten gesehen (Solomon et al., 2015, S. 240). Die Präsenz des Themas

Tod in den Medien zeigt einerseits dessen Wichtigkeit in unserem Leben. Andererseits findet durch die mediale Aufbereitung zugleich eine Abwehr des Todes statt, beispielsweise dadurch, dass es in all den Krimis und anderen Serien weniger um den erlittenen Tod, das Totsein und die Trauer darüber geht, sondern um eine Erzählung, in der ständig gehandelt wird, es wird getötet und am Ende wird die Tat meist aufgeklärt, und damit symbolisch wie ungeschehen gemacht.

In der Omnipräsenz des Themas Töten in den Medien kommt die uralte Vertrautheit des Menschen mit dem Töten als lebenserhaltendem alltäglichen Tun zum Ausdruck. Und wir erkennen in der Wendung vom Thema, zu sterben oder getötet zu werden, hin zu eigenem Handeln und zum Töten des anderen auch den grundlegenden Abwehrmechanismus der Wendung vom Passiven ins Aktive, auf den wir im nächsten Kapitel noch zu sprechen kommen.

Freud machte sich keinerlei Illusionen über eine dem Menschen innewohnende Hemmung zu töten, seit er beobachtete, wie begeistert die Menschen in den Weltkrieg zogen oder wie leicht ein Mensch dem anderen den Tod wünschen kann, ihn zu beseitigen wünscht, wenn er von ihm gekränkt wurde: »Es gibt bei uns keinen instinktiven Abscheu vor dem Blutvergießen. Wir sind die Nachkommen einer unendlich langen Generationsreihe von Mördern. Die Mordlust steckt uns im Blute« (Freud, 1991, S. 139). Diese Auffassung blieb natürlich nicht unwidersprochen, so versuchte zum Beispiel Erich Fromm gegen Freud nachzuweisen, dass der Mensch von Natur aus über eine Hemmung zu töten verfüge.

Doch scheinen sich für Freuds Position, dass der Mensch über keine prinzipielle Hemmung zu töten verfüge, gerade auch heute immer wieder Belege zu finden, wenn man etwa den Terrorismus der Gegenwart betrachtet. So stellt der Terrorismusforscher Hammad Sheikh ernüchtert fest: »Das Töten an sich ist so normal. Je mehr ich in meiner Forschung in den menschlichen Geist schaue, umso mehr merke ich, wie einfach es eigentlich ist zu töten« (zit. n. Hasler, 2016, S. 59). Dem Menschen, der in friedlichen Regionen aufwuchs, werde die Tötungshemmung anerzogen, er muss und kann sie aber auch wieder überwinden, um zu töten. Für ihn gehört das Töten »nicht zur normalen Erfahrungswelt. Aber für Leute in Krisengebieten ist das völlig anders.« Dies betrifft die ganze Menschheitsgeschichte über lange Strecken und auch heute einen erheblichen Teil der Welt. Nehmen wir dazu noch die Menschen, die aufgrund von Gewalt- und Kriegserfahrungen in den Generationen vor ihnen transgenerationell mit

Erfahrungen von Töten und Getötetwerden in Berührung kamen und geprägt wurden, so wird deutlich, warum der Firnis der Zivilisation so dünn ist, der uns davon zurückhält, unserer Mordlust freien Lauf zu lassen, wie Freud im *Unbehagen in der Kultur* beschrieb.

Die Wendung von der passiven Haltung gegenüber dem Tod zum aktiven Töten kann mit der wesentlichen Erleichterung einhergehen, dass der eigene Tod weniger bedeutungsvoll erscheint. Wenn die eigene Aggression freigesetzt werden kann, wird die depressive Angst, die die Blockierung der Aggression bewirken kann, gelöst. Dies gilt auch für den Selbstmord. Die gehemmte Aggression, die nicht am Objekt ausgelebt werden kann, hat immer eine Tendenz, sich stattdessen gegen das eigene Selbst zu richten. Menschen ziehen so heiter in den Krieg, weil der eigene Tod gleichgültiger erscheint, wenn man nur selber töten darf, meint Günther Bittner (2014). Und für ein dem eigenen Selbst übergeordnetes Ziel zu sterben, wie für die eigene Gruppe, das Vaterland oder den Glauben, ist auch deshalb attraktiv, weil man dann als Held in der größeren Sache aufgeht und in ihr weiterleben und so den individuellen Tod überwinden kann.

Statt zum Opfer des Todes zu werden kann man, wenn man sich selber zum Töten entschließt, den Tod vermeintlich auf seine Seite bringen. Es kann einem dann so vorkommen, als ob nur die anderen getötet werden könnten, nicht auch man selber. So meint der Schriftsteller Martin Amis in einem Interview zur Terrororganisation Islamischer Staat (Amis, 2015, S. 15): »Wie der Nationalsozialismus hat der IS aber den Tod auf seiner Seite« und »die kindische Freude daran, alles kaputtzumachen, einschliesslich sich selber. Man braucht bloss an Selbstmordattentäter zu denken, um die Kraft dieser negativen Energien zu erkennen.« Wobei bei den islamistischen Selbstmordattentätern besonders deutlich ist, wie konkretistisch sie sich die Verkehrung vom Tod in ewiges Leben, von Bedeutungslosigkeit in Heldentum und Belohnung mit einem besseren Leben für ihre große Tat vorstellen.

Die Option, sich aktiv zum Tod zu verhalten, ihn als Täter, Selbstmörder oder Selbstmordattentäter auf seine Seite zu bringen, eröffnet dem Menschen eine Wahl, und eine Wahl zu haben, gibt dem Menschen die Freiheit zurück, die ihm der Tod zu nehmen scheint. Freud (1913f, S. 34) beschreibt den Mechanismus der Verkehrung einer unabweisbaren Bedrohung in einen Wunsch als »Wunschverkehrung«: Die Möglichkeit einer

> »Wahl steht an der Stelle von Notwendigkeit, von Verhängnis. So überwindet der Mensch den Tod, den er in seinem Denken anerkannt hat. Es ist kein

> stärkerer Triumph der Wunscherfüllung denkbar. Man wählt dort, wo man in Wirklichkeit dem Zwange gehorcht […].«

Aus entwicklungspsychologischer Sicht scheint unvermeidbar, dass die frühkindlichen Aggressionen und Todeswünsche den Objekten gegenüber, die dann in der Entwicklung gehemmt werden, ein Stück weit in die Todesvorstellungen des Individuums eingehen. Je besser die Entwicklung gelingt, wozu auch eine nicht-kriegerische Umgebung nötig ist, desto besser sind all die primitiven Vernichtungs-, Mord- und Rachefantasien als libidinös gebundene Anteile in die Persönlichkeit integriert und unschädlich gemacht. Dennoch ist zu vermuten, dass sie als nicht ausgelebte Tötungsfantasien die Todesangst des Individuums verstärken. So könnte das Ausmaß der Todesangst des Menschen proportional zu seiner durch seine Zivilisiertheit bedingten Aggressionshemmung ansteigen. Möglicherweise nähren all die Morde, die ein Mensch nicht beging, seine Angst, als Opfer eines anderen, zuletzt des Todes, zugrunde zu gehen.

Todesangst und Lebensangst

Der einfachste Weg, die Angst vor dem Tod zu bewältigen, wäre zweifellos, sich dem Leben zuzuwenden. Doch offensichtlich gelingt dies vielen Menschen nicht, sie bleiben neurotisch mit der Angst vor dem Tod beschäftigt, mit der Angst davor, dass ihnen oder jemand anderem etwas zustoßen und ihr Leben oder das einer nahestehenden Person vorzeitig beenden könnte. Der neurotische Mensch macht den Eindruck, als bestehe sein Antrieb nicht in einem positiven Trieb, das Leben vollziehen zu wollen, sondern vielmehr in einer Vermeidung, im Bestreben, nicht sterben zu wollen. Doch gerät er damit in das Dilemma, dass er die libidinös-schöpferischen Kräfte nicht nutzen kann, um seine Angst vor den destruktiven Kräften und dem Tod zu überwinden:

> »Jedenfalls macht der Neurotiker diesen Eindruck eines negativen Triebmenschen, der fortwährend bestrebt ist, das Sterben aufzuhalten und den Tod abzuhalten, der aber damit den Destruktionsprozess nur beschleunigt und verstärkt, weil er nicht imstande ist, ihn schöpferisch zu überwinden« (Rank, 1931, S. 429).

Sich auf Schopenhauers Metapher beziehend, dass der Mensch für das Leben mit dem Tod bezahle, meint Rank, dass der Neurotiker sich weigere, »diesen Zahlungsmodus als Lebensbasis zu akzeptieren« (ebd., S. 431), »d. h. er lehnt das Darlehen (das Leben) ab, um so der Schuldtilgung (dem Tode) zu entgehen«. Je mehr die Sorge des Neurotikers um das Überleben seines eigenen Selbst kreist, desto mehr stehen die narzisstischen Antriebe im Zentrum des Lebens und stellen die libidinösen in den Schatten, was zu einer Verarmung und einem Verlust an Vitalität im Leben führt, wie schon Iwan Turgenew bemerkte: »Das Leben wird vollkommen ichbezogen und nur noch Kampf gegen den Tod, und durch dieses übertrieben Persönliche hört es auf, interessant zu sein, selbst für die fragliche Person« (zit. n. Barnes, 2008, S. 235).

Rank vertritt die These, dass der neurotische Mensch mit seiner Fixierung auf die Idee, das Sterben zu verhindern, nicht nur an einer Angst vor dem Tod leide, sondern auch an einer Angst vor dem Leben. Dies führt ihn zu der Annahme, dass es hinter diesen beiden Ängsten, der Todesangst einerseits und der Lebensangst andererseits, eine gemeinsame Urangst geben müsse, »die sich einmal als Angst vor dem Leben, ein andermal als Angst vor dem Tode manifestiert« (Rank, 1931, S. 428). Die Symmetrie oder gemeinsame Wurzel dieser beiden Ängste kommt für Rank auch in der Verwandtschaft von Sexualität und Tod zum Ausdruck, die er wie folgt beschreibt:

> »Nicht nur im Geburtsakt, sondern auch im Sexualakt selbst ist die Todesähnlichkeit, ja Todesnähe unverkennbar. Der Sexualakt bedeutet, gewiß verschieden für beide Geschlechter, ein Abgeben (eines Ichteiles), ein Hingeben, ja mitunter ein sich gänzlich Verlieren; anderseits führt er nicht nur zur Neuschöpfung (im Kinde), sondern wird zugleich als der Höhepunkt des Lebensprinzips selbst vom Individuum empfunden, wenn nicht der negative ich-zerstörende Aspekt die Oberhand gewinnt. Abgesehen von der individuellen Lustbefriedigung, die der Sexualakt gewährt, bedeutet er biologisch auch ein Abzahlen von Leben an den Tod« (ebd., S. 433).

Auf diese Art käme der Neurotiker im Vollzug seiner libidinösen Wünsche in Kontakt mit dem Tod, weshalb er es vorzieht, einen solchen Lebensplan, in dem der Sexualakt die Abzahlung von Leben an den Tod, einer »individuellen Schuld an die Gattung« (ebd., S. 46) bedeutet, zu verweigern. Mit der Einstellung dieses »Abzahlungsplans« geht die Abwehr der Sexualität einher. »Der Angst entgeht das Individuum zwar damit nicht, aber sie wird wenigstens lokalisiert und manifestiert sich als Sexualangst statt als Todesangst« (ebd., S. 434).

Die Angst vor dem Leben ist also unter anderem auch die Angst vor dem vorübergehenden Verlust des Selbst, wenn man sich libidinösen Wünschen hingibt, die mit einer Auflösung oder Verschmelzung des Selbst einhergehen können, wie dies in der französischen Bezeichnung »la petite mort« – der kleine Tod – für den Orgasmus zum Ausdruck kommt, genauer für den kurzen Moment im und nach dem Orgasmus, in dem die Person so einen Verlust des normalen Bewusstseins erlebt. Rank erkannte, dass im Prozess der Individuation, der Selbstwerdung, eine Angst vor Trennung, vor dem Verlust der Einheit mit dem Ganzen gemeistert werden muss, die auftritt, wenn sich das aufkeimende Selbst aus dem es umgebenden Ganzen herauszubilden und abzulösen beginnt. Diese Angst kann als eine Angst vor der Wiederauflösung, und damit vor dem Tod des Selbst, immer wieder reaktiviert werden, wenn Situationen von Auflösung, Verschmelzung oder auch nur von Veränderungen des Zustands des Selbst erlebt werden.

> Ein Patient macht sich Gedanken darüber, dass Freud und Lacan seiner Meinung nach wenig bieten, was seine Angst vor dem Tod mildern könnte, und fragt sich, ob er Heidegger lesen sollte: »Hilft Heidegger gegen die Angst vor dem Tod?« Ich sage, wir könnten erst mal genauer hinschauen, was seine Angst vor dem Tod eigentlich ist. Der Patient kommt sofort darauf, dass seine Angst vor dem Tod die Angst vor einer einschneidenden Veränderung sei; Veränderungen hatte er schon mehrfach als überwältigend erlebt. Plötzlich erscheint ihm das Bild eines umgekehrten »Stammbaumes«: Unten sind alle Wurzeln, die sich zu immer dickeren Wurzeln vereinen, bis ganz oben in der Krone noch zwei Linien übrigbleiben. Dieses Bild gefällt ihm und beruhigt ihn, denn es stellt für ihn dar, dass nichts verloren geht. Unten, die Wurzeln, sind alle seine Interessen, Beschäftigungen und Selbstanteile, denen er in oft rastloser Aktivität nachgeht, immer unter Druck, nicht alles tun zu können, was er tun möchte. Oben, an der Krone, sind die Zukunft und der Tod. Hatte er bisher immer die Überzeugung, dass die Dinge, die er nicht tun und seine Selbst-Anteile, die er nicht leben kann, verloren seien, sieht er nun, dass sie nicht einfach absterben, sondern aufgehoben werden und einfließen in die weiterführenden Wurzelstränge, die in den Baum des Lebens münden.

Damit der Mensch leben kann muss er sein Getrenntsein anerkennen und aushalten können, das heißt die Eltern loslassen, die Verantwortung für sich selber übernehmen und die Endlichkeit des Daseins akzeptieren können. Ranks Lebensangst geht mit einer Vermeidung von Trennung einher, ist sie doch auch die Angst, sich dem Leben als Individuum, als ein getrenntes Wesen zu stellen. Das Getrenntsein wird im Bild von der (psychischen) Geburt dargestellt, der Verlust dieses Getrenntseins im Bild vom (psychischen) Tod, wenn sich das Individuelle wieder in das Ganze auflöst. Die Rettung durch Verzicht auf Selbstwerdung in der Anklammerung an ein schützendes, mächtiges, also elterliches Objekt führt in die Angst vor dem Tod durch Erstarrung und Nicht-Vollzug des Lebens. So ist, wie Paul Tillich schreibt, die Neurose der Weg »Nicht-Sein zu vermeiden, indem man das Sein vermeidet« (zit. n. Yalom, 1980, S. 136). Das Ich muss die Angst aushalten können, die das Getrenntsein mit sich bringt, sonst kann es das Leben mit seinen libidinösen Wünschen und narzisstischen Zielen nicht in Angriff nehmen. »Daher ist der Mensch, der sich in das Leben stürzt, zur Angst verurteilt. Aus der Natur herauszutreten, sein eigener Vater oder, wie Spinoza es formuliert, ›sein eigener Gott zu sein‹, bedeutet äußerste Isolation; es bedeutet, allein dazustehen« (Yalom, 1980, S. 155).

Michael Balint beschreibt die Grundhaltung des Menschen, der sich aus Angst vor der Individuation und dem Leben an Menschen und Situationen anklammert und Schutz sucht, der Welt gegenüber als »oknophil«. Das Gegenbild dazu sieht er im »philobatischen« Menschen, der die Weiten und die Gefahr liebt und zu einer Erweiterung des Raumes tendiert, während der oknophile Mensch lieber zu Hause bleibt und sich innerhalb der ihm bekannten Räume bewegt. Die oknophile Abwehr gegenüber den Gefahren des Lebens besteht in der Suche nach einem Schützer und Retter, die philobatische in der Expansion und Eroberung neuer Räume. Doch hat die Haltung des Philobaten auch seine Nachteile; er muss die Tatsache, schützende Objekte nötig zu haben, in einem Maße verleugnen, das ihm gefährlich werden kann, und außerdem müssen die philobatischen weiten Räume immer sorgfältig beobachtet werden, weil sie von verborgenen Gefahren durchsetzt sein können.

Die oknophile Weltsicht ist durch einen Diskurs der Enge und die Anklammerung in der Dyade gekennzeichnet, die philobatische durch einen Diskurs der Weite. Während der Oknophile seinen psychischen Raum mit dem Älterwerden immer mehr zu einer Festung ausbauen wird, in der er sich gegen die Außenwelt und das Leben verbarrikadiert, hat der Philobat bessere Voraussetzungen für die Entwicklung eines sich ausdehnenden ontologischen und kosmischen Bewusstseins im Alter. Grundsätzlich traut sich der Philobat mehr zu als der Oknophile, auf den Yaloms (2008, S. 63) Warnung gemünzt ist: »Je mehr man ausschließt, desto kleiner, kürzer und weniger vital erscheint einem das Leben.«

In ein und derselben Person kann es eine Mischung von beiden Tendenzen geben, oknophile Züge können neben philobatischen bestehen, Minderwertigkeitsgefühle können sich mit narzisstischen Größenfantasien abwechseln. In gesellschaftlicher Hinsicht ist von Bedeutung, dass sich die oknophil strukturierten Persönlichkeiten gerne an Führerfiguren hängen, die sie als Retter vor all dem, was sie bedroht, erleben, und damit natürlich auch als Retter vor dem Tod. Das klassische Beispiel dafür ist Adolf Hitler, der den philobatischen Führer mimte, der »Lebensraum« für das deutsche Volk zu erobern vorgab und in vielerlei Symbolik (durch den Tod) den Tod zu besiegen trachtete; man denke nur an seine der christlichen Erlösungsmythologie entlehnte Verheißung eines Tausendjährigen Reiches oder an die SS-Totenkopfverbände.

Die Führer vertreten Haltungen der Expansion und Weite, scheinen auch den Zugang zu erlösenden, die engen Grenzen des oknophilen Individuums überschreitenden spirituellen oder religiösen Einsichten zu haben, die scheinbar sogar dem Tod seinen Schrecken nehmen können. Die Anlehnung an einen spirituellen Führer ermöglicht auch dem ängstlich-oknophilen Menschen, an solchen die Todesangst relativierenden Erfahrungen der Weite teilzuhaben, ohne sie selber und alleine machen zu müssen. Sehr häufig bleibt die Erfahrung der Anhänger eines Führers oder Gurus jedoch bei der Identifikation mit der Führerfigur und Partizipation an ihrer Erfahrung stehen, anstatt zu einer authentisch eigenen Erfahrung zu führen.

Die Begabung des Gurus besteht darin, die Ängste des Menschen aufzunehmen und so zu beantworten, dass der Mensch sie mithilfe der oft eingängig formulierten Botschaften des Gurus und der Beziehung zu diesem besser handhaben und möglicherweise überwinden kann. Oft sagt der Guru nichts anderes, als andere Philosophen oder Psychotherapeuten, aber er sagt es auf eine überzeugende und auch dadurch eingängige Art, dass die Botschaft mit bestimmten Ritualen und oft körperlich verankerten Erfahrungen verknüpft wird, wie etwa bei Osho, der den dialektischen Zusammenhang zwischen Lebensangst und Todesangst in folgenden Worten zusammenfasst:

> »Wenn Du vor dem Tod Angst hast, wirst du wahrscheinlich auch vor dem Leben Angst haben – denn das Leben bringt ja den Tod. Gerade das Leben führt dich zum Tod. Du würdest gerne stehen bleiben, einfrieren, damit du nicht fließt, damit der Tod nie geschehen kann« (Osho, 2004, S. 122).

Von einer regressiven Beziehung zu einem spirituellen Lehrer, Guru, Therapeuten oder Führer kann man dann sprechen, wenn der Mensch unbewusst versucht, diesen als »Verwandlungsobjekt« (Bollas, 1987, S. 25) zu benutzen, wie er es einst in der frühen Kindheit mit der Mutter erlebte. Diese schien damals über die Fähigkeit zu verfügen, allein durch ihr Erscheinen das Selbst des Kindes zu verwandeln und dadurch unerträgliche Zustände des Kindes in erträgliche zu transformieren, Ängste zu bannen und Gefahren zu vertreiben. Von einer progressiven Beziehung wäre dann zu sprechen, wenn die Macht des Gurus oder Therapeuten trianguliert bleibt, indem Grenzen aufrechterhalten bleiben und ein Drittes außerhalb anerkannt bleibt. Dieses kann zum Beispiel darin bestehen, dass anerkannt wird, dass die Tatsache des Todes nicht zu beseitigen ist, auch nicht durch die Metamorphose des Selbst mittels der magischen Kräften eines Verwandlungsobjekts.

Eine gemeinsam auszuhaltende Erfahrung der Desillusionierung, dass auch das omnipotente Verwandlungsobjekt die Realität des Todes nicht aus der Welt schaffen kann, kann zu einem »geteilten Dritten« (Benjamin, 2004, S. 78) werden und einen Weg zu neuen Möglichkeiten eröffnen, die Angst vor dem Tod zu mentalisieren und sich dem Leben zuzuwenden. Spätestens im Moment des Sterbens jedoch wird der Mensch versuchen, an seine hilfreichen Erfahrungen mit einem Verwandlungsobjekt anzuknüpfen: »Nach einem solchen Objekt suchen wir auch wieder im Augenblick des Todes, der in dieser Phantasie kein Ende ist, sondern eine Verwandlung von Verzweiflung und Schmerz in Wohlbefinden und Licht« (Rohde-Dachser, 2009, S. 991).

Von solchen, die ausziehen, das Fürchten zu lernen

Im Unterschied zu anderen Lebewesen weiß der Mensch, dass er sterblich ist, und muss sich sein Leben lang mit diesem Wissen auseinandersetzen. Er muss einen Weg finden, dieses Wissen zu ertragen und im besten Fall daraus sogar irgendeine Art von Gewinn zu ziehen. Die Emotionen, die mit dem Wissen um den Tod verbunden sind, zuvorderst die Angst, gehören so sehr zu den allgemein geteilten Grunderfahrungen des Menschen, zu seiner kognitiv-emotionalen Grundausstattung, die ihn menschlich macht, dass es scheint, als ob er nach diesem Wissen suchen muss, falls es ihm nicht zur Verfügung steht. Darauf weisen jedenfalls viele mythische Geschichten hin, angefangen bei Adam und Eva, die sich von der Schlange der Neugier verführen ließen, in den Apfel der Erkenntnis zu beißen, und dafür den paradiesischen Zustand der Unwissenheit verloren.

Angst vor dem Tod zu empfinden, kann Ausdruck der Lebendigkeit, des Lebenswillens sein. Es kann nicht darum gehen, keine Angst vor dem Tod zu haben, sondern darum, sie auszuhalten und ihr einen Ort, vielleicht sogar so etwas wie einen Sinn im Leben zu geben. So machte Wolfgang Wiedemann (2014, S. 108) bei seiner Arbeit im Krankenhaus die Erfahrung, »dass es um Patienten, die keine Angst vor dem Tod (mehr) haben, schlecht steht. Sie haben den Willen zum Leben verloren.« Und ein ehemals suizidaler Patient überraschte ihn am Ende einer mehrjährigen Analyse mit den Worten: »Sie haben mir die Angst wieder beigebracht« (ebd.).

Das »Märchen von einem, der auszog, das Fürchten zu lernen« handelt vom jüngeren, dümmeren der zwei Söhne eines Vaters, der feststellt, dass es allen anderen Menschen gruselt, nur ihm nicht. Als der Vater ihm sagt, dass er nun auch mal was lernen müsse, um sein Geld zu verdienen, gibt er zur Antwort, er wolle das Gruseln lernen. Der Vater gibt ihn zum Küster, der ihn um Mitternacht die Glocken läuten lässt und ihn als Gespenst erschrecken will, doch der Sohn greift ohne Furcht das vermeintliche Gespenst an und stößt es die Treppe hinunter. Darauf gibt ihm jemand den Rat, sich nachts unter den Galgen zu den Gehenkten zu setzen, der Sohn nimmt die Gehenkten vom Galgen und versucht, ihnen am Feuer Wärme zu spenden und mit ihnen zu reden, doch weder erkennt er, dass es sich um Tote handelt, noch führt es dazu, dass er das Gruseln verspürt.

Als nächstes wird er drei Nächte in ein verwunschenes Schloss geschickt, aus dem, wie man sagt, noch nie jemand lebend zurückgekommen sei. Dort können ihm weder große schwarze Katzen mit feurigen Augen und schwarze Hunde an glühenden Ketten Furcht einjagen, noch, dass das Bett, in dem er die Nacht verbringt, im ganzen Schloss herumfährt. In der zweiten Nacht fallen halbe Menschen aus dem Schornstein, andere spielen mit Totenbeinen und Totenköpfen Kegel, woran sich der Sohn mit Eifer und Spaß beteiligt. In der dritten Nacht zeigt sich erneut, dass er keine Idee vom Tod hat, denn er versucht, einen Toten zu wärmen und nimmt ihn dafür mit in sein Bett. Auch dass der Tote darüber wieder lebendig wird und ihn nun erwürgen will, beeindruckt den Sohn nicht, er steckt ihn einfach in seinen Sarg zurück. Schließlich tritt ein großer, fürchterlich aussehender alter Mann mit einem langen weißen Bart auf und droht ihm, nun werde er bald lernen, was Gruseln ist, denn er werde sterben. Doch der Sohn überwältigt den Alten und droht ihm nun, ihn umzubringen.

Ohne es zu wissen oder zu verstehen, hat der Sohn damit durch seine Taten das Schloss mitsamt seinem König und dessen Tochter von der Verwünschung erlöst und wird dafür mit der Prinzessin und mit Gold belohnt. Doch auch nach der Hochzeit klagt er weiter, dass er noch immer nicht das Gruseln lernen konnte. Die Erlösung kommt von der Hand des Kammermädchens der Prinzessin. Die übergießt ihn im Schlaf mit einem Eimer kalten Wassers mit Fischen drin, worauf er aufwacht und angewidert ruft, dass er nun wisse, was das Gruseln sei.

Wie in diesem von den Brüdern Grimm überlieferten Märchen beginnt auch die ähnliche Geschichte des Märchensammlers Giovanni Francesco Straparola (1947) damit, dass ein einfältiger Jugendlicher vor die Aufgabe gestellt wird, das Leben kennenzulernen, wozu auch gehört, mit verschiedenen Berufen in Kontakt zu kommen. Man kann als Ausgangspunkt der Geschichte den Wunsch nach einem Leben ohne Zumutungen und Begrenzungen wie den Tod oder die Notwendigkeit, arbeiten zu müssen, vermuten. Den Tod scheint man draußen in der Welt zu suchen, wo auch die Fertigkeiten erworben werden können, die man braucht, um seinen Lebensunterhalt zu verdienen.

Straparolas Märchen trägt den Titel »Flamminio Veraldo verläßt Ostia, um sich auf die Suche nach dem Tode zu machen. Er findet ihn nicht und begegnet schließlich dem Leben, das ihn die Angst kennen lehrt und den Tod kosten läßt«. Der einfältige Jüngling Flamminio Veraldo zieht aus, um zu ergründen, was das sei, das von den anderen Menschen Tod genannt und als das Schrecklichste und Grausamste auf der Welt bezeichnet wird. Er trifft nacheinander verschiedene Handwerker, die ihm auf seine verwunderte Frage danach, warum sie so viel arbeiten, jeweils erklären, dass sie damit sich und ihre Familie ernähren, und dies so lange, bis sie schließlich sterben werden. Doch wo er den Tod finden könnte, vermag ihm keiner zu sagen. Schließlich trifft er einen Eremiten mit weißem Bart, der schon ganz hinfällig vom vielen Fasten und frommen Leben ist und den Flamminio fälschlicherweise für den Tod hält. Der Eremit rät Flamminio entschieden davon ab, weiter nach dem Tod zu suchen, denn dieser sei etwas Schreckliches und Furchterweckendes, dessen Funktion darin bestehe, alle Menschen auseinanderzureißen und zu trennen. Als der einfältige Junge dennoch weiterziehen will, um den Tod zu finden, gibt er ihm die zweideutigen Worte mit auf den Weg, er werde den Tod schon finden, wenn er weiter nach ihm suche, »denn je weiter der Mensch auf dieser Welt wandert, desto mehr nähert er sich ihm«.

Müde, halbtot und verzweifelt kommt Flamminio in eine wunderschöne Stadt, in der er auf ein uraltes, bleiches Weiblein stößt, das nur aus Knochen und ein wenig Haut zu bestehen scheint. Auch dieses Weiblein hält er für den Tod, doch die Alte erwidert, nein, sie sei das Leben und verfüge über alle möglichen Heilmittel. Als Flamminio ihr wieder klagt, wie sehr er den Tod zu sehen und seine Macht kennenzulernen wünsche, bietet sie ihm an, ihm diesen Wunsch zu erfüllen, und schlägt ihm den Kopf ab. Sofort pflanzt sie ihn wieder auf seinen Rumpf, allerdings verkehrt herum, womit er nun Sicht auf seinen Rücken und seine Hinterbacken hat. Entsetzt darüber, so etwas Hässliches und Schreckliches anschauen zu müssen, bittet er darum, dass die Alte ihn wieder in seinen früheren Zustand versetze, was sie auch tut.

> »Nachdem er nun die Furcht kennengelernt und an sich erfahren hatte, wie häßlich und schrecklich der Tod sei, nahm er Abschied von der Alten, kehrte auf dem kürzesten und schnellsten Wege, den er wußte, nach Ostia zurück und suchte fernerhin das Leben und floh den Tod, und richtete sein Sinnen und Trachten auf Besseres, als er bis dahin getan.«

Ein weiteres Lehrstück dafür, dass dem Menschen in einem Leben ohne den Tod eine zentrale Dimension dessen fehlen würde, was das Menschsein ausmacht, stellt die Legende der Lebensgeschichte des Buddha dar: Als Sohn eines Königs geboren, wurde er von diesem in seinen luxuriösen Palästen von der wirklichen Welt draußen abgeschirmt, weil der Vater, nach einer Weissagung über die Zukunft seines Sohnes als Erleuchteter, fürchtete, dass sein Sohn nicht seine Nachfolge als Herrscher antreten würde. In der behüteten Welt der Paläste erlernte der Buddha alle möglichen Fähigkeiten und Künste, wurde mit 16 Jahren verheiratet und bekam im Alter von 29 Jahren einen Sohn. Doch daraufhin geriet er in eine innere Krise, was je nach Legende auf verschiedene Gründe zurückgeführt wird, wobei auf jeden Fall der Einbruch der bisher von ihm ferngehaltenen unangenehmen Seiten des Lebens eine Rolle spielt. Diese werden vor allem durch die vier

Ausfahrten symbolisiert, auf denen der Buddha hinter dem Rücken seines Vaters den Palast verlässt und der Reihe nach einem Greis, einem Kranken und einem Toten auf der Bahre begegnet. In der vierten Ausfahrt trifft der Buddha, nun durch die vorhergehenden Begegnungen in seinem Weltbild erschüttert, auf einen Bettelmönch, der sein Haus verlassen und sich auf die Wanderschaft begeben hatte. Der Buddha folgt diesem Beispiel und verlässt seine Familie und die Welt der Paläste, um sich auf die Suche nach der Erkenntnis und der Befreiung von dem Leiden zu begeben, mit dem er nun konfrontiert worden war.

Nach dieser Legende wollte der Vater den Verlust des Sohnes verhindern, indem er dessen Kontakt mit der Welt kontrollierte und zensierte. Nach der Geburt seines Sohnes wird nun aber der Drang des Buddhas, die Realität der Welt draußen kennenzulernen und sich weiterzuentwickeln, unwiderstehlich. Die unvorbereitete Konfrontation mit den unerfreulichen Tatsachen des Lebens führt ihn in eine Krise nach dem Muster der Midlife-Crisis, zum Rückzug von seinem bisherigen Leben, in dem es kein Leid, kein Alter und keinen Tod zu geben schien. Auf der Suche nach Erkenntnis begibt sich der Buddha in die Wälder.

Alle diese Beispiele lassen sich als Darstellungen der Notwendigkeit lesen, im Übergang zum Erwachsenenalter die Realitäten des Lebens zur Kenntnis zu nehmen und sich mit ihnen zurecht zu finden. Die Vergänglichkeit des eigenen Lebens und der Tod stellen eine der Grundtatsachen des Lebens dar, um deren Anerkennung der Mensch nicht herumkommt. Sie gehören zu den »Grunderfahrungen der menschlichen Existenz, die wir emotional nicht begreifen und auch nicht zufriedenstellend kommunizieren können« (Will, 2017, S. 246), die uns aber »im Kern unseres unbewussten Denkens« ständig beunruhigen und beschäftigen. Vielleicht müssen wir uns auf die Suche nach der Furcht vor dem Tod machen, um diese beunruhigenden Grunderfahrungen unseres unbewussten Denkens symbolisieren und denken zu können, damit sie uns nicht ungeschützt mit ihrem »tendenziell traumatischen Charakter« von innen heraus überfallen. Auch die mit der Erfahrung der Furcht vor dem Tod verbundene innere Einsamkeit stellt eine Grunderfahrung des Menschen und eine Quelle der Religion dar, meint Herbert Will.

Stößt einem diese Entdeckung des Todes in der Kindheit abrupt als eine traumatische Erfahrung zu und geht mit einem Erleben einher, als ob man von einem Tag auf den anderen aus dem Paradies der Kindheit verstoßen werde, so kann diese Erfahrung dazu führen, dass die Suche nach dem verlorenen Paradies ins Zentrum des späteren Lebens gestellt wird, als Suche nach einem spirituellen Ort der Geborgenheit. Ein Beispiel dafür stellt die Lebensgeschichte Rajneeshs, besser bekannt als Bhagwan Shree Rajneesh oder Osho, dar, wie sie Kakar (2008) unter der Überschrift »Die Kindheit eines spirituell inkorrekten Gurus: Osho« interpretiert.

Rajneesh wurde von seinen Großeltern mütterlicherseits aufgezogen, das Leben mit ihnen in ihrem abgelegenen Dorf stellt er in seiner Autobiografie als eine vollkommene Idylle, als die goldene Zeit seines Lebens dar. Er besteht darauf, dass er dies nicht nur symbolisch oder metaphorisch meine, sondern dass seine Kindheit buchstäblich absolut golden gewesen sei. Er wuchs in einer Welt auf, die aus drei alten Menschen bestand, seinen Großeltern und einem Diener; »die beschützten mich auf jede nur erdenkliche Weise, damit niemand mich störte« (Osho, zit. n. Kakar, 2008, S. 29). Seine Großmutter beschreibt Rajneesh als die dominierende Person, die ihn stets ermutigte, seine Anliegen zu verfolgen und dabei auch, wie sie selber es war, rebellisch zu sein. Alle anderen Menschen scheinen weit weg von ihm gewesen zu sein: seine Mutter bezeichnete er als seine »Schwägerin« und mit den anderen Kindern des Dorfes, die die Großeltern »schmutzig« nannten, spielte er nicht. In dieser Welt seiner ersten sieben Lebensjahre sei es unvorstellbar gewesen, dass irgendetwas falsch laufen könnte. Und doch ging es schief:

> »Der geliebte Großvater starb, als Rajneesh sieben Jahre alt war, und die goldene Kindheit fand ein abruptes, traumatisches Ende. Der Junge kehrte zu seinen Eltern in eine Kleinstadt mit einer Großfamilie zurück. Er wurde mit dem Geschrei und den unvermeidbaren Konflikten in einer großen Familie konfrontiert, nicht zu sprechen von den Anforderungen, die von der Schule und anderen Institutionen der Gesellschaft an ihn gestellt wurden und deren Normen er sich anzupassen hatte« (Kakar, 2008, S. 31),

was ihm keineswegs leicht viel. So fühlte er sich wie ein Gefangener, der gewaltsam zum Besuch der Schule gezwungen wurde und bestraft wurde. Hilfe fand er bei seiner geliebten Großmutter, die auch in die Kleinstadt gezogen war und bei der er die Nächte verbrachte; »sie linderte die Verletzungen des Tages und spiegelte sein grandioses Selbst, das nun unter starkem Angriff der Realität stand« (ebd., S. 32).

Doch genügte dies nicht, um den Verlust des paradiesischen Nestes zu kompensieren, »die Sehnsucht nach dem verlorenen Paradies der Kindheit, in der ein grandioses Selbst in Symbiose mit idealen Eltern existierte« (ebd., S. 33) bleibt nun das zentrale Motiv in seiner Psyche. Dies und die Unfähigkeit, sich mit den frustrierenden Anforderungen der Realität zurechtzufinden, führte dazu, dass er in der Adoleszenz schwere psychische Krisen durchlitt, bis er mit 21 Jahren seine spirituelle Erleuchtung erfuhr. Das durch den Tod des Großvaters ausgelöste Ende der goldenen Kindheit und das daraus resultierende Trauma »zementierte das grandiose Selbst fest in seiner Psyche und war auch ausschlaggebend, seine spirituellen Bestrebungen zu erwecken und ihnen Form zu verleihen. Rajneesh kommt auf das tief traumatische Erlebnis des Todes immer wieder zurück« (ebd., S. 35). Rajneesh schreibt, er sei seinem Großvater so nah gewesen, dass dessen Tod ihm wie sein eigener erschien. Es war der erste Tod, dessen Zeuge er wurde, und die Details des sich über drei Tage erstreckenden Sterbens des Großvaters »haben sich sehr tief in meine Erinnerung eingegraben« (zit. n. Kakar, 2008, S. 36).

Rajneesh zeigte als Kind und Jugendlicher überaus starke, anhaltende Reaktionen auf diese erste Begegnung mit dem Tod. Wenn es irgendwo einen Sterbenden oder Toten zu sehen gab, so ging er hin, saß da und schaute zu. Er ging nachts zu den Plätzen, wo die Toten verbrannt wurden und »legte sich dort bewegungslos wie eine Leiche für Stunden hin, um – wie der Psychoanalytiker sagen würde – die Wiedervereinigung mit dem Großvater zu erlangen« (ebd., S. 37).[3] Und dies hatte nachhaltige Folgen für Rajneeshs persönliche und spirituelle Entwicklung, denn, wie er selber schreibt: »Sein Tod befreite mich für immer von allen Beziehungen ... immer wenn meine Beziehung zu einem anderen Menschen intim wurde, starrte mich dieser Tod an« (zit. n. Kakar, 2008, S. 37). Deshalb konnte Rajneeshs Suche nicht in intimen Beziehungen zu Menschen ihr Ziel haben, sondern im spirituellen Entwurf einer Welt mit einer paradiesischen Freiheit, wie er sie in den Jahren vor dem traumatischen Einbruch des Todes, in seiner goldenen Kindheit, erlebt zu haben glaubte.

Es liegt auf der Hand, dass »traumatische Erfahrungen in der Kindheit im Sinne einer frühzeitigen Konfrontation mit der Vergänglichkeit wesentliche Folgen für die spätere Entwicklung haben, einschließlich ihrer konstruktiven Verarbeitungen« (Zwiebel & Weischede, 2015, S. 88), zu denen auch die Gründung einer spirituellen Lehre und Gemeinschaft gehören

3 Wir erinnern uns an den dummen Sohn, der auszog, das Fürchten zu lernen, und sich zu den Toten legte, die er vom Galgen nahm.

kann. Zwiebel und Weischede beziehen sich nicht auf den neobuddhistischen und in den Augen Vieler »spirituell inkorrekten« (Kakar, 2008) Osho, sondern auf klassische buddhistische Meister wie Dogen und andere, die ebenfalls »ihre Eltern in frühen Jahren verloren und so vielleicht eine besondere Sensibilität für die Unbeständigkeit – weniger auf einer abstrakten, sondern auf einer konkreten Ebene – erworben« (Zwiebel & Weischede, 2015, S. 88) haben. Rajneesh war nicht ausgezogen, das Fürchten zu lernen, sondern wäre gerne noch länger in seinem goldenen Paradies geblieben, vielleicht wäre er in Buddhas Alter losgezogen, um die Realität mit der Vergänglichkeit, dem Leiden und dem Tod zu suchen und kennenzulernen. Und weil er in seiner Welt der Verwöhnung in keinster Weise auf solch eine Versagung und Frustration vorbereitet worden war, wie sie der Tod des Großvaters – eine der drei Stützen dieser goldenen Welt – darstellte, kann man sein ungewöhnliches Interesse am Tod und den Toten, mit dem er auf den Tod reagierte, vielleicht doch als Versuch versehen, ein »normales« Verhältnis zum Tod, eine gewöhnliche Reaktion auf ihn zu finden.

Nun zur letzten Geschichte in dieser Reihe, in der es darum geht, dass es gut ist, zur rechten Zeit und in einem erträglichen Ausmaß den Tod und das Fürchten kennenzulernen, damit man den Aufgaben gewachsen ist, die einem das Erwachsenenleben stellt. Hier kommen noch einmal Buddha und Osho zum Zug, beide nun als Lehrer, der eine in der Geschichte selber, der andere als dramatisierender Kommentator, vielleicht wieder an der Grenze der spirituellen Korrektheit. Die Geschichte handelt von Krisha Gotami, einer jungen Frau, die zur Zeit des Buddha lebte; ich fasse sie nach der Version von Sogyal Rinpoche (2002, S. 49f.) zusammen.

Krisha Gotamis Kind stirbt im Alter von einem Jahr, worauf sie verwirrt und verzweifelt durch die Straßen irrt, auf der Suche nach einer Medizin, die ihr Kind wieder lebendig machen könnte. Schließlich trifft sie auf einen alten, weisen Mann, der ihr sagt, dass der einzige Mensch auf der Welt, der ein solches Wunder vollbringen könne, Buddha sei.

> »Also ging sie zum Buddha, legte ihm den Körper ihres Kindes zu Füßen und erzählte ihre Geschichte. Der Buddha hörte sie mit unendlichem Mitgefühl an. Dann sagte er sanft: ›Es gibt nur ein Mittel gegen dein Leid: Geh hinunter in die Stadt und bring mir ein Senfkorn aus einem Haus, in dem es niemals einen Todesfall gegeben hat!‹
>
> Krisha Gotami war erleichtert und machte sich sofort auf in die Stadt. Beim ersten Haus, das sie sah, klopfte sie an und sagte: ›Der Buddha hat

> mir aufgetragen, aus einem Haus, das den Tod nie gesehen hat, ein Senfkorn zu bringen.‹ – ›In diesem Haus sind viele Menschen gestorben‹, wurde ihr bedeutet. Sie ging zum nächsten Haus. ›In unserer Familie hat es zahllose Todesfälle gegeben‹, sagte man ihr. Und so war es auch im dritten und vierten Haus, bis sie in der ganzen Stadt gefragt hatte und erkannte, dass der Auftrag des Buddha nicht zu erfüllen war.
>
> Da brachte sie den Körper ihres Kindes zum Friedhof, nahm endlich Abschied und kehrte zum Buddha zurück. ›Hast du die Senfsamen?‹ fragte er sie. ›Nein‹, antwortete sie. ›Ich fange an zu verstehen, was Ihr mich lehren wolltet. Trauer hat mich geblendet und mich glauben gemacht, nur ich allein hätte unter dem Zugriff des Todes zu leiden.‹«

Krisha Gotami erkannte, dass der Tod kein ungewöhnliches Ereignis, kein singuläres Phänomen ist, das sie und ihr Kind trifft, sondern dass der Tod überall ist, war und sein wird. Doch blenden wir dieses triviale Wissen ständig aus und meinen, es könne Menschen und Familien geben, die nichts mit dem Tod zu schaffen haben. Dabei ist so offensichtlich das Gegenteil der Fall, was einem, wenn man es noch nicht verstanden hat, Osho (2004, S. 67) in seiner drastischen Schlussfolgerung aus dieser Geschichte veranschaulicht. Er tut dies in einer Zuspitzung, die einem wieder das Bild vor Augen führt, wie der junge Rajneesh sich in der Identifikation mit seinem toten Großvater auf die Verbrennungsplätze legt:

> »Wenn du die Geschichte deiner ganzen Familie anschaust, von Adam und Eva an, dann sind Millionen aus deiner Familie gestorben. Es ist ein Wunder, wie wenige noch leben. Du sitzt auf einem riesigen Berg von Leichen: deinen Vätern, Großvätern, Urgroßvätern, Ururgroßvätern – und unter all dem liegen der arme Adam und die arme Eva […]. Und du sitzt obendrauf und bist dir gar nicht bewusst, dass du bald auch ein Teil davon sein wirst. […] Ehe du dich versiehst, wirst du auch ein Teil davon sein. Und dann wird jemand anderer auf dir sitzen: dein Sohn, deine Tochter, dein Schwiegersohn … jemand wird auf dir draufsitzen.«

Normalerweise, wenn wir mit der Tatsache des Todes umgehen können und nicht durch das Bild des Todes und des Toten erschlagen oder im Schock erstarrt sind, denken wir an unsere Vorfahren als lebendige Menschen in bestimmten Situationen, wir stellen sie uns nicht als tote Vorfahren vor. Sind wir durch den Tod traumatisiert, sehen wir sie eher als Tote vor uns. Die

Unterweisung, die Krisha Gotami durch Buddha erhielt, zielt nicht nur auf den Tod, sondern auf den Wandel als ein Grundgesetz des Lebens, darauf, dass sich alles wandelt und nichts von Dauer ist. Eine Einsicht, die einem näherliegt, wenn man sich in einem spirituellen System bewegt, in dem wie im Buddhismus die Wiedergeburt eine selbstverständliche Vorstellung ist.

IV. Lösungen

> »Und Leiche, was dich betrifft, so denke ich, du gibst einen guten Dünger; doch ist mir das nicht anstößig.
> Ich rieche die weißen Rosen, die süßduftenden, schwellenden,
> Ich greife nach den Lippen des Laubes, ich greife nach der glatten Brust der Melonen.
> Und Leben, was dich betrifft, so glaub ich, du bist das Resultat von vielen Todesfällen.«
>
> *Walt Whitman: Grashalme*

Nachdem wir uns nun von der steten Präsenz des Todes im Leben überzeugt und einige Dimensionen und Funktionen der Angst, die das Wissen um den Tod auslöst, angeschaut haben, geht es jetzt darum, wie der Mensch auf die Dynamik reagiert, die vom Wissen um den Tod ausgeht. Welche kreativen Lösungen kann er finden und welchen Ort kann er dem Tod in seinem psychischen Raum geben, damit er trotz der Präsenz des Todes ein gutes Leben führen kann? Diese Herausforderung stellt sich dem Menschen, wie wir gesehen haben, in jeder Lebensphase aufs Neue und stellt damit eine immer wiederkehrende Entwicklungsaufgabe dar. Dies ist insofern eine permanente Gratwanderung, als, um lebendig zu bleiben, dem Tod ein angemessener Raum im Leben zugestanden werden muss, denn, wie Freud es formuliert: »Das Leben verarmt, es verliert an Interesse, wenn der höchste Einsatz in den Lebensspielen, eben das Leben selbst, nicht gewagt werden darf« (Freud, 1915b, S. 343).

Der Tod als Entwicklungsaufgabe

Es scheint eine dem Menschen angeborene Matrix zu geben, die dazu führt, dass die Entwicklung zum Tod hin abgerundet und abgeschlossen wird. Menschen, die wissen, dass ihnen nur noch eine befristete Zeit zu leben bleibt, scheinen ihre Entwicklung voranzutreiben, wie um eine vorgegebene Bahn im Zeitraffer zu absolvieren, damit sie den Bogen des Lebens vollständig durchlaufen und zum Sterben bereit sein können. Als ob das Leben eine Symphonie wäre, die mit einer Ouvertüre beginnt und auf einige Sätze hin angelegt ist, die aber, wenn die Zeit für die ganze Aufführung nicht reicht, in einer beschleunigten Form zum Finale hin vorangetrieben werden muss. Es scheint, dass man sein Leben gelebt haben muss, um sterben zu können – in der locker dahingeschriebenen Formulierung eines jungen Schriftstellers: »Ich hatte den Tod ohnehin nicht verdient, ich konnte ihn doch gar nicht bezahlen, denn er kostete das Leben, und davon hatte ich noch viel zu wenig« (Wells, 2009, S. 127f.).

Bürgin stellt fest, dass die Konfrontation mit dem Tod Kinder mit einer lebensbedrohlichen Krankheit »unter Mobilisierung sämtlicher psychischer Reserven zu einer vorzeitigen, kognitiven und emotionellen Entwicklung« (Bürgin, 1978, S. 298) nötigt. Dies hat unter anderem damit zu tun, dass die Kinder, um die vom Tod erzwungene Trennung von ihren Bezugspersonen bewältigen zu können, beschleunigt die Fähigkeit entwickeln müssen, die Bindungen zu diesen Bezugspersonen lösen zu können (di Gallo 2002). Dies setzt eine erhebliche Reife und damit eine beschleunigte Reifung des kindlichen Selbst voraus. So wie sich der sich im Alter gemächlich Richtung Tod entwickelnde Mensch ab einem bestimmten Zeitpunkt daranmacht, sein Haus in Ordnung zu bringen und seine Dinge zu ordnen, um sein Leben zu einem Ende zu bringen, so scheint dies auch der vorzeitig in seinem Leben mit dem Tod konfrontierte Mensch zu tun, mit einer entsprechenden Beschleunigung des Tempos, wofür auch einige Entwicklungsaufgaben zu überspringen sind.

Dies hatten wir auch schon bei der 19-jährigen Frau im Kapitel über das Jugendalter gesehen, die angesichts der Vorstellung, nur noch zehn Jahre zu leben, ihre Ausbildung abbrechen würde um ihre Geschlechtsumwandlung als zentrales Element ihrer Identitätsentwicklung prioritär voranzutreiben. Ein anderes, häufig berichtetes Phänomen einer beschleunigten Entwicklung, eines schnellen Durchlaufs durch das eigene Leben mit einer tiefen Wirkung auf das Individuum im Sinne einer psychischen Umstrukturierung und Veränderung zentraler Vorstellungen und Werte, stellen die Nahtoderfahrungen von Menschen dar, die sich in einer lebensbedrohlichen Situation befanden. Solche Nahtoderfahrungen können zu einer grundsätzlich bewussteren Haltung dem Leben gegenüber führen, mit einer höheren Präsenz im Hier und Jetzt und einer Öffnung für die spirituellen Dimensionen des Lebens. Van Lommel (2007) zählt Veränderungen nach Nahtoderlebnissen unter anderem in folgenden Bereichen auf: Selbstakzeptanz, Mitgefühl, Wertschätzung des Lebens, Befreiung von Todesangst, Glaube an ein Leben nach dem Tod, Spiritualität.

Jung beschreibt die Selbst-Werdung, die Individuation des Menschen, als das letzte Ziel des Lebens; ist dieses erreicht, so kann der Mensch sterben: »Ich kannte viele Menschen, die starben, als sie das Höchste erreicht hatten, dessen sie fähig waren. Offenbar war dann das Mass ihres Lebens erfüllt, alles gesagt und alles getan, und es blieb kein Rest« (zit. n. Jaffé 1980, S. 17). Umgekehrt zwinge die »gnadenlose Konfrontation mit dem Selbst« (ebd., S. 18) angesichts des Todes den Menschen, das ihm noch mögliche Stück Individuation zu leisten, bevor er stirbt – in Jungs Vorstellung ist es also das Selbst, das den letzten Entwicklungsschritt angesichts des Todes benötigt und erzwingt. Dazu gehört auch, dass bisher vermiedene schmerzhafte Einblicke in die dunklen Stellen der eigenen Existenz möglich werden und zu neuen Einsichten führen. Jung führt das Beispiel einer älteren Frau an, die bestimmte Schritte der Selbsterkenntnis, die sie in der Therapie verweigert hatte, plötzlich aus einer inneren Bewegung heraus vollzog, als sie unheilbar erkrankt war; nun waren ihr doch noch »in einer Art Delir oder Somnambulismus« (Jung, 1934, S. 236) selbstkritische Einsichten möglich geworden. Jung beschreibt diese letzte Phase im Leben dieser Frau als einen sich über sechs Wochen erstreckenden selbstanalytischen Prozess, bis sich die Frau beruhigt hatte und starb.

Verschiedene jüngere therapeutische Ansätze machen sich diese Bereitschaft des Menschen zunutze, angesichts des Sterbens noch einen oder vielleicht auch mehrere entscheidende Entwicklungsschritte zu machen, um das Leben abgerundet zu einem Ende zu bringen. Ansätze wie die *Dignity Therapy* benutzen standardisierte Vorgehensweisen, die in einem Rückblick auf das Leben eine Bilanzierung ermöglichen, mit dem Ziel, Positives im eigenen Leben deutlicher zu sehen, Negatives zu betrauern und Unerledigtes zu erledigen, falls dies noch möglich ist. Die von Harvey Max Chochinov begründete *Dignity Therapy* bietet den todkranken Menschen die Gelegenheit, all das, was für sie wichtig und leitend in ihrem Leben war, insbesondere die eigenen Wertvorstellungen, in einem strukturierten Interview zu formulieren und in schriftlicher Form denen, die sie überleben werden, zu hinterlassen. Dazu gehören auch konkrete Ratschläge und Botschaften an einzelne Angehörige. Dies alles wird vom Therapeuten mit dem Patienten schriftlich fixiert, dann wird das »Generativitätsdokument« den Adressaten vorgelesen und übergeben. Die Absicht ist unter anderem, dem Sterbenden die Erfahrung zu ermöglichen, dass er etwas weitergeben kann, womit ein Gefühl der Sinnhaftigkeit des eigenen Lebens und der Würde verbunden sein kann.

Der Vorteil der Manualisierung solcher Verfahren ist darin zu sehen, dass mit einem solchen Leitfaden auch jüngere Therapeuten besser mit ihren Ängsten und Orientierungsproblemen angesichts der emotionalen Intensität solcher Begegnungen mit den sich auf den Tod zubewegenden Patienten umgehen können. Das Ziel solcher Interventionen ist schlussendlich, dem Sterbenden den Mut zum Loslassen und Sterben zu ermöglichen: »Irgendwann sterben wir, das ist der letzte Akt in diesem Leben. Unsere Haltung beim Sterben ist die Frucht unseres Lebens: Wie mutig wir geworden sind!« (Borghardt & Erhardt, 2016, S. 179)

Man kann zuletzt, wenn man das eigene Sterben angenommen hat, auch noch ganz neue Erfahrungen machen, wie dieser todkranke Mann, von dem Ibello berichtet, der die Bäume vor seinem Balkon betrachtet, die dort schon viele Jahre stehen, und sagt: »Wissen Sie, ich habe noch nie gesehen, wie schön diese Bäume sind. Plötzlich sehe ich, dass da ein Vogel wohnt. Meine Welt ist zwar kleiner geworden, aber reicher« (Ibello, 2016, S. 65).

Das Wissen um den Tod muss also nicht lähmen, sondern kann kreative Kräfte freisetzen, die dazu dienen, Dinge zu einem Ziel zu bringen, sich von Altem, Überlebtem zu verabschieden und zu trennen oder Neues in Angriff zu nehmen. Spätestens ab der Krise der Lebensmitte kann die Angst, das Potenzial des eigenen Lebens nicht ausgeschöpft zu haben, einen Handlungsdruck erzeugen und zum Motor für Veränderungen werden. In der Krise, die zu einer solchen Entwicklung gehört, schälen sich oft Schuldgefühle heraus, für das eigene Selbst bisher aus Angst oder Bequemlichkeit nicht das getan zu haben, was zu tun gewesen wäre, um die eigenen Wünsche und Idealvorstellungen einzulösen. Man versteht plötzlich, dass es sich beim Satz »Man lebt nur einmal« nicht nur um eine Metapher handelt, sondern dass er wörtlich zu nehmen ist. Wir stoßen hier wieder auf die dialektische Funktion der Angst, die einmal als Angst vor dem Vollzug des Lebens und einmal als Angst vor dem Tod in Erscheinung tritt: »Von der Lebensangst führt ein direkter Weg zum Schuldbewußtsein oder besser der Gewissensangst, die sich allemal als Bedauern um die versäumte Lebensmöglichkeit verstehen läßt, während deren volle Ausnutzung wieder die Todesangst auslöst« (Rank, 1931, S. 429f.).

Todesangst und Kreativität schließen sich also keineswegs aus. Im Gegenteil: Die Angst vor dem Tod kann überhaupt erst den Druck bis an den Punkt erhöhen, an dem kreative Lösungen im Umgang mit aufgeschobenen Lebensthemen und dem Tod gefunden werden müssen, um nicht wehrlos auf das Leben zu verzichten und dem Tod anheimzufallen, sondern um Teil des Lebens zu bleiben oder endlich doch noch zu werden. Julian Barnes beschreibt dies anhand der Person des Komponisten Dmitri Schostakowitsch. Wie viele andere kreative Menschen – man denke nur an Freud – hatte dieser sein ganzes Leben lang unter seiner Todesangst gelitten und sie mit und in seinen Werken in lebendige Schöpfungen verwandelt: »Ironischerweise schaffen Menschen unter der Einwirkung dieser Angst Poesie, Prosa und Musik; sie versuchen also, ihre Bindung an die Lebenden und ihren Einfluss auf sie zu verstärken« (Barnes, 2008, S. 274).

In der Kindheit findet diese kreative Bewältigung des Todes im Spiel statt; der Jugendliche beginnt zu dichten oder zu philosophieren. Der Erwachsene hat oft das Wissen um seine ursprünglichen kreativen Fähigkeiten und den Kontakt zu ihnen verloren. Doch bleiben sie in den meisten Menschen an irgendeiner Stelle verborgen erhalten und könnten grundsätzlich wiedergefunden und mobilisiert werden, wenn es um die kreative Bewältigung der durch den Tod mobilisierten Lebens- und Todesängste geht:

> »Augenblicke, in denen der ursprünglich uns allen innewohnende Dichter die äußere Welt für uns erschuf, als er das Vertraute im Unvertrauten entdeckte, werden wohl von den meisten Menschen vergessen; oder sie werden an einer verborgenen Stelle unserer Erinnerung gehütet, weil sie, göttlichen Visionen gleich, nicht in unser tägliches Denken passen« (Milner, 1952, zit. n. Winnicott, 1971, S. 49f.).

Ein anderes, zeitgenössisches Beispiel dafür, wie man erst unter der Todesdrohung arbeitsfähig und kreativ werden kann, ist der Schriftsteller und Maler Wolfgang Herrndorf. In seinem Tagebuch beschreibt er im Detail, wie er sein Leben nach der Diagnose eines unheilbaren Hirntumors gestaltet. Erst die Krankheit, die Begrenztheit seiner Restlebenszeit, macht Herrndorf produktiv in dem Sinne, dass er nun die vorhandenen Romanteile zu ganzen Büchern fertigstellen kann. Denn nun hat er nicht mehr die Zeit, endlos hin und her zu überlegen, nun muss und kann er Entscheidungen treffen und auch andere an seiner Stelle auf seine Texte bezogene Entscheidungen fällen lassen. Zwei zuvor erschienene Bücher waren ohne große Resonanz geblieben. Doch nun, in einer maniform anmutenden Reaktion auf die Tatsache seines absehbaren Todes, wird er immer produktiver und erfolgreicher; je kränker er wird, desto mehr Früchte beginnt seine Arbeit zu tragen, die er allerdings nur noch sehr begrenzt genießen kann.

Er leidet an seinem Hirntumor und den damit verbundenen epileptischen Anfällen, zieht sich in seine Arbeit zurück, mit der er sozusagen tagtäglich eine Struktur gegen die Zerstörung seines Gehirns und seines Lebens erschafft – so interpretiere ich jedenfalls den Titel, den er seinem Tagebuch gab: *Arbeit und Struktur* (Herrndorf, 2013).

Diese in der Not und gegen den Zerfall erschaffene Struktur macht ihn arbeitsfähiger als zuvor, nun kann er seine Kreativität in eine Form bringen und seine schon vorhandenen Ideen zu Werken machen, die in der Welt, im Leben draußen, Bestand haben können. Und so zieht er überraschenderweise nach einem Jahr vorsichtig die Bilanz, dass es ihm durch die Krankheit eigentlich nicht schlechter, sondern eher ein wenig besser gehe (ebd., S. 196f.):

> »Bilanz eines Jahres: Hirn-OP, zweimal Klapse, Strahlen, Temodal. 1¾ Romane, erster großer Urlaub, viele Freunde, viel geschwommen, kaum gelesen. Ein Jahr in der Hölle, aber auch ein tolles Jahr. Im Schnitt kaum glücklicher oder unglücklicher als vor der Diagnose, nur die Ausschläge nach beiden Seiten größer.
>
> Insgesamt vielleicht sogar ein bisschen glücklicher als früher, weil ich so lebe, wie ich immer hätte leben sollen. Und es nie getan habe, außer vielleicht als Kind.«

Zugleich ermöglicht ihm das Schreiben natürlich auch, die furchteinflößende Wahrnehmung der Symptome des krankheitsbedingten Zerfalls seiner Persönlichkeit und des näherkommenden Todes zu mentalisieren, in Sprache und in eine symbolische Form zu fassen. So gehen beispielsweise im Roman *Sand* (2011) Identitäten verloren, immer wieder wird gestorben und immer wieder geht es doch wieder eine Runde weiter, obwohl der Held schon gestorben zu sein scheint.

Die Vorstellung, dass das Wissen um einen vorherbestimmten vorzeitigen Tod die Gestaltung der verbleibenden Lebensspanne entscheidend beeinflussen und Entwicklungsschritte beschleunigen kann, benutzt auch die japanische Künstlerin Michiko Nitta in ihrem Projekt *Extreme Green Guerillas* (2007) zur Sensibilisierung für die ökologische Bedrohung der Menschheit. Die imaginären Mitglieder dieser Bewegung erklären sich dazu bereit, mit 40 Jahren zu sterben. Dafür lassen sie sich einen Ring am Ohr anbringen, der mit Vollendung des 40. Lebensjahres ein tödliches Gift in den Körper injiziert. Mit ihrem frühzeitigen Ableben entlasten sie das Ökosystem der Erde, und, viel wichtiger und der eigentliche Denkanstoß, das Wissen um ihre begrenzte Lebenszeit kann sie zu einer anderen, schon in jungen Jahren in Bezug auf die Welt als Ganzer reiferen Art der Lebensführung bewegen.

Die omnipotenten Strategien aus der Kindheit

Reife Formen der Bewältigung der durch den Tod aufgeworfenen Fragen und Ängste im Erwachsenenalter erfordern andere psychische Mechanismen als die der Kindheit. Muss der Erwachsene an den Abwehrstrategien der Kindheit festhalten, so wird es ihm weder gelingen, Lebensziele der Individuation zu erreichen – weil dafür Trennung nötig wäre –, noch einen kreativen und in diesem Sinne lebendigen Umgang mit dem Tod zu entwickeln. Letzteres wird nicht gelingen, weil kreativ bedeutet, dass man sich Anforderungen des Lebens und der Umwelt anverwandelt, indem man ihnen einen aktiv mitgestalteten Platz im eigenen Selbst oder psychischen Raum zuschreibt; und dies ist nicht möglich, wenn der Sachverhalt, um den es geht, von der Wahrnehmung ausgeschlossen werden soll.

Im Kapitel über die Kindheit waren wir auf die beiden »Hauptbollwerke« (Yalom) des Kindes gegen die Todesangst gestoßen, den Glauben, persönlich unverletzbar zu sein – nur die anderen sterben, nicht das Subjekt selber – und die Überzeugung, unter dem Schutz eines allmächtigen Retters zu stehen. Beschränkt sich der Umgang des erwachsenen oder alten Menschen noch immer hauptsächlich auf solche Vorstellungen, so muss man von einer neurotischen Verleugnung des Todes sprechen, die dem Vollzug eines reifen erwachsenen Lebens bis zum Ende im Wege stehen kann. Denn damit man die einst an den Eltern erlebte und weiter auf schützende elternähnliche Figuren oder Ideologien gerichtete omnipotente Übertragung aufrechterhalten kann, muss das Selbst in einer Position der Kindlichkeit gegenüber diesem inneren oder äußeren Objekt verbleiben, in einer oknophilen Nähe und Enge mit dem ursprünglichen omnipotenten Objekt oder seinen Nachfolgern.

In der zweiten, »kindlichen« Variante der Abwehr des Todes liegt die Omnipotenz nicht beim Objekt, sondern beim Subjekt selber, das an seine eigene Besonderheit und Unverletzlichkeit glaubt, an seine eigene narzisstische Omnipotenz, den Tod, wenn nicht zu überwinden, so doch immer weiter hinausschieben zu können. Der narzisstisch-omnipotente Mensch erweitert Raum und Zeit bis ins Endlose hinein, schiebt den Tod dadurch hinaus, dass er immer noch weitere bedeutungsvolle Taten vollbringen muss. Der omnipotente Mensch hat keine Zeit für den Tod, und er braucht auch keinen Retter außerhalb seiner selbst, sondern ist dank seines großartigen Selbst sein eigener Retter.[4] Da es meist nicht gelingt, den Tod ganz aus dem Bewusstsein zu verdrängen, bietet die Kultur eine Menge von Angeboten, bei denen man mit dem Tod in Kontakt kommen und zugleich sicher sein kann, dass es der Tod des anderen sein wird; man ist Zuschauer des Todes, will ihn nicht einmal direkt sehen oder miterleben, sondern wartet gespannt, geängstigt und fasziniert darauf, ob er eintritt, wie beim Auto- oder Motorradrennen. Rachel Kushner (2013, S. 44) beschreibt diese Atmosphäre, in einer Szene aus den 1970er Jahren, wie folgt:

> »Eine Menge Leute sahen zu. Rennfahrer, Kinder, Ehefrauen, Mechaniker. Alles, was uns blieb, um das Geschehen zu verfolgen, nachdem das Fahrzeug geflimmert und sich in nichts aufgelöst hatte, war ein Knistern in den Funksprechgeräten der beiden Kampfrichter. Ich spürte, wie ich mich nach jedem Knistern für schlechte Nachrichten wappnete. Vorahnungen wohnten der Logik dieses Ortes inne. Wir warteten nicht darauf zu hören, dass es ein Routinerennen gewesen war, solide, ohne Probleme. [...] Wir waren nicht da, um zuzusehen. Wir warteten auf Nachrichten von irgendeinem Ereignis, das diesen gesichtslosen, gleichgültigen, gigantischen Ort erschüttern konnte. Was außer einem gewaltigen Abgang hätte das sein sollen? Wir warteten auf den Tod.«

Wenn die Verleugnung nicht mehr weiterhilft, weil sie unter dem Druck der Realität zusammenzubrechen droht, so kann man zur dritten, bereits im Überblick über Kindheit und Jugend und im Abschnitt über Todesangst und Mordlust beschriebenen Strategie greifen, der Wendung vom Passiven ins Aktive: anstatt sich passiv dem Tod ausgeliefert zu fühlen, nimmt man ihn lieber selber an die Hand. Der Abwehrcharakter der eigenen Omnipotenz und der Wendung vom Passiven ins Aktive ist daran zu erkennen, dass diese Menschen unfähig sind, sich zu entspannen, weil in einem entspannten Zustand die abgewehrten Gedanken an die eigene Begrenztheit und Bedrohtheit durch den Tod ins Bewusstsein treten könnten.

---

4 So schildert etwa der Psychoanalytiker Winnicott, was ihn dazu brachte, Medizin zu studieren: Als Jugendlicher brach er sich beim Rugby das Schlüsselbein und musste deswegen zum Arzt. Dabei wurde ihm klar, dass er sein Leben lang damit rechnen musste, krank zu werden und von Ärzten abhängig zu sein, wenn ihm etwas zustieß oder er krank würde, weshalb er beschloss, lieber gleich selber Arzt zu werden (Phillips, 2007).

Kreative Anteile, Schutzbedürfnisse, manisch-omnipotente Abwehr und die Wendung vom Passiven ins Aktive können sich in unterschiedlichen Anteilen mischen und machen dann den für die jeweilige Persönlichkeit spezifischen Umgang mit dem Tod aus. So wird Herrndorfs kreative Produktivität natürlich auch von einer manischen Abwehr und einer Wendung vom Passiven ins Aktive geprägt, hatte doch seine Lebens- und Arbeitsfähigkeit eine zentrale Voraussetzung und beruhigende Bedingung, nämlich den Kauf einer Pistole, mit der er, wenn nicht den Tod, so doch das Sterben unter seine Kontrolle brachte. Damit war klar, dass er den Zeitpunkt seines Todes selber bestimmen konnte, sofern er nicht den letzten möglichen Moment, in dem er noch autonom handlungsfähig wäre, verpassen würde (was dann aber nicht passierte; Herrndorf erschoss sich wie geplant am Berliner Hohenzollernkanal).

Der selbstgewählte Tod scheint immer häufiger als der bessere Tod angesehen zu werden. Wie wir schon gesehen haben, ziehen Menschen heiter in den Tod, wenn sie nur selber töten dürfen, wenn möglich für eine gerechte Sache, und immer mehr Menschen wünschen sich ein sicheres Mittel für den schnellen Abgang aus dem Leben, wenn sie sich langes Leiden oder Pflegebedürftigkeit im Alter vorstellen. Der passiv erlittene Tod bekommt einen Anstrich von Versagen und Peinlichkeit, das Sterben wird als Schande, als narzisstische Kränkung erlebt. Das machen sich diejenigen zunutze, die mit dem ewigen Leben ein Geschäft machen wollen, wie das amerikanische *Immortality Institute*, das in seinen Leitlinien als primäres Ziel »die Tilgung der Schande eines unfreiwilligen Todes« anführt (Solomon et al., 2015, S. 127).

Wenn schon sterben, so soll an die Stelle des passiven Wegsterbens, des Vom-Tod-geholt-Werdens, wenigstens eine aktive Fähigkeit, zu sterben, treten; statt sterben zu müssen soll man sterben können im Sinne einer Kunst des Sterbens. Diese »Umwandlung des Müssens ins Können« führt dazu, dass das Sterben als »gefaßter Tod« »in eine symbolische Ordnung mit ausgeprägtem Kontinuitätssinn« übergeht, »als wäre das ›Hinübergehen‹ nicht mehr als ein Wechsel des Aggregatzustandes«, schreibt Peter Sloterdijk kritisch (2009, S. 665).

Sloterdijk könnte damit zum Beispiel die tröstlich erscheinenden neobuddhistischen Lehren gemeint haben, in denen der Tod als ein solcher Wechsel des Aggregatzustandes zum Beispiel mit folgenden Worten beschrieben wird:

> »Du wechselst die Häuser. Wenn du dich zu sehr mit einem Haus identifizierst, dann wird es sehr schmerzhaft sein, das Haus zu wechseln. Du wirst denken, du stirbst, weil das alte Haus das war, was du warst – es war deine Identität. Aber das wird nicht geschehen, denn du weißt, dass du nur das Haus wechselst; du bleibst der Gleiche. Diejenigen, die in sich hineingeschaut haben, diejenigen, die herausgefunden haben, wer sie sind, erfahren ein ewiges, nicht endendes Geschehen« (Osho, 2004, S. 74).

Ist ein Vorteil der Vergänglichkeit des Menschen darin zu sehen, dass auch das schlimmste Leiden ein natürliches Ende haben wird – sofern wir nicht an weitere Qualen nach dem Tod wie die in der Hölle glauben –, so lässt sich dies durch den aktiv von eigener Hand herbeigeführten Tod natürlich beschleunigen. Und wenn die größte Angst eines Menschen die vor dem Tod ist, dann kann der Tod ihn sogar von dieser Angst erlösen. Es gibt einige Dinge, die schlimmer sind als der Tod, weshalb der Selbstmord oftmals eine Lösung ist. Denken wir nur an unerträgliche körperliche Leiden, schwere psychotische oder posttraumatische Zustände oder Folgen von traumatisch erlebter Verlassenheit in der frühen Kindheit. Solche psychischen Qualen können als unerträgliche Bedrohung der eigenen Existenz erlebt werden, als »Drohung des Nichtseins«. Bei dieser handelt es sich, wie wir schon gesehen haben, um jene »sehr reale, urtümliche Angst, die jeglicher Angst, zu deren Beschreibung das Wort Tod gehört, weit vorausgeht« (Winnicott, 1956, S. 162).

Spätere Traumata wie Vergewaltigung, Haft oder Folter können frühe Traumatisierungen reaktivieren, aber auch ohne derartige Vorerfahrungen gilt für schwer traumatisierte Menschen häufig Jean Amérys (1988, S. 58) in seiner eigenen Erfahrung begründete Aussage: »Wer der Folter erlag, kann nicht mehr heimisch werden in der Welt.« Gemessen am psychischen Tod im traumatisch bedingten Nichtsein ist die Vorstellung vom »wirklichen« Tod eine Wohltat.

Auch im Alter können frühe traumatische Erfahrungen von Verlassenheit durch die soziale Deprivation, die Vereinsamung des alten Menschen und die Notwendigkeit von Spital- und Heimaufenthalten reaktiviert werden. Auch die Angst vor den Beeinträchtigungen und den narzisstischen Kränkungen, die mit dem Alter einhergehen können, führen manchen in den Freitod, manchmal auch irrtümlicherweise, wie man am Beispiel von Gunter Sachs, der sich aus Angst vor einer fälschlicherweise angenommenen Demenz das Leben nahm, sehen kann.

Die maniform-omnipotente Abwehr, die Wendung vom Passiven ins Aktive und ein kreativer Umgang mit dem Tod können sich problemlos mischen. Nehmen wir zum Beispiel den Investor und Multimilliardär Peter Thiel, der mit Investitionen in Start-up-Unternehmen wie Paypal reich wurde. Über Thiel war in einem Zeitungsbericht Folgendes zu lesen (Seibt, 2016, S. 13):

> »Als Thiel das Wichtigste erfuhr, lag er auf einem Kuhfell und war drei Jahre alt. Er fragte, was mit der Kuh von seinem Fell passiert sei. Und sein Vater sagte: ›Die ist gestorben.‹ Seitdem hasst Thiel den Tod. Und investiert nun als Milliardär in Start-ups wie: Flüssige Nano-Computer, die Zellen reparieren. Einfrieren von Köpfen. Super-Vitamin-Cocktails. Erbschadenerkennung. Übertragung des Gehirns auf einen Computer.«

Menschen unserer Zeit wie Thiel kommt zugute, dass sie sich nicht mehr damit begnügen müssen, an eine Unsterblichkeit in einem religiösen Kontext zu glauben oder sich durch ihre Werke oder Nachkommen symbolisch unsterblich zu machen, sondern dass sie dank der rasant fortschreitenden technologischen Entwicklungen nun auch in ihr ganz konkretes Weiterleben nach dem Tod investieren können. Anstatt sich mit der Beschränktheit des Lebens und mit dem Tod abzufinden, treiben diese Protagonisten des »Transhumanismus« in fiebrigem Eifer die weitere technische Entwicklung voran. Obwohl noch nicht recht denkbar ist, wie sich das anfühlen könnte, steht auch die Idee, eine Kopie seines eigenen Gehirns auf einer Festplatte abspeichern zu können, als mögliche technische Strategie des Überlebens hoch im Kurs. So könnte der Mensch, falls tatsächlich das Gehirn der zentrale Speicher für alle Informationen wäre, den Tod seines Körpers bis in alle Ewigkeit überleben, solange das Speichermedium nicht durch eine Panne beschädigt wird.

Die Angst vor dem Tod wird zum großen Geschäft, zur Goldgrube für den Kapitalismus:

> »Google steckt einen Drittel seines Milliardenbudgets für Forschung in Projekte mit Schwerpunkt Verlängerung des Lebens und Verhinderung der Seneszenz. Im Silicon Valley schiessen die Startups der Unsterblichkeitsindustrie wie die sprichwörtlichen Pilze aus dem Boden. Der Kapitalismus entdeckt seinen grössten Gegner: den Tod«,

schreibt Eduard Kaeser (2017) – allerdings nicht ganz treffend, denn der Tod ist ja nur scheinbar ein Gegner des Kapitalismus, in Wahrheit ist er ein von der kapitalistischen Interpretation des Lebens usurpierter wehrloser Verbündeter. Kaeser hört aus all diesen Bestrebungen der Optimierung des Menschen zurecht »eine höchst defiziente Anthropologie heraus: Das Unbehagen an unserer Biologie.«

> »Der Gedanke an unsere Sterblichkeit reicht in alles und jedes, vom Trivialen bis hin zum Monumentalen – was Sie zu Mittag essen, wie viel Sonnencreme Sie sich am Strand gönnen, für wen Sie bei der nächsten Wahl stimmen werden, Ihr Konsumverhalten, Ihre körperliche und geistige Gesundheit, wen Sie lieben und wen Sie hassen«,

fassen Solomon und Kollegen (2015, S. 32) ihre sozialwissenschaftlichen Forschungen zum Einfluss des Todes auf die Einstellungen der Menschen zusammen. Eine ganze Reihe von Autoren vertritt darüber hinaus die Auffassung, dass alle menschlichen Schöpfungen und die menschliche Kultur als Ganzes Abwehrmaßnahmen des Menschen gegen sein Ausgeliefertsein an den Tod auf der Basis einer Umkehr von passiv in aktiv seien. So sieht Baumann, wie wir schon gesehen haben, die Kultur selber als eine großartige Abwehrleistung gegenüber dem »*factum brutum* der menschlichen Sterblichkeit« (1992, S. 18, kursiv i.O), und auch Caruso meint: »Die ganze Kultur des Menschen ist eine Antwort auf das Wirken des Todes in seinem Leben, eine Abwehr gegen das Ausgeliefertsein des Menschen an den Tod« (1968, S. 22).

Diese Abwehr misslingt jedoch immer wieder, weil doch zwangsläufig und unvermeidbar der abgewehrte Tod in den kulturellen Erfindungen zur Vermeidung des Todes immer wieder in Erscheinung tritt. So vertritt der Sozialanthropologe Ernest Becker in seinem Buch *Dynamik des Todes* (1973), das es passenderweise auch zu einem kurzen Auftritt in Woody Allens Film *Der Stadtneurotiker* schaffte, die These, dass die Menschen ihre Todesfurcht damit in den Griff zu bekommen versuchen, »dass sie sich als wichtige Akteure im laufenden kulturellen Drama wahrnehmen« (Solomon et al., 2015, S. 301). Ein Weg dazu, sich als wichtige Akteure zu erleben und die Angst vor dem Tod abzuwehren, kann auch die Anwendung von Gewalt gegen andere Menschen sein.

Mit einer gewissen inneren Logik führen die technologischen Weiterentwicklungen der Abwehr des Todes zu auch immer potenteren Tötungsmitteln und immer weniger kalkulierbaren tödlichen Folgen im Fall von Missbrauch oder Fehlern im Umgang mit den neuen Erfindungen:

> »Am Horizont zeichnet sich die noch nie da gewesene Möglichkeit ab, dass der Eingriff eines Einzelnen eine ökologische Katastrophe auslöst, eine fatale biogenetische Mutation, einen nuklearen GAU oder Ähnliches. Erstmals in der Geschichte der Menschheit kann die Tat eines einzelnen Akteurs die Geschichte des Menschen oder sogar der Natur radikal verändern« (Žižek 2017).

Eine solche Zuspitzung auf den Tod als alleinigen Motor der Kulturentwicklung wäre nun allerdings doch ein wenig eindimensional und würde den Tod am Ende geradezu zum Urgrund all dessen machen, was die Identität des Menschen ausmacht. Ganz außer Acht würde dabei bleiben, dass der Mensch nicht nur über einen primären Drang zur Kreativität und zum spielerischen Umgang mit der Welt verfügt, sondern auch über eine primäre Freude daran, Dinge zu lernen, auszuüben und zu können, woraus er einen Lustgewinn zieht, die Funktionslust. Winnicott hatte die Kreativität und die Fähigkeit, zu spielen, als ganz grundlegende Strebungen des Menschen noch vor jeder triebgeleiteten Regung verstanden. Im von ihm so genannten Übergangs- oder Möglichkeitsraum zwischen der Innenwelt des Kindes und der Außenwelt kann das Kind sich kreativ die Dinge zu eigen machen, die ihm als Anforderungen in der Außenwelt begegnen, was sich später im kindlichen Spiel und im Erwachsenenleben fortsetzt.

Interessanterweise kam es genau über diese Vorstellungen zu einem Bruch zwischen Winnicott und seiner Lehrerin Melanie Klein. Diese hatte die Entstehung der inneren Welt des Kindes als Reaktion auf die von innen herandrängenden Triebregungen beschrieben, insbesondere der vom Todestrieb (den sie von Freud übernommen hatte) abgeleiteten Aggression. Das Klein'sche Kind kennt kein Spiel als Selbstzweck und aus Freude, sondern es muss aus der inneren Not heraus spielen, um mit seinen inneren zerstörerischen Impulsen und dementsprechend rachsüchtigen bösen Objekten fertig zu werden.

Zweifellos stellt die Verdrängung des Todes einen großen Motor der Konsum- und Leistungsgesellschaft dar, die nicht nur aus ökonomischen Gründen stetig wachsen und sich beschleunigen muss, sondern auch deshalb, damit in den sich überall auftuenden Lücken und Rissen nicht doch die Unabweisbarkeit des Todes aufscheint und der Schwindel auffliegt.

Mehr leisten und mehr verdienen schafft Sicherheit und füllt das Bewusstsein mit anderen Inhalten als dem Tod. Eine bestimmte Form von Lust ist zugelassen, allerdings meist in die Sphäre des Konsums und der Freizeit- und Unterhaltungsindustrie gelenkt. Unvermeidlicherweise ist jedoch die Verdrängung des Todes nicht zu haben, ohne dafür mit einer Beschränkung des Bewusstseins zu bezahlen.

In ärmeren Regionen der Welt ist dies zum Teil noch etwas anders, dort werden die religiösen Feiertage noch als Anlass der Besinnung auf das Leben und den Tod begangen. Dort sitzen auch noch die Alten vor den Häusern am Straßenrand und haben nichts zu tun, langweilen sich, während die Jungen fasziniert auf einen Bildschirm schauen. Wie andere Besinnungspausen wurde auch die Langeweile durch technische Erfindungen, neue Medien und die allgemeine, immer weiter zunehmende Beschleunigung abgeschafft. Schon 1930 hatte Freud in seiner Schrift *Das Unbehagen in der Kultur* die Technik in ihrer Funktion als Religions- und Glaubensersatz als »Prothesengott« interpretiert.

Wer hier aus dem Rahmen fällt und weder mit narzisstischen Größenvorstellungen noch mit der aktiven Abwehr des Todes durch Konsum und Arbeit mithalten kann und deshalb selber zum Repräsentanten des abgewehrten Todes wird, ist der depressive Mensch. Der depressive Mensch meint, dass das normale Leben, das die anderen führen, für ihn nur eine oberflächliche »Ablenkung« darstellen würde, während sein Blick auf das Leben der wahre, unverstellte ist und in der Welt nur Schlimmes und Hoffnungsloses zu erkennen mag. Das Positive in der Welt zu sehen, stellt für den depressiven Menschen bestenfalls eine oberflächliche Täuschung dar, die er vorübergehend mal dem Therapeuten oder seinen Angehörigen zuliebe mitmachen kann, wobei er jedoch die Anstrengung, die ihn das kostet, nicht allzu lange aufrechterhalten kann. Wie von einer nur auf ihn wirkenden Schwerkraft fühlt er sich heruntergezogen auf den negativen Boden der Tatsachen, dessen Urgrund der Tod ist. Die einzige Hoffnung besteht dann oft darin, dass zumindest der Therapeut ein Retter sein könnte, wobei an dessen Omnipotenz nicht wirklich geglaubt werden kann.

Wer gar keine Hoffnung mehr aufbringen und keine kreativen Lösungen finden kann, kann sich als letzte Möglichkeit der Omnipotenz immer noch selber mit dem Tod identifizieren und alles zerstören (hierauf bin ich weiter oben schon eingegangen). »Die Zerstörung ist die Kreativität des Hoffnungslosen und Verkrüppelten, sie ist die Rache, die das ungelebte Leben an sich selbst nimmt«, meint Erich Fromm (1975, S. 122).

Sehr viel idealer ist da die Vorstellung, man habe sein Leben irgendwann ausgelebt und komme eines schönen Tages zu dem Schluss, dass nun der richtige Zeitpunkt zum Sterben gekommen sei, wie dies in Arthur Penns Western *Little Big Man* (1970) in einer Persiflage auf die Idealisierung des Umgangs von Naturvölkern mit Leben und Sterben dargestellt wird:

Jack Crabb, gespielt von Dustin Hoffman, wächst als weißer Waisenjunge bei seinem indianischen Adoptivgroßvater auf. Der entfremdeten Weltsicht der Weißen, die die Welt und die Natur wie totes Material behandeln, wird idealisierend die Lebensweise der Cheyenne-Indianer gegenübergestellt, die im Einklang mit der von ihnen als beseelt betrachteten Natur leben. Dazu gehört die entspannte Art, mit der Häuptling Old Lodge Skins mit seinem Tod umgeht; immer wieder spricht er davon, heute sei ein guter Tag zum Sterben. Als er sich dann eines Tages tatsächlich zum Sterben auf seine im Freien errichtete Sterbestätte hinlegt, tritt jedoch der Tod auch nach längerem Warten nicht ein, stattdessen beginnt es zu regnen. So steht Häuptling Old Lodge Skins dann halt wieder auf und spricht: »Sometimes the magic works – sometimes not.« Was man davon halten soll, weiß man schlussendlich nicht, denn Little Big Mans Geschichten sind vielleicht erfunden oder übertrieben. Der Satz »Heute ist ein guter Tag zum Sterben« zieht sich jedenfalls durch den ganzen Film.

Eine andere Fantasie, wie man den Tod doch noch unter seine Kontrolle bekommen und seinem Schrecken ein Schnippchen schlagen könnte, kommt in der Wunschvorstellung zum Ausdruck, der Tod träte in einem besonders glücklichen, am besten dem glücklichsten Moment des Lebens ein, beim Erreichen eines besonders wichtigen persönlichen Ziels. »Neapel sehen und sterben«, dieses von Goethe in der *Italienischen Reise* zitierte Sprichwort enthält die Vorstellung, einen Moment der Erfüllung eines Wunsches für die Ewigkeit festhalten zu können und sich mit diesem letzten ins Bewusstsein eingebrannten Bild gewissermaßen den Tod und das damit verbundene Leiden zu ersparen. Auch die (männliche) Fantasie, einen glücklichen Tod in den Armen einer schönen Frau zu finden, bestätigt nicht nur Freuds Vorstellung vom Tod als Rückkehr in den Mutterleib, sondern auch das Bedürfnis, vor dem passiv zu erleidenden Tod doch noch ganz aktiv – und dann noch mit einer schönen Frau – Sex gehabt zu haben, was eine Verleugnung des Todes durch die Verkehrung in sein Gegenteil darstellt: In der Vorstellung dominiert nicht der Tod, sondern die Libido.

Vielleicht haben solche Verknüpfungen zwischen einem besonders beglückenden Ereignis und dem Tod auch noch eine andere Wurzel als nur die

Vorstellung, in einem mit Glücksgefühlen und Endorphinen gesättigten Zustand der Zufriedenheit das Leben abzuschließen. Daraus spricht auch die Erfahrung, dass auf solche tollen Erlebnisse ein Gefühl der Trauer und der Ernüchterung folgen kann, das erlebt wird, wenn dieses schöne Erlebnis eben nicht auf Dauer konserviert werden kann, sondern sterben muss, um dann – nur – in der Erinnerung fortzuleben. Auf Neapel kann nicht gleich wieder ein ähnlich tolles Erlebnis folgen, und nach dem Orgasmus kann sich in der postkoitalen Ernüchterung und Trauer ein zweiter Grund für die Bezeichnung des Orgasmus als »kleiner Tod« zeigen.

Libido – Wege der Liebe

Das beste Mittel gegen die Angst vor dem Tod scheinen die Liebe und ein sinnhaftes Leben zu sein. Können die Welt, andere Menschen und Tätigkeiten libidinös besetzt werden, wird das Selbst als lebendig und das Leben als lebenswert erlebt. Wie wir schon mehrfach gesehen haben, geht es immer darum, die Lebenstriebe zu fördern und aus neurotischen Blockierungen zu befreien, Wünsche energetisch zu besetzen, um den Raum des Lebendigen gegen den Raum des Todes abgrenzen und aufrechterhalten zu können. Folgen wir Freuds Vorstellung von zwei antagonistischen Trieben, libidinösem Lebens- oder Sexualtrieb versus Aggression oder Todestrieb, so geht es darum, dass in einer Mischung der beiden gegensätzlichen Triebkräfte die Libido die destruktiv-aggressiven Regungen einbinden und neutralisieren kann. Probleme entstehen immer dann, wenn sich die Triebe entmischen und eine der Tendenzen das psychische Erleben und das Handeln des Menschen dominiert, wie etwa im Sadismus oder Masochismus.[5]

Beispiele, wie die Vergänglichkeit und die Angst vor dem Tod durch eine forcierte Mobilisierung von Libido bekämpft werden soll, finden sich im alltäglichen Umfeld und in den Medien mehr als genug, denken wir nur an älter werdende Männer, die sich Frauen suchen, die mindestens eine Generation jünger sind. Aber auch im klinischen Zusammenhang gibt es

5 In dieser Version von Freuds sich – mit seinem eigenen Älterwerden – wandelnden Triebkonzepten ist der Sexualtrieb oder Eros nicht mehr eine alles sprengende Kraft, sondern eine Bindungen herstellende und aufrechterhaltende Energie, während die Tendenz zur Auflösung von Bindungen und Entmischung der Triebkräfte nun von den aggressiven Tendenzen herrührt, die Freud dem Todestrieb zuordnet.

eindrucksvolle Beispiele von Frauen, die einen Liebeswahn entwickeln, um nicht in eine schwere Depression abzugleiten, oder das Beispiel von jenem Mann, der auf den plötzlichen Tod eines nahen Angehörigen mit einer völligen libidinösen Enthemmung reagierte, nicht nur ständig Sex mit seiner Frau wollte, sondern mit seiner ständigen sexuellen Erregtheit die Trauerzeremonien störte und schließlich einen sexuellen Übergriff beging. Solche klinischen Beispiele illustrieren das Grundprinzip, dass der Tod durch libidinöse Besetzungen bekämpft werden kann, ganz so als ob das Sterben durch die Zeugung von neuem Leben wettgemacht werden sollte.

Wie wir gesehen haben, stehen Liebesfähigkeit und das Verhältnis zum Tod in einem wechselseitigen Bezug zueinander, insbesondere mit zunehmendem Alter: Um mehr Liebesfähigkeit zu schaffen, muss man einen Zugang zur Angst vor dem Tod finden; um mit dem Tod umgehen zu können, muss man liebesfähig sein. Letzten Endes ist der Verlust der Liebesfähigkeit schlimmer als Tod, weshalb Somerset Maugham (zit. n. Barnes, 2008, S. 233) zu Recht meint, dass »die große Tragödie des Lebens« nicht darin bestehe, »dass Menschen sterben, sondern dass sie aufhören zu lieben«.

Umgekehrt kann man auch sagen, dass Menschen, wenn sie nicht mehr in der Lage sind, libidinöse Besetzungen vorzunehmen und Emotionen zu empfinden, so gut wie gestorben sind. Barnes (2008, S. 234) berichtet die

> »Geschichte von dem Mann, der einen Freund nach dem anderen zu Grabe trug und jedes Mal etwas weniger Kummer empfand, bis er schließlich gleichmütig in das Grab hinabschauen und es als sein eigenes ansehen konnte. Die Moral der Geschichte war nicht, dass das In-die-Grube-Schauen funktioniert, dass Philosophieren uns lehrt, wie wir sterben sollen; vielmehr war es eine Klage um den Verlust der Fähigkeit zur Anteilnahme, erst an Freunden, dann an sich selbst und schließlich sogar an der eigenen Auslöschung.«

»Wer nicht liebt, bleibt im Tod« heißt es im 1. Johannesbrief (3, 14), der mahnt, dass nur die Liebe den Menschen davor bewahre, seinen Bruder umzubringen. Doch man kann diesen Satz auch als Beschreibung des Menschen lesen, der keine Liebe hat und nicht lieben kann; er ist wie tot und bedroht auch andere mit dem Tod.

Im Sterben selber kann die Wichtigkeit, die die emotionale Besetzung der Objekte in der Welt hat, noch einmal ganz eindrucksvoll zutage treten. In dieser »Arbeit am Übergang«, wie de M'Uzan (1974, S. 194) diese psychischen Prozesse in Analogie zur Trauerarbeit nennt, in denen es darum geht, sich von allem Irdischen definitiv zu trennen, die Objekte loszulassen, kommt es regelmäßig zu einem »ungeheuren Beziehungsappetit«, einer »übersteigerten Leidenschaft«, in der die Liebesobjekte noch einmal »überbesetzt« werden. Der Sterbende richtet alle seine noch verfügbaren libidinösen Energien, den ganzen Rest seiner Lebenskräfte, auf die gerade verfügbaren Bezugspersonen, als ob sie die Bezugspersonen seiner Kindheit wären und auch deren Macht hätten, ihm in diesem Zustand der Not zu helfen. Diese »Erfahrung einer erstaunlichen libidinösen Expansion und eines gesteigerten Bindungsverlangens« (M'Uzan, 1996, S. 1050) des Sterbenden, die sich auf die Bezugspersonen richten, ist für die Bezugspersonen sehr berührend und zugleich sehr anstrengend und zum Teil nur schwer zu ertragen, weil sie angesichts dieser ungewohnten Intensität des Emotionalen befürchten, vom Sterbenden verschlungen zu werden, meint de M'Uzan.

Zu dieser ungewohnt intensiven Triebdynamik, der sich die letzten verbliebenen Begleitpersonen eines sterbenden Menschen oft entziehen wollen, gehört nicht nur die Angst vor dem Tod, sondern vielleicht auch die vor so viel Liebe in dieser intimen Situation mit dem Sterbenden. Hier handelt es sich um die Angst, die Intensität der in der nun endgültigen Triebentmischung freigesetzten Libido aushalten zu können, bis der Sterbende loslassen, die Beziehung zu den Objekten aufgeben und sich seinem Schicksal überlassen kann. Bis zuletzt gehe es darum, meint de M'Uzan, die Lebenstriebe zu unterstützen und Lebens- und Todestriebe zu verbinden und zu versöhnen. Nichts dürfe »den Trieb Schachmatt setzen, der allem Lebenden gebietet, sich ans Leben zu klammern […]; das heißt, psychisch zu leben, sich bis zur äußersten Grenze zu konstruieren« (M'Uzan, 1996, S. 1064).

Dabei kann man so weit gehen, das Objekt der Sehnsucht und der Begierde, jene Vorstellung, die über die längste Zeit des Lebens die libidinösen Kräfte zuverlässig zu mobilisieren vermochte, mit ins Grab nehmen zu wollen oder sie wenigstens als Grabmal zu verewigen und nahe bei sich zu wissen (Abb. 9).

Bei all dem geht es im psychoanalytischen Verständnis natürlich nicht nur um eine Frage der libidinösen Besetzungen, sondern auch der narzisstischen Besetzungen und der Bindungen: Weiß ich mich aufgehoben im Bewusstsein meiner Bezugspersonen? Verstehen diese vielleicht den Sinn des Ganzen, der mir verschlossen ist? Können diese etwas tun, um meine Angst zu lindern? Können sie mich im Sterben begleiten? Dazu gehört als

Abb. 9: Grabskulptur, Friedhof Nordheim, Zürich

tröstliche Fantasie die Vorstellung, der Tod würde nicht nur trennen, sondern Trennungen auch wieder aufheben, sodass man nach dem Tod mit verstorbenen Angehörigen wieder vereint sein kann. Zu unterscheiden ist hier allerdings zwischen reifen libidinösen Besetzungen und ängstlichem Sich-Anklammern.

Gelingt es dem gesunden Menschen, mit seiner Liebesfähigkeit die Angst vor dem Tod zu überwinden, so stehen dem im klinischen Sinn neurotischen Menschen aufgrund seiner dysfunktionalen psychischen Abwehrstruktur die Kräfte der Libido zu wenig zur Verfügung. Sein Umgang mit dem Tod führt, wie wir gesehen haben, nicht zu einer lebendigen Überwindung der Todesangst, sondern zu einer Erstarrung der Lebendigkeit in der Abwehr gegen die Tatsache des Todes. Deshalb kann es aufgrund des dialektischen Verhältnisses von Liebesfähigkeit und Todesangst paradoxerweise nötig sein, mit der Angst vor dem Tod mehr in Kontakt zu kommen, damit sich der auf primitiven Abwehrmechanismen beruhende und zu einer psychischen Erstarrung führende Umgang mit dem Tod verändern kann, sodass mehr Energie frei wird, die sich auf libidinöse Ziele richten kann. Der Weg aus dieser scheinbar blockierten Dialektik – Wie soll man mehr mit der Angst vor dem Tod in Kontakt kommen, wenn man doch alle libidinösen Ressourcen schon eingesetzt hat, um sich davon fernzuhalten? – führt zunächst über die (Weiter-)Entwicklung der Erfahrungen des Selbst mit seinen Objekten, also der im weitesten Sinn mit den narzisstischen Besetzungen und Bindungen angesprochenen Dimension.

Nicht nur in der Psychotherapie, sondern in jedem Leben geht es, wie wir gesehen haben, darum, der psychischen Erstarrung und dem Wiederholungszwang zu entgehen, um neue Entwicklungsaufgaben meistern zu können, die Libido wieder für neue Besetzungen zur Verfügung zu haben, die gegen neue, weil sich immer wieder wandelnde Erscheinungsformen des Todesthemas benötigt werden. Auch ohne Freuds Todestriebthese zu übernehmen, kann es aufschlussreich sein, alle Phänomene neurotischer oder nicht neurotischer Erstarrungen, Wiederholungen und Charaktersymptome als Residuen nicht bewältigter Todeserfahrung oder Todesangst zu untersuchen. So ergibt sich ein einfacher Suchpfad nach der Todesvorstellung an der Wurzel der Erstarrung und ein einfaches Lebensrezept, nämlich unfruchtbare Wiederholungen und Erstarrungen zu vermeiden und Möglichkeiten zu suchen, libidinöse Erfahrungen zu machen.

Sehr viele unserer uns selbstverständlich gewordenen Erstarrungen sind für uns gar nicht zu erkennen, weil sie unsere psychische Struktur sind, das geronnene Substrat unserer Erfahrungen, die wir brauchen, um neue Erfahrungen – eben auch durch Wiederholung – zu bewältigen. Die »Auswirkungen des Todes in der psychischen Entwicklung des Menschen reichen vermutlich – durch den Wiederholungszwang hindurch – bis in die verborgensten Wurzeln des Menschseins hinein« (Caruso, 1974, S. 196). So bewegen wir uns immer auf einer Gratwanderung von Struktur auf der einen Seite und Offenheit für neue Erfahrungen auf der anderen Seite, die in dem wechselseitigen Verhältnis stehen, dass wir unsere psychische Struktur brauchen, um konstruktiv neue Erfahrungen machen zu können, und dass wir neue Erfahrungen brauchen, um unsere psychische Struktur so weiterzuentwickeln, dass sie neuen Aufgaben zum Beispiel in neuen Lebensphasen gewachsen ist. In neobuddhistischer Diktion hört sich dieses Verhältnis von Struktur und Weiterentwicklung so an:

> »Wenn wir uns in der Zeit bewegen, sammelt sich der Staub von Erfahrungen, von Wissen, von gelebtem Leben, von Vergangenheit. Dieser Staub wird zu unserem Ego. Angehäuft, wird er zu einer Kruste um dich herum, die zerbrochen und weggeworfen werden muss. Man muss ständig baden, jeden Tag, genaugenommen in jedem Augenblick, damit diese Kruste niemals zum Gefängnis wird« (Osho, 2004, S. 72).

Sogar das, was einem gerade noch als mit viel Aufwand erreichtes Lebensziel und Schutz gegen die Gefahren des Lebens diente, kann sich ins

Gegenteil verkehren, wie Matthias Hirsch anhand der Symbolik des Hauses aufzeigt. Denn ist das Ziel erreicht, das Haus erbaut, die Geborgenheit im sicheren Heim erschaffen, birgt dies auch wieder eine Gefahr, denn nun drohen Erstarrung und am Horizont der Tod. »Möchte man sich im Haus selbst eine mütterliche Hülle schaffen, entdeckt man über kurz oder lang mit unheimlichem Gefühl, dass es auch den Charakter des Grabes annehmen kann« (Hirsch, 2006, S. 14).

Andererseits geht es aber auch nicht anders, als sich gegen den Tod und die Greuel draußen in der Welt abzuschirmen und immer wieder Subwelten zu erschaffen, Blasen, wie Peter Sloterdijk sagen würde, oknophile Refugien der Gemütlichkeit – wie in der Paarbeziehung oder der Familie – gegen Einsamkeit und Tod. Man muss seine gute Welt gegen das Schlechte errichten können, um in seiner guten Welt die guten, lebendigen, libidinösen Dinge tun zu können. Selbst solche Menschen, die in schönster philobatischer Manier die Welt durchstreifen und durchforschen und sich nicht davor drücken, sich mit den Auswüchsen des Bösen der Menschheit zu konfrontieren, brauchen ihre Refugien, ihre geschützten Räume und gegen das Sterben draußen abgegrenzten Blasen.

Wie zum Beispiel Sebastião Salgado, der jahrzehntelang die Welt bereist und die Schönheiten der Erde und das Leiden der Menschen fotografiert hatte. Zuletzt hatte er ausführlich den Völkermord in Ruanda dokumentiert, bis er emotional völlig erschöpft war und krank wurde. Er musste realisieren, dass er sich dieser ständigen Konfrontation mit den Grausamkeiten und dem Tod nicht mehr stellen konnte. Wieder gesund wurde er, als er sich einem neuen, ganz anderen Projekt zuwandte, nämlich dem, die durch die Erosion verwüsteten Ländereien seiner Familie in Brasilien wieder aufzuforsten, eine tote Gegend wieder lebendig zu machen. Darin fand er einen neuen Lebensinhalt. Er gründete zu diesem Zweck das *Instituto Terra* und schenkte das wiederaufgeforstete Gebiet den Brasilianern als Nationalpark. Außerdem startete er mit 60 Jahren ein neues fotografisches Großprojekt, das er *Genesis* nannte, in dem er alle die Gegenden der Welt, die der Mensch noch nicht verändert und zerstört hat – immerhin der größere Teil der Erde –, bereist und fotografisch dokumentiert. Er wandte sich ab von der Zerstörung und dem Tod, die die Menschen in die Welt bringen, um sich mit den Lebenskräften der Natur zu beschäftigen.

Die Libido kennt kein Ende, sie will immer weiter erzeugen und schöpferisch tätig sein. Aus ihrer Sicht, wenn man so sagen kann, besteht der Sinn des Lebens schlicht darin, Leben zu schaffen. Sie interessiert sich nicht dafür, was war, nur dafür, was werden kann, welche Zeitspanne noch vor einem liegt und was da noch möglich ist. »Den Menschen interessiert nicht – oder sollte zumindest nicht interessieren –, wieviel von seinem Leben vorüber ist, sondern nur, wieviel er noch zu durchleben hat«, meint Eissler (1955, S. 16) und leitet daraus auf den einzelnen Menschen bezogen die Frage ab: »[Z]u welchem Ausmaß an Strukturierung ist dieser Mensch noch fähig? Denn die Ausbildung von [neuen, J.G.] Strukturen als Tendenz des Lebens wird auf der psychischen Ebene ebenso wirksam wie auf der biologischen.«

Das Alltagsbewusstseins auch des älteren, nicht-depressiven Menschen mit seinem freien Zugang zur Libido ist von dem Gefühl geprägt, dass das Leben ewig weitergeht:

> »Das Leben benimmt sich, als würde es weitergehen und deshalb denke ich, dass es besser ist für alte Menschen, weiterzuleben und vorwärts zu schauen auf den nächsten Tag, als hätten sie noch Jahrhunderte zu leben, denn dann leben sie ordnungsgemäss. Aber wenn jemand ängstlich ist und nicht vorwärts schaut; dann schaut er zurück. Er verhärtet, er wird steif und er stirbt vor seiner Zeit. Aber wenn er weiterlebt wie bisher und nach vorwärts schaut zu dem grossen Abenteuer das ihm bevorsteht, dann lebt er. Und das ist alles was das Bewusstsein zu tun beabsichtigt. Selbstverständlich ist es offensichtlich, dass wir alle sterben werden, und dass dies das traurige Ende von Allem ist. Aber dennoch gibt es etwas in uns, das anscheinend nicht daran glaubt« (Jung, 1959).

Sinn

Da sich nicht das ganze Leben mit der möglichst unmittelbaren Erfüllung der libidinösen Wünsche ausfüllen lässt, stellt sich dem Menschen immer wieder mal die Frage nach dem Sinn des Daseins, die Frage: Wer bin ich und wozu bin ich da? Freud sah im Auftauchen dieser Frage eine Art Fehlermeldung, einen Hinweis auf eine depressive Störung, da die Psyche sich im Grunde darauf beschränken sollte, den Menschen liebes-, genuss- und arbeitsfähig zu halten:

> »Im Moment, da man nach dem Sinn und Wert des Lebens fragt, ist man krank, denn beides gibt es ja in objektiver Weise nicht; man hat nur einge-

> standen, dass man einen Vorrat an unbefriedigter Libido hat, und irgend etwas anderes muss damit vorgefallen sein, eine Art Gärung, die zur Trauer und Depression führt« (Brief vom 13. August 1937 an Marie Bonaparte, zit. n. Stroeken, 1998, S. 38).

Andere sehen in der Suche nach einem Sinn des Lebens ein menschliches Grundbedürfnis, das sich, wie wir schon gesehen haben, besonders in den Wendepunkten der Entwicklung wie Jugend, Krise der Lebensmitte und Alter manifestiert. Die drei Aspekte: libidinöse Besetzungen vornehmen zu können, einen Sinn im Leben zu finden und die Vergänglichkeit anzunehmen finden sich in Michael Hampes Formulierung wieder, dass die Aufgabe des Lebens darin bestehe, in der »zur Verfügung stehenden endlichen Lebenszeit mit Sinn vereinbare Intensitäten zu erzeugen« (2009, S. 111). Eine entscheidende Voraussetzung dafür sei, dass die Menschen sich »verendlichen«, das heißt erkennen, dass sie ihre Projekte und Sinnkonstruktionen innerhalb ihrer endlichen Lebenszeit gestalten müssen. »Nur wenn diese Verendlichung gelingt, wird der Tod nicht als die Zerstörung von etwas erscheinen, das eigentlich ›noch gar nicht begonnen hat‹« (ebd., S. 110).

Wenn der Mensch nicht früh genug damit beginnt, seine Lebensführung auf ihre Sinnhaftigkeit hin zu überprüfen und gegebenenfalls neu auszurichten, so wird der näher rückende Tod nicht nur als Gefahr erlebt, seinem Leben ein Ende zu setzen, sondern, viel schlimmer, einem Leben ein Ende zu setzen, das er nicht so gestaltet hat, dass er es als sinnvoll erleben konnte.

> »Das Übel bestünde darin, daß ich jetzt durch den Tod die Chance – die letzte Chance – verliere, meinem Leben Sinn – oder mehr Sinn – zu geben. Das würde erklären, warum der baldige Tod uns erschreckt, warum wir einen Aufschub wollen« (Tugendhat, 1996, S. 80).

Das sinnvolle Leben hat verschiedene Aspekte. Zunächst einmal den der Übereinstimmung mit den eigenen Ziel-Vorstellungen und Werten. Da diese oft jedoch sehr äußerlich und entfremdend sein können, geht es genauer darum, dass sie nicht Ausdrucksformen eines falschen Selbst sind, sondern eines authentischen wahren Selbst, um diese Unterscheidung Winnicotts zu benutzen. Es geht bei der Frage nach dem Sinn im Grunde um die Entwicklung des eigenen Selbst, den Individuationsprozess, wie ihn die Analytische Psychologie Jungs beschreibt. Bei diesem Weg zur Selbstverwirklichung des im Unbewussten des Individuums Angelegten handle es sich, meint Mertens (2014, S. 194), um »eine eminent spirituelle Erfahrung«, in der es darum geht, wie man sein Leben in Übereinstimmung mit seinen kreativen Möglichkeiten und Notwendigkeiten entfalten kann, ohne sich zu sehr von dem leiten zu lassen, was die Gesellschaft, Eltern, Lehrer, Werbung, ökonomische Zwänge, narzisstische Verführungen an einen herangetragen haben.

Die Befreiung von unpassenden Rollenübernahmen und Selbsteinschränkungen, die Entfaltung des wahren Selbst im Sinne Winnicotts, ist zugleich ein Weg zu größerer Lebendigkeit der ganzen Person: »Während ein wahres Selbst sich real fühlt, führt die Existenz eines falschen Selbst zu einem Gefühl des Unwirklichen oder einem Gefühl der Nichtigkeit« (Winnicott, 1960, S. 193). Das wahre Selbst hingegen ist »die Erfahrung des Lebendigseins« (ebd., S. 194) an und für sich, welche »von der Lebendigkeit der Körpergewebe und dem Wirken von Körperfunktionen, einschließlich der Herzarbeit und der Atmung« (ebd., S. 193) herrührt. Das wahre Selbst hat also einen direkten Zugang zu den primären Prozessen des Lebens, zum Primärprozess und zum Unbewussten.

Am einfachsten könnte es also sein, wenn man als Leitschnur für die Suche nach dem Sinn im Leben das Leben selbst nimmt und sich um das Lebendigsein kümmert, das eigene und das der anderen: »Das Leben ist für mich sinnvoll«, schreibt Tugendhat (1996, S. 83), »wenn ich mich einerseits nicht in den begrenzten Zwecken verliere, sondern mich auf das Leben selbst beziehe, und ich mir andererseits nicht, weil es mir leer erscheint, den Tod wünsche«.

Ein zweiter Aspekt der Sinnhaftigkeit des eigenen Lebens und der Entwicklung des eigenen Selbst hat damit zu tun, ob die eigene Existenz eine Bedeutung hat, ob mein Sein und mein Tun eine Wirkung haben und Spuren hinterlassen. Auch hier gibt es wieder ein weites Spektrum; dieses reicht von einem Leben in einer dem Lebendigen förderlichen und menschengemäßen Art bis hin zu narzisstischen Großtaten, die primär nur dazu dienen, dem eigenen falschen Selbst ein Denkmal zu setzen, das das eigene Ableben möglichst für ewig überdauern soll und deshalb schon selber den Anstrich von etwas Totem hat. Sinnvolles Tun setzt allerdings voraus, dass dafür auch andere Menschen und berufliche oder soziale Tätigkeiten zur Verfügung stehen, die wir für unser Selbstwertgefühl benötigen und die uns spüren lassen, dass wir nützliche Mitglieder unserer Gruppe oder Kultur sind. Doch viele Menschen sind einsam oder haben keinen Zugang zu einer sinnvollen Tätigkeit. Umso anfälliger sind sie für Depressionen, Konsum und von Fanatismus geprägte Ersatzangebote, die zugleich Sinn und intensives Erleben suggerieren.

Damit hängt der dritte Aspekt der Sinnkonstruktion zusammen, nämlich die Übereinstimmung der eigenen Vorstellungen über das Leben und die Welt mit denen der anderen Menschen, mit denen man den semiotischen Himmel, das kulturelle Bedeutungssystem, teilt. Das Sicherheits- und Selbstwertgefühl sinkt, wenn die Übereinstimmung mit den Anschauungen der Gruppe infrage gestellt wird. Deshalb ist der Ausstieg aus bestimmten Ideologien oder auch nur die Revision bewährter Anschauungen so schwierig, deshalb werden Abweichler wie todbringende Feinde bekämpft und oft durch den Ausschluss schließlich symbolisch tatsächlich getötet. Andererseits kann auch der Untergang einer Weltanschauung, Ideologie oder Religion, mit der man sein Leben verbracht und seine Sinnstruktur verknüpft hat, wie der Tod des eigenen Selbst erlebt werden. Verliert man sein Glaubenssystem oder wird man von der Glaubensgemeinschaft ausgeschlossen, so steht man dem Tod als Individuum ganz alleine gegenüber.

Das Vertrauen in das kulturelle Weltbild und das Gefühl, ein wertvoller Teil dieser kulturellen Ordnung zu sein, spielen für das Selbstwertgefühl eine wichtige Rolle. Der Wandel der Kultur mit dem Bedeutungsverlust, den die tradierten kulturellen Weltbilder dabei erfahren, schwächt also das Individuum. Gleichzeitig zeigen die bereits erwähnten sozialpsychologischen Experimente von Solomon et al. (2015), dass der Mensch, wenn er mit der Tatsache seiner Sterblichkeit konfrontiert wird, sich verstärkt an den konservativen, Sicherheit ausstrahlenden Elementen seiner Weltanschauung orientieren und festhalten will. Deshalb kann der Verlust der Sinnhaftigkeit des eigenen Weltbildes genauso zu Unglück und psychischer Krankheit beitragen wie der Verlust einer wichtigen Bezugsperson. Umgekehrt hilft gegen Angst vor dem Tod also auch, sich um die Integration der Menschen in eine sinnstiftende und der Vereinsamung entgegenwirkende Umgebung zu kümmern.

Prophylaktisch kann man sich jederzeit daraufhin befragen, wie es mit dem Sinn des eigenen Lebens steht, wieweit man sein wahres Selbst leben kann oder es hinter dem Schutzmantel des falschen Selbst verbirgt. Man kann sich ganz konkret fragen, was man in seinem Leben noch machen möchte, welches wichtige Ziele sind – in den nächsten Jahren, Monaten, Wochen, Tagen, heute, jetzt.

Den Tod denken

Dort, wo Leere und Sinnlosigkeit herrschen, will der menschliche Geist mit seinem Denken Bedeutung und Ordnung erschaffen. Gelingt es ihm, die Leere mit sinnhaft erscheinenden Symbolen zu füllen, den Tod denkbar zu machen, kann er die von der Leere ausgehende Angst reduzieren (vgl. Frommer, 2016). Dies kann der einzelne Mensch aber nicht für sich alleine schaffen, sondern nur im Austausch mit anderen, weil seine Welterklärungen nur dann eine überzeugende Gültigkeit haben können, wenn sie in einem größeren Sinn- und Bedeutungszusammenhang eingeordnet und damit zu einer überindividuellen, mit anderen geteilten Vorstellung werden. Zu diesem Zweck hat die Menschheit zu allen Zeiten ein Wissen zur Verfügung gestellt, zum Beispiel in ihren mythischen Überlieferungen, das dem Einzelnen dabei hilft, den Tod denkbar zu machen.

Dabei ist eigentlich klar, dass der Tod jedes Denken sprengen muss, dass er vom Denken höchstens annäherungsweise erfasst werden kann und dass es niemals eine Sicherheit darüber geben wird, was der Tod ist. Dies ahnt schon das Kind, wenn es dem magischen Denken entwächst und logisch zu überlegen beginnt. Man gerät mit dem Versuch, den Tod zu denken, unweigerlich an die Grenze der Möglichkeiten unseres bewussten, sprachlich-logischen Denkens. Am Ende bleibt ein offenes Rätsel, eine unlösbare Frage, der man sich vorübergehend entledigt, indem man sie in einer Blackbox unterbringt, deren Inhalt man nicht zu kennen braucht und mit der man zu leben versucht wie in der katholischen Kirche mit dem immer faszinierenden und nie aufgelösten Geheimnis des Wandels der Hostie und des Weins in das Fleisch und Blut Christi, jener magischen Transformation, die der Priester mit der Formel »Geheimnis des Glaubens« begleitet.

Doch letztendlich ist die Angst, die der Tod auslöst, unbeschreiblich und unerklärlich, weil der Tod selber immer rätselhaft und unbekannt bleibt und nicht in einer Form gedacht werden kann, wie wir andere Dinge denken können. Uns fehlt, wie schon Freud feststellte, eine innere Repräsentanz für diese Nicht-Erfahrung, die wir Tod nennen. Dort, wo wir den Tod denken können sollten, befindet sich zunächst einmal nichts, eine Leerstelle, ein Loch, das den Horror vacui begründet, den viele beim Versuch, den Tod zu denken, empfinden. Dass uns die psychische Repräsentanz für das, was der Tod ist, fehlt, stellt eine Quelle der Todesangst dar. »It is not as a known that death is feared, but rather precisely as an unknown« (Razinsky, 2013, zit. n. Frommer, 2016, S. 378).

So sieht sich der Mensch vor die Aufgabe gestellt, sich eine Vorstellung von etwas zu machen, für das er keine Vorerfahrung hat, weshalb er die Vorstellung vom Tod mit allen möglichen ähnlich anmutenden Erfahrungen verknüpft, wie wir im Kapitel über die Angst vor dem Tod gesehen haben. Je mehr kulturelle Vorstellungen zu seiner Verfügung stehen, je mehr Wissen er im Lauf seines Lebens über den Tod ansammelt und je mehr eigene Erfahrungen er in seiner Umgebung mit dem Tod und Sterben gemacht hat, desto besser kann er diese innere Repräsentanz des Todes ausgestalten und die bedrohliche Lücke füllen. Das könnte auch die Beruhigung der Todesangst nach Nahtoderlebnissen erklären: Menschen mit Nahtoderfahrungen haben eine Erfahrung mit dem Tod gemacht, ihn subjektiv schon erlebt, weshalb für sie die Leerstelle mit erfahrenem Wissen gefüllt ist und keine Quelle nicht beschreibbarer Angst mehr darstellt.

Wenn wir uns schon den Tod nicht vorstellen können, so behelfen wir uns doch damit, dass wir diese Lücke des Nichts-Wissens überspringen und an etwas glauben, was nach dem Tod kommen wird. Der Mensch, der an eine Ewigkeit oder irgendeine Art von Sein nach dem Tod glaubt, sei mit sich und seinen Urbildern in der Seele im Einklang, meinte Jung (Jaffé, 1980). Er hielt dies für hygienischer als das Beharren auf der Vernunft, die an solche Dinge nicht glauben kann – letzteres vielleicht ein Seitenhieb auf Freud, der aus seiner konsequent materialistischen Einstellung heraus solche Vorstellungen als billigen Trost verwerfen musste.

Es gibt viele schöne Denkfiguren, an die man gerne glauben möchte, etwa die der alten Philosophen, beispielsweise Platon, der den Körper als »Grab der Seele« sah und darum den Tod als Befreiung der Seele vom Körper, woraus Seneca schloss: »Bereite dich auf den Tod vor, das will besagen: bereite dich auf die Freiheit vor« (zit. n. Knischek, 2009, S. 393). Am besten können philosophische Weisheiten möglicherweise von Philosophen umgesetzt werden, wie im Beispiel von Simone de Beauvoir, die nach einem Fahrradunfall mit beinahe tödlichem Ausgang feststellte, dass dieser Vorfall ihre Todesangst reduzierte und die Einsicht ermöglichte, dass der Tod nichts sei, weil nach dem Tod die Person nicht mehr existiere, die diesen Tod erleben würde – ein Gedanke, den zuerst Epikur formuliert hatte, der meinte, weil im Tod Körper und Seele in ihre Bestandteile zerfallen, man also gar nicht mehr existent sei, gehe einen auch der Tod gar nichts mehr an.

Auch neobuddhistische Varianten solcher Gedanken würde man gerne für sich übernehmen, wie Oshos Versuch, den Tod als Nichts zu denken und ihm auf diese Art den Stachel zu ziehen: »Tod ist nicht etwas Vorhandenes, er ist nur die Abwesenheit von Leben. [...] Der Tod ist nur der Weggang von etwas; er ist nicht etwas, das zu dir kommt« (Osho, 2004, S. 13f.). Diese Betrachtungsweise kommt auch in Folgendem zum Ausdruck: »Es ist nichts weiter, als dass das Leben sich jetzt woandershin wendet« (ebd., S. 14). Doch natürlich kann auch der »Weggang von etwas« Furcht auslösen. Schopenhauer behalf sich mit dem Gedanken, »aller Menschen Leben und mein eigenes seyen nur Träume eines ewigen Geistes, böse und gute Träume, und jeder Tod ein Erwachen« (zit. n. Der Brockhaus, 2004, S. 303).

Der Mensch ohne Glauben muss sich an sein Leben oder seine Seele klammern, weil er im Tod sonst alles verliert. In einer traditionellen buddhistischen Sicht hat der Mensch hingegen nicht nur eine Vorstellung von dem, was nach dem Tod kommt, nämlich voraussichtlich die Wiedergeburt, sondern der Tod bietet ihm dann doch auch die Möglichkeit, sein letztendliches Ziel zu erreichen, aus diesem Kreislauf ewiger Wiedergeburten auszusteigen und die Befreiung im Nirwana zu finden. In diesem Sinne lässt sich in einer euphorischen Denkbewegung der Tod sogar mit seinem dialektischen Gegenteil, der Liebe, gleichsetzen: »Der Körper wird verschwinden, du, als getrenntes Einzelwesen, wirst im Ganzen aufgehen. Aber das ist die Sehnsucht der Liebe – die Liebe möchte sich auflösen, die Liebe möchte sterben, die Liebe möchte mit dem Ganzen eins werden. Sie möchte nicht getrennt bleiben« (Osho, 2004, S. 29). So gedacht steht der Tod plötzlich nicht mehr für die ultimative Trennung, sondern für die ultimative Erfüllung der Libido – der kleine Tod, la petite mort, ins Große gedacht.

Denksysteme, die eine Form des Lebens nach dem Tod oder der Wiedergeburt kennen, bieten nicht nur einen gewissen Trost oder auch eine Verheißung auf eine bessere Zukunft an, in der man sich zum Beispiel auf die Wiedervereinigung mit verstorbenen Angehörigen oder Vorfahren freuen kann. Vielmehr stellen sie auch Bedingungen, machen für das Leben wie für das Sterben bestimmte Vorgaben, die zu beachten sind, weil das Leben auf die Art des Sterbens und das, was danach folgt (ob man in den Himmel oder in die Hölle kommt oder als was man wiedergeboren wird), einen entscheidenden Einfluss haben wird. Deshalb ist auch die Idee der Reinkarnation für sich alleine genommen noch nicht sehr tröstlich. Denn das Karma, das durch die guten oder schlechten Taten im Leben entsteht, bestimmt darüber, ob man als Höllenbewohner, hungriger Geist, Tier, Dämon, Mensch oder Himmelswesen wiedergeboren wird (Muho, 2016, S. 160).

Jedenfalls bietet das Konzept der Wiedergeburt einen Rahmen, in dem man seine Existenz verorten kann: Man lebt zwischen zwei anderen Inkarnationen, und eines Tages, wenn man gewissermaßen reif dafür ist, diese Idee des Nichts auszuhalten, wird man erlöst und geht ein in das Nirwana. Die Verortung des Lebens zwischen einem Zustand vor und einem nach dem Leben ist auch für Epikur eine Denkhilfe, der das Nichtsein vor der Geburt und das Nichtsein nach dem Tod als Rahmen für das Leben sieht. Diese Idee, dass das Leben von etwas eingerahmt sei, meint Frommer (2016), schaffe einen Platzhalter für die Idee des Nichtseins, einen Container für die Angst vor dem Nichts; die Vorstellung von einem Zustand des Nichtseins impliziert zumindest, dass es nicht nur das Nichts, sondern auch einen dazugehörigen Zustand des Nichtseins gibt.

Noch besser ist es, wenn man sich den Zustand nach dem Tod als eine irgendwie geartete Wiederholung dessen vorstellen kann, was man nach der Geburt erlebte, also ein neues Leben. So betrachtete Jung das Ende des Lebens als eine »zweite Geburt, [...] welche nach aussen hin als Tod erscheint« (zit. n. Jaffé, 1980, S. 16). Das »sogenannte Leben« sei nichts als

> »eine kurze Episode zwischen zwei grossen Geheimnissen, das doch nur eines ist. [...] Ich habe gute Gründe anzunehmen, dass die Dinge mit dem Tod nicht zu Ende sind. Es scheint, als sei das Leben ein Zwischenspiel in einer langen Geschichte. Sie bestand schon, bevor ich war und wird höchstwahrscheinlich weitergehen, wenn das bewusste Intervall in einer dreidimensionalen Existenz zu Ende ist.«

Die Rahmung des eigenen Lebens und damit auch des eigenen Todes in einem größeren Zusammenhang wird Menschen mit einem religiösen Weltbild erleichtert. Aus der Sicht seiner Religion kann der Mensch eine Außenperspektive auf das eigene Leben einnehmen, sich über die Vorstellung triangulieren, dass es nicht nur ihn und sein Leben und seinen Tod gibt, sondern noch diesen größeren, über sein Individuum hinausgehenden Sinnzusammenhang, in dem dies alles eine bestimmte Bedeutung bekommt. Mit der Akzeptanz dieses größeren Bedeutungszusammenhangs wird zugleich die Bedeutung des eigenen individuellen Lebens und Sterbens herabgesetzt.

Heute bleibt für viele Menschen nicht mehr das eine religiöse Denksystem mit seinen spezifischen Anschauungen über den Tod, in das sie hineingeboren wurden und mit dem sie aufgewachsen sind, für das ganze Leben verbindlich. Immer mehr Menschen sehen sich vor die Wahl gestellt, ob sie ihr religiöses Bezugssystem behalten, aufgeben oder gegen ein anderes eintauschen möchten. Auf dem freien Markt der Sinnsysteme sucht sich dann jeder dasjenige aus, das am besten zu ihm passt; was Woody Allen zu dem Witz verführt, das Judentum würde mehr Kunden haben, wenn es wie das Christentum ein Jenseits hätte (im Film *Café Society*, 2016).

Zunehmender Attraktivität erfreuen sich östliche, insbesondere buddhistische spirituelle Systeme, die der dualistisch-zergliedernden Weltsicht des Westens eine integrative, ganzheitliche, kosmologisch umfassende Philosophie gegenüberstellen. Steht das Individuum mehr oder weniger auf sich allein gestellt und isoliert im Zentrum der westlich-dualistischen Sicht, so bekommt es in der östlichen Denkweise eine zugleich weniger wichtige und zugleich harmonischer in das kosmische Ganze eingebettete Position: indem sich die kosmischen Prinzipien im Individuum spiegeln, das Individuum Ausdruck des kosmischen Ganzen ist, ist das Individuum als Individuum zugleich ohne jede besondere Bedeutung und befreit vom Druck, etwas Großartiges, Besonderes sein zu müssen. Zwar offenbart sich die Wahrheit über alles – die kosmischen Zusammenhänge, in die jeder Mensch eingebunden und von denen er nur Ausdruck ist – im einzelnen Menschen selbst, etwa in der Meditation, doch führt dies zugleich zur Einsicht der bescheidenen Rolle, die das Individuum in Bezug auf das Weltganze spielt.

Mit der Überschreitung der gewohnten Grenzen unseres dreidimensionalen oder – wenn wir die Dimension der Zeit hinzunehmen – vierdimensionalen Denkens weiten sich die Vorstellungsmöglichkeiten ins Kosmische aus. Diese Öffnung und Überwindung der gewohnten Grenzen von Zeit und Raum ist eine im Älterwerden angelegte Tendenz, wie ich an anderer Stelle (Grieser, 2011) ausgeführt habe, mit der möglicherweise an eine zwischenzeitlich verschlossene n-dimensionale Erfahrungsmöglichkeit des Kindes wieder angeschlossen werden kann. Solche erweiterten Vorstellungsmöglichkeiten eröffnen natürlich auch neue Vorstellungsmöglichkeiten in Bezug auf die grundsätzlichen Fragen zu Leben und Tod.

Verändert sich unsere gewohnte Orientierung in Zeit und Raum, so ist dies mit Blick auf den Tod vor allem hinsichtlich der Dimension der Zeit von Bedeutung. Erinnern wir uns an Tugenhats Bild vom Leben als einer Wurst, die mehr oder weniger lang sein kann, aber immer einen Anfang und ein Ende hat – Vegetarier mögen das Bild einer Gurke bevorzugen – mit der Position des Subjekts in der Wurst, das den Tod immer vor sich, irgendwo in der Zukunft lokalisieren muss. Weil sich der westliche Mensch immer als ein Selbst in Entwicklung von einem Anfangspunkt zu einem Punkt in der Zukunft denkt, muss für ihn die Zeitdimension immer offenbleiben. »Wir können uns nur dadurch lebendig fühlen, dass wir unser Selbst in die Zukunft projizieren«, meint De Masi (2004, S. 74, übers. J. G.), und da steht der Tod früher oder später im Weg. Um dieses Dilemma zu lösen, braucht es ein Weltbild, das die Begrenzungen einer linearen Entwicklung in einem vierdimensionalen Raum aus den drei räumlichen und der zeitlichen Dimension transzendiert. Dafür sind spirituelle Konzepte, die Religionen und in der Moderne die theoretische Physik zuständig. Die »Religion rettet das Selbst, indem sie es in eine zeitlose Zukunft projiziert, in der der Möglichkeitsraum erhalten bleibt« (De Masi, 2004, S. 75, übers. J. G.).

Für diejenigen, die über kein metaphysisches Konzept verfügen, das über die Grenzen unseres gewohnten vierdimensionalen Raumzeit-Vorstellungsrahmens hinausführt, wäre mit dem Verlust der Welt unmittelbar auch jeder Sinn des Lebens verloren. Samuel Scheffler (2013) führt dies in einem Gedankenexperiment vor, in dem er danach fragt, was wäre, wenn der Mensch wüsste, dass die Erde 30 Tage nach seinem Tod durch die Kollision mit einem riesigen Asteroiden unterginge. Dann, so Scheffler, würde der Mensch das Interesse an allen Projekten und Tätigkeiten verlieren, die über diesen letzten Tag hinausreichen, und depressiv werden – abgesehen von jenen Menschen, die an ein Leben nach dem Tod in einer anderen Sphäre glauben und damit einen Standpunkt außerhalb der Erde und der Wurst, in der sie leben, einzunehmen in der Lage sind.

Scheffer will aus seinem Gedankenexperiment ableiten, dass der Mensch ein ihm innewohnendes Bedürfnis haben müsse, für die Zukunft nach seinem Ableben zu sorgen, weil das Überleben seiner Umwelt die notwendige Voraussetzung dafür darstelle, dass er sein eigenes Leben als sinnvoll erleben könne. Jedenfalls bewegen sich solche Überlegungen im Rahmen der westlichen linearen Zeitvorstellungen. Wie sich diese ändern können, wenn man die Dimensionalität des Raumes – und damit auch des psychischen Raumes – anders denkt, zeigen Albert Einsteins Gedanken, die er anlässlich des Todes eines Freundes niederschrieb:

> »Nun ist er mir auch mit dem Abschied von dieser sonderbaren Welt ein wenig vorausgegangen. Das bedeutet nichts. Für uns gläubige Physiker hat die Scheidung zwischen Vergangenheit, Gegenwart und Zukunft nur die Bedeutung einer wenn auch hartnäckigen Illusion« (zit. n. Evers, 2000).

Der westliche Mensch ist auf eine Zukunft hin orientiert, er entwirft sein Dasein auf die Seinsmöglichkeiten hin, die ihm die Zukunft bietet, meint Heidegger. Das Selbst ist deshalb nicht nur ein Produkt der Erfahrungen der Vergangenheit, sondern auch der Seinsmöglichkeiten in der Zukunft. Der Tod ist gleichbedeutend mit dem Abhandenkommen der Optionen der Zukunft. In der Depression, wenn die Lebendigkeit abhandenkommt und das Leben erstarrt, kann der Mensch denn auch keine Zukunft mehr für sich entwerfen. Der Heideggersche, mit einem linearen Zeitkonzept operierende Mensch sorgt für sich, indem er für seine Seinsmöglichkeiten in der Zukunft sorgt. »Die Sorge bildet die Schwerkraft des Heideggerschen Daseins. Sie läßt es ständig um sich kreisen« (Han, 2002, S. 73). Im Gegensatz dazu gehe es etwa im Zen-Buddhismus darum, diese Schwere des Sich-um-sich-Sorgens abzuwerfen und die Welt ohne Sorge in ihrem So-Sein wahrnehmen zu können.

Die Fähigkeit, als Bezugspunkt für das eigene Selbst die Dinge so wahrzunehmen, wie sie sind, anstatt ihre in der Zukunft liegenden Optionen anzupeilen, macht spätestens dann einen Unterschied, wenn es ganz konkret ans Sterben geht, denn:

> »Wer den Prozess des Sterbens, während er abläuft, nicht einfach betrachten kann, sondern versucht, wie er es gewohnt ist, an die Zukunft zu denken, befindet sich in einer katastrophalen Lage, weil er ja keine Zukunft mehr hat« (Hampe, 2009, S. 128).

Hier kommt der Mensch mit einem konventionell westlichen Raumzeitkonzept an die Grenze seiner Denkmöglichkeiten. Eine Lösung ist die Vorstellung von einer den Bedingungen der Raumzeitlichkeit enthoben Seele, wie sie die meisten Religionen kennen. Jung hatte sich Gedanken darüber gemacht, welche Voraussetzungen die Vorstellung von einer der Vergänglichkeit entzogen Seele braucht. Jung spricht zwar von der Psyche, meint aber wohl eher das, was wir unter Seele verstehen, wenn er den Gedanken vertritt, dass die Psyche nur teilweise und vorübergehend den Bedingungen der Raumzeitlichkeit unterworfen sei und deshalb »die Schranke der Raumzeitlichkeit auch durchbrechen« könne (Jung, 1934, S. 237). Damit stellt er die neurobiologische »Gehirnverhaftung der Psyche« in Frage und postuliert, »dass die Psyche zutiefst einer raumzeitlosen Seinsform teilhaftig sei und so mithin dem angehöre, was unzulänglich und symbolisch als ›Ewigkeit‹ bezeichnet wird« (ebd., S. 239). »Dass unser Anschauungsvermögen ganz und gar außerstande ist, sich eine raumzeitlose Seinsform zu imaginieren, beweist letzten Endes ja keineswegs, dass eine solche an sich unmöglich ist« (ebd., S. 238).

Im Hinduismus ist das Verhältnis der Individualseele »Atman«, also des individuellen Selbst im vierdimensionalen Raum, zur Weltseele »Brahman«, die weder Raum noch Zeit kennt, klar definiert. Die Individualseele Atman wird für eine beschränke Zeit Brahman entnommen, um sich am Ende wieder in Brahman aufzulösen. Brahman kennt überhaupt keine Dimensionen, Unterschiede oder Kategorien, Brahman ist das von Natur aus Seiende, ist Geist und immerzu Freude. »Das Brahman ist Fülle, ohne Anfang und Ende, unermeßlich, unveränderlich, ein Eins ohne ein Zweites. Nicht gibt es hier (in der Welt) etwas anderes« (aus Shankara: Das Kleinod der Unterscheidung, zit. n. Schumann, 2004, S. 20). Ebenso ewig ist im Grunde Atman, da es ja auch Brahman ist, nur nichts davon weiß. Doch ist Brahman das Reine, so ist Atman als konkrete materielle Realisation von Brahman immer schon dadurch verunreinigt, dass es Eigenschaften haben muss. Der unwissende Mensch kann Brahman nicht erkennen, lebt in einer Täuschung und bleibt solange im Kreislauf der Wiedergeburt gefangen, bis er dadurch erlöst wird, dass er die Einsicht gewinnt, dass Brahman und Atman, die Welt- und die Individualseele, eins sind.

Da es sich im Grunde bei allem nur um Erscheinungsformen der Weltseele Brahman handelt, kennt nichts einen Anfang und ein Ende, ist der Tod, die Wiederauflösung des individuellen Selbst zum allumfassenden Geist, nicht mehr als ein Wechsel des Zustands. Dieser kann erschwert und schmerzhaft werden, wenn sich der Mensch in seiner beschränkten Sichtweise an solche Täuschungen klammert, wie etwa, dass das Sein mit seiner Existenz in einem sterblichen Körper identisch und deshalb mit dem Tod zuende wäre. Geht man davon aus, dass die Seele als Teil des übergeordneten Weltgeistes bestehen bleibt, kann man wie Swami Rama schreiben:

> »Der Sterbeprozess an sich ist nicht schmerzhaft; er ist eher eine Veränderung der Gegebenheiten. Ungenügende Vorbereitungen und Bindungen verursachen die Schmerzen, die man im Moment des Todes erfährt. Man leidet, weil man nicht in der Lage ist, vollkommen loszulassen« (zit. n. Lommel, 2007, S. 337).

Eine intellektuelle Erkenntnis dieser Zusammenhänge ist nicht möglich, sie kann schlussendlich nur intuitiv auf einer Ebene geschehen, die weit mehr oder ganz anderes als das rationale Denken umfasst, welches immer auf einer Subjekt-Objekt-Spaltung basiert und vielleicht eine Richtung andeuten kann, der Erkenntnis der ganzheitlichen Zusammenhänge schlussendlich jedoch im Wege steht. Im Grunde geht es nicht darum, den Tod zu »denken«, sondern spirituelle Einsichten in das Wesen der Dinge zu gewinnen, die zugleich das Verhältnis des Selbst zur Welt neu organisieren. Auch im Buddhismus ist das Bewusstsein des Menschen von Täuschungen begrenzt, und es geht darum, Einsicht in die Existenz von etwas Größerem zu erlangen, das jenseits des individuellen Bewusstseins liegt, mit welchem das Bewusstsein zugleich jedoch auch wieder identisch ist. Der Zen-Meister Shunryu Suzuki beispielsweise bezeichnet das, was jenseits des Bewusstseins ist, als den Geist und beschreibt ihn als vollständige Offenheit, Ruhe und Stille, Abwesenheit der einstigen Inhalte des Bewusstseins: »Dann ist euer Geist ruhig, und er ist weit und klar genug, die Dinge zu sehen und zu fühlen, wie sie sind, und das ohne Anstrengung« (zit. n. Zwiebel & Weischede, 2015, S. 257).

Es ist klar, dass sich in einem solchen Welterleben, in dem die Raum- und die Zeitdimension andere Qualitäten haben, eine andere Haltung zum Tod entwickelt, die das Individuum anders betrifft als in den individualistischen Kulturen des Westens. Der Tod ist ein integraler Bestandteil des Lebens, und der Einzelne bleibt jederzeit eingebettet in einen größeren kosmischen Zusammenhang.

> »Aus östlicher hinduistischer, buddhistischer oder Sufi-Perspektive ist das Spirituelle ein Weg, sich auf die Welt in einem Gefühl der Verwandtschaft zu beziehen, ein Gefühl des ›Wir' […], ein Kontinuum liebender Verbundenheit – mit der Natur, der Kunst, Einsichten der Philosophie und Wissenschaft, mit lebenden Kreaturen und vor allem mit anderen Menschen« (Kakar, 2016, S. 399).

Das Spirituelle ist zweifellos stark in der Sphäre der nicht-trennenden, ganzheitlich-integrativen Erlebnisweisen zu verankern und setzt den Zugang zu Wahrnehmungs- und Erlebnisweisen voraus, die im Zuge des Erwachsenwerdens in einem dualistischen Weltbild vernachlässigt werden und oft verkümmert sind, wie das körpernahe Erleben und das Denken in Bildern. Der Säugling verknüpft seine zunächst rein körperlichen Wahrnehmungen mit damit einhergehenden Affekten und Bildern, dann auch mit den dazugehörigen Beziehungserfahrungen. Dieses sensumotorisch verankerte, in der Psychoanalyse als primärprozesshaft bezeichnete Denken ist bildhaft, symbolisch, intuitiv, ganzheitlich und imaginativ – ähnlich dem Träumen. Neben dem primärprozesshaften Denken, das weder den Regeln einer sprachlichen oder einer rationalen Logik folgt, entwickelt sich im Laufe der Zeit ein anderes, das sekundärprozesshafte Denken. Dieses uns vertraute bewusste Denken des erwachsenen Menschen wird dem primärprozesshaften Denken in Bildern abgerungen und ist an die Sprache gebunden.

Das imaginative Denken in Bildern und das im Realen angesiedelte konkrete Denken in sprachlichen Begriffen stehen in einer wechselseitigen Beziehung, wie Sartre beschrieb (in der Formulierung von Klemm, 2002):

> »Wir können konkret nur dank dem bildhaften Denken und den Vorstellungen denken, und wir können unsere Vorstellungen und Bilder nur dank dem begrifflichen Denken beschreiben und reflektieren. Über das Imaginäre kann der Mensch die Realität übersteigen, das Imaginäre beflügelt unsere Gedanken und suggeriert Freiheit und Kreativität.«

Ab der Kindheit wird das sekundärprozesshafte rationale Denken von der Kultur favorisiert und einseitig zu Lasten des primärprozesshaften Denkens gefördert und weiterentwickelt. Früher oder später – spätestens in der Auseinandersetzung mit der Frage nach dem Sinn des Lebens und dem Tod – können wir aber an die Grenzen unseres dualistisch-rational organisierten Denkens geraten und suchen dann wieder nach dem Zugang zu einer anderen Logik, einem ganzheitlicheren Denken, wie es dem primärprozesshaften Denken in Bildern und mit körperlicher Einbettung zu eigen ist, das tiefere und integrierendere Erfahrungen ermöglicht. Durch die – am besten gezielte und disziplinierte – Anwendung von Techniken und Übungen suchen nicht nur Mystiker den Zugang zu den primärprozesshaften Erlebnisweisen der frühen Kindheit partiell wieder zu öffnen und kontrolliert zu ihrer Verfügung zu haben. Eine disziplinierte, in den Rahmen etwa einer rituellen Praxis oder einer Lehrer-Schüler-Beziehung eingebettete Annäherung an solche entgrenzten Zustände wird empfohlen, um nicht in der Regression auf kindliche Erlebnismodi von Angst überflutet und psychotisch zu werden.

> »Vielleicht könnte man es so ausdrücken: Das Baby ist zuerst ein Mystiker, es weiß es nur nicht. Dann kommt die Repräsentanz der Erfahrung, das ›*wenn, dann*‹, das ›*nachher*‹ und ›*vorher*‹, die Sprache und die (subjektive) Zeit. Mystiker stellen durch elaborierte Techniken wieder Verbindung zu diesem

> Urzustand der Ich-Auflösung her – den man mit Winnicott [...] vielleicht besser als Zustand der Nicht-Integration bezeichnen sollte – und nützen ihn« (Lempa, 2015, S. 47).

Östliche Philosophien messen der Einsicht in die Vergänglichkeit allen Seins einen besonderen Wert bei und versprechen, eine solche Einsicht würde die Bedeutung des Todes für den Einzelnen relativieren. Gerne nimmt der Mensch des Westens diese Botschaft an, doch oft ohne sich wirklich dieser Erkenntnis der Vergänglichkeit seines Daseins auszusetzen. So wird das oberflächliche neobuddhistische *Denken* auch nur zu einer Variante intellektualisierender Verleugnung, anstatt über eine andere *Erfahrung* den Weg zu einer alternativen Perspektive in Bezug auf das vergängliche Selbst in der Welt zu eröffnen.

Die Schlichtheit der buddhistischen Bilder und Metaphern, wie etwa der Vorstellung, dass der Tod nur die Tür zu einem anderen Leben sei, vermag nur dann zu mehr als einem oberflächlichen Trost, einer Kalenderblattweisheit, die weniger Denkhilfe als Denkhemmung bedeutet, zu taugen, wenn man wirklich ausführlich über das eigene zukünftige Gestorbensein nachgesonnen hat und dieses zu akzeptieren bereit ist. Denn wie jedes Bild ist auch das vom Tod als Tür zu einem anderen Leben vieldeutig und doppelbödig: was, wenn es sich um eine Doppeltüre handelt und man dazwischen stecken bleibt?

»Den Tod denken« – wenn das Denken hier wirklich helfen soll, so erfordert es viel mehr als rein kognitives Denken, nämlich umfassendere psychophysische Erfahrungen des Selbst im Verhältnis zum Tod einerseits und der Einbettung in ein kosmologisches Sinnsystem andererseits. Im Denken alleine wird eine Antwort auf das Problem des Todes nicht zu finden sein, zumal es beim Tod ja um das Jenseits der Symbolisierbarkeit geht. Die kognitiven Konstruktionen, da muss man sich nichts vormachen, sind tröstlich am Tag. In der Nacht, wenn man alleine ist und die Abwehr geschwächt, dann verliert das Gerüst aus Gedanken an Kraft, die Ängste nehmen überhand und man sieht den Tod, um hier Jungs Formulierung aufzugreifen,

> »als das langsame und unaufhaltsame Näherkommen jener schwarzen Wand, welche alles, was ich liebe, wünsche, besitze, hoffe und erstrebe, verschlingen wird, dann verkriechen sich die Lebensweisheiten in ein unauffindbares Versteck, und Angst fällt auf den Schlaflosen wie eine erstickende Decke« (Jung, 1934, S. 230).

Betrachten wir deshalb noch einmal genauer, wie der Mensch zu hilfreichen und wirklich tröstlichen Vorstellungen kommt, wie er sich diese erschafft. Entwicklungspsychologisch gesehen beginnt dies im Säuglingsalter, wenn das Kind erste Erfahrungen damit macht, dass es allein gelassen wird und die erwünschte Reaktion der Umwelt nicht zeitnah kommt, die Mutter gerade einmal nicht zur Verfügung steht. Hier kommt das Kind unter Umständen, wenn die Abwesenheit der Bezugsperson zu lange dauert oder die Befriedigung des Bedürfnisses zu unangemessen erfolgt, in eine existenziell bedrohliche Situation. Dann behilft sich das Kind damit, dass es, wie von Winnicott beschrieben, ein Übergangsobjekt oder Übergangsphänomene erfindet, einen bestimmten Gegenstand oder vielleicht auch bestimmte Laute oder Bewegungen zu für es wichtigen neuen bedeutungsvollen und tröstlichen Elementen in seinem Leben erhebt. Das Kind erlebt diese Phänomene als seine eigenen Kreationen, selbst wenn ihm jemand anders den Schnuller oder das Plüschtier hingehalten hat.

In der weiteren Entwicklung weitet das Kind diese kreative Fähigkeit, die ihm ermöglicht, den potenziell lebensbedrohlichen Zustand und die Angst zu bewältigen, die die vorübergehende Trennung von der Bezugsperson bedeutet, auf andere Phänomene aus. Übergangsobjekte müssen nun nicht mehr an etwas Materielles gebunden sein, sondern auch Vorstellungen und Symbole und damit das Denken eignen sich als übergangsobjekthafte Kreationen des Kindes dazu, vorübergehende Unterbrechungen in der Regulierung seiner lebensnotwendigen Bedürfnisse zu überstehen und zu verstehen. Doch sollte beim Kind diese Zeit, in der es sich alleine fühlt und auf die Rückkehr der Bezugsperson wartet, eine bestimmte Zeitspanne nicht überschreiten, ansonsten verliert auch das Übergangsobjekt seine magische Kraft.

Man kann also sagen, dass das Denken des Menschen wie das Übergangsobjekt die Lücke füllt, die ursprünglich die Abwesenheit einer Sicherheit und das Überleben garantierenden Person auslöste. In dieser Tradition ist auch mit dem Projekt, den Tod denken zu können, eine Hoffnung auf die tröstliche, beruhigende magische Wirkung des Übergangsobjekts verbunden. Doch was nun diesen Versuch betrifft, die Lücke des Todes mit Denken zu füllen, so ahnen wir, dass uns in dem Moment, in dem wir dem Tod wirklich gegenübertreten, unser Denken nicht mehr helfen wird. Der Moment des Todes könnte sich so ähnlich anfühlen wie der Moment, bevor der Säugling sein allererstes Übergangsobjekt (er-)fand. Als er noch nichts davon wusste, dass es Übergangsobjekte gibt; als er sich in einem Zustand vollständiger Verlassenheit und Leere befand, in dem ihm das Schlimmste drohte – seine Vernichtung.

Diese Situation kann als Modell für spätere Erfahrungen dienen, wenn der Mensch einer existenziellen Bedrohung ausgesetzt ist und kein symbolisches Bezugssystem oder keine Bezugsperson zur Verfügung hat, die in der Lage sind, ihm in der Bewältigung seiner Angst zu helfen. Weil die sprachlich-symbolischen Übergangsobjekte – die Gedanken – angesichts einer Erfahrung, die jenseits von allem ist, was das sprachlich organisierte Denken zu fassen vermag, an die Grenze ihrer Wirksamkeit kommen, kann sich der Mensch in der Konfrontation mit dem Tod in einer analogen Situation wie damals als Baby vor der Erfindung seiner Übergangsobjekte wiederfinden. Wieder, wie damals als Baby, benötigt er nun Übergangsobjekte, die auch jenseits des sprachlichen Denkens funktionieren. Hilfreich sind nun deshalb alle gelungenen Vorerfahrungen mit Situationen, in denen anderes als der Versuch seines Geistes, Lücken mit sprachlich repräsentierten Gedanken zu füllen, zu einer Lösung führte.

Eine Erfahrung dieser Art kann man, um im Bereich der östlichen spirituellen Techniken zu bleiben, in der Meditation machen. Wenn der Meditierende versucht, sich von seinen Gedanken zu lösen, wird er damit konfrontiert, wie schwer es ist, auch nur für einen Moment diese Gedanken loszulassen und sich zunächst einmal der körperlichen Erfahrung, zum Beispiel der Atmung, zuzuwenden. Sein Geist will sich unablässig mit Gedanken beschäftigen, statt sich einfach der Erfahrung und den unerwarteten Bildern, die auftauchen könnten, zu öffnen. Und wenn solche Wahrnehmungen oder Bilder auftauchen, will sich sein Denken sofort wieder dieser Erfahrung bemächtigen. Der Meditierende sieht sich immer wieder vor die Aufgabe gestellt, auf dieses automatisch ablaufende Denken zu verzichten, einen Schritt von den Gedanken zurückzutreten. Tut er dies, so weiß er noch nicht, ob er im nächsten Moment dafür auch etwas bekommen wird: Für kurze Zeit befindet er sich in einer Lücke, in der er nicht weiß, wie es weitergeht, ähnlich jener Lücke, in der das Kind sein Übergangsobjekt nicht findet oder in der es ans Sterben geht – analoge Erfahrungen, wenn auch in homöopathischer Dosierung. Erst im nächsten Moment – nach dieser Lücke – erfolgt der Wechsel in einen anderen Zustand, tritt das Neue ein, das an die Stelle des gewohnten Denkens tritt, und der Meditierende kann vielleicht über die Konzentration auf den Atem ganz in den eigenen Körper gelangen und die Erfahrung machen, ganz bei sich zu sein. Dieser Moment kann als ein kleiner Moment der Freiheit erlebt werden, wenn man, in buddhistischer Formulierung, das Anhaften an die Gedanken für einen Moment überwunden hat und erkennt, dass es ein Selbst und ein Leben hinter der Welt der Gedanken gibt und dass das Selbst nicht nur ein sprachliches oder körperliches ist, sondern noch weitere Dimensionen umfasst.

So kann die Übung der Meditation dem, der sie ausführt, den Anhauch einer Ahnung davon vermitteln, wie sich vielleicht der Übergang in etwas anfühlen könnte, in dem die gewohnte Konstruktion der eigenen Identität über das Descart'sche »cogito ergo sum« nicht mehr trägt. Man kann auch direkt über den Tod meditieren, indem man sich der basalen körperlichen Erfahrung der Atmung bedient und sie mir der Vorstellung verknüpft, dass das Leben nach der Geburt mit dem Einatmen beginnt und mit dem Ausatmen im Tod endet. Das Einatmen erzeugt Spannung, das Ausatmen führt zu Entspannung, aber schlussendlich auch zum Tod, was dazu passt, dass viele Menschen nicht richtig ausatmen können und ihre Atmung deshalb flach ist oder sie gar hyperventilieren. Konzentriert man sich ganz auf das Ausatmen und überlässt dem Körper das Einatmen, so eröffnet dies einen inneren Raum, man erfährt ein Gefühl der Stille, des inneren Friedens und der Egolosigkeit. Die Pause zwischen Ausatmen und Einatmen, wenn weder Atem noch Bewegung da ist, kann als Andeutung einer Todeserfahrung betrachtet werden. Indem man sich dieser Erfahrung stellt, kann man erleben, dass an diesem Ort des Nicht-Atmens, des kleinen Todes, etwas Neues passieren kann, das sich wie eine Öffnung oder Entspannung anfühlt. Die mit dieser somatopsychischen Erfahrung verbundene Suggestion ist natürlich, dass der Tod leicht sein könnte, weil er mit dem letzten Atemzug Entspannung bringt.

Die Mühe, die der Meditierende immer wieder hat, auf die Gedanken, die er als Teil von sich erlebt, zu verzichten, zeigt, mit welcher Kraft der Geist am Denken festhalten will. Angesichts des realen Todes wird ihm dies jedoch nicht mehr helfen. Ein zentraler Baustein der Entwicklung der psychischen Struktur besteht aus psychoanalytischer Sicht in der Entwicklung der Fähigkeit zur Symbolisierung, und diese wird schwerpunktmäßig als sprachliche Fähigkeit gedacht. In verschiedenen Formen der Meditation – und natürlich auch in vielen anderen auf nicht-sprachliche Erfahrungen ausgerichteten, auch körpertherapeutischen Praktiken – geht es hingegen darum, diese in sprachliche Symbole geronnenen Vorstellungen von sich und der Welt zu transzendieren und Wahrnehmungen zu ermöglichen, die nicht von den Begrifflichkeiten unseres Denkens limitiert sind, sondern diese erweitern, vertiefen und differenzieren können. Dabei kommt man auch frühesten Erfahrungen aus der vorsprachlichen Zeit nahe, wie der des Babys auf der Suche nach seinem ersten Übergangsobjekt.

In der buddhistischen Grundhaltung wird in der Meditiation der Weg weg von den Gedanken hin zur körperlichen Erfahrung gesucht. Dabei kann der Meditierende auch die Erfahrung der Vergänglichkeit des eigenen Körpers machen, »aber jetzt nicht als Gedanke, sondern als direkte Erfahrung. Der Meditierende macht die Erfahrung, dass er mitten in der Veränderung sitzt, ja, er selbst diese Veränderung ist« (Zwiebel & Weischede, 2015, S. 251). Nicht die Gedanken über die Vergänglichkeit, sondern die Erfahrungen mit ihr können Teil eines Trauerprozesses sein; sie können den Menschen dazu befähigen, die Verleugnung der Vergänglichkeit aufzugeben und das Leben im Hier und Jetzt zu vollziehen und zu genießen. Wenn die Trauerarbeit geleistet werden kann, wie dies Freud im schon erwähnten Aufsatz über die Vergänglichkeit beschrieben hatte, kann das Subjekt die Libido von den verlorenen Objekten abziehen und sie auf neue Objekte verschieben; mit zunehmender Erfahrung immer mehr im Wissen, dass auch diese neuen Objekte dem Gesetz der Vergänglichkeit unterworfen sind. Deshalb ist, wie wir immer wieder gesehen haben, die Fähigkeit, zu trauern, insofern eine wichtige Basiskompetenz für die psychische Entwicklung, als Entwicklung auch immer mit Veränderung, Verlust, Vergänglichkeit und Tod zu tun hat. In diesem Sinn, meinen Zwiebel und Weischede (ebd., S. 252), können »Meditation wie Psychoanalyse als Wege der Trauerarbeit aufgefasst werden«.

Für die Meditation und ähnliche Erfahrungen gilt allerdings, dass diese nur dann hilfreich sind, wenn der Mensch über eine einigermaßen gefestigte psychische Struktur verfügt. Bei Menschen mit strukturellen Störungen kann die vorübergehende Lockerung der Symbolisierungsfunktion und des Erlebens des eigenen Selbst pathologische regressive Prozesse auslösen. Deshalb sollte zuerst das eigene Selbst gefestigt sein, bevor man seine Grenzen auflöst und es infrage stellt. In den Worten des Meditationslehrers Jack Engler: »You have to be somebody before you can be nobody« (zit. n. Keller, 2013, S. 18).

Das Gleiche gilt für den alternden Menschen angesichts des näherkommenden Todes mit seinem Bedarf nach Überarbeitung und Erweiterung seines Weltbildes und nach Transzendenz. Nur hat der psychisch beeinträchtigte alternde Mensch zwar die Wahl, zu meditieren oder nicht zu meditieren, aber nicht die Wahl, zu sterben oder nicht zu sterben. Die

Auseinandersetzung mit dem näherkommenden Tod ist ab einem gewissen Zeitpunkt nicht einfach über eine lineare Vermehrung des Wissens und der Begrifflichkeit möglich, sondern nur über eine Infragestellung der bisherigen Modi von Symbolisierung, was strukturell gestörte und traumatisierte Menschen im Alter vor große Probleme stellen kann. Sie haben besonders große Schwierigkeiten, ihre bisherigen Symbolisierungsmethoden und psychischen Funktionsweisen an die neuen Herausforderungen anzupassen. Ihnen fällt es schwer, das bisherige Wissen loszulassen und infrage zu stellen, auch eine Neugier und Freude daran zu empfinden, zunehmend wieder mehr eine Position des Nicht-Wissens einzunehmen.

Hatte man sich in jungen Jahren vorwiegend in der Position des Nicht-Wissens erlebt, die dann allmählich durch eine Haltung des Noch-nicht-Wissens ersetzt wurde, so finden viele Menschen im mittleren Lebensalter genug Gründe dafür, sich nun als Wissende zu erleben und diese Position auch gebührend als Erfolg zu genießen und zu zelebrieren. Doch mit dem Alter beginnen dann unweigerlich bestimmte Gewissheiten, sich wieder aufzulösen; im günstigen Fall, bei einer nicht so neurotischen Persönlichkeitsstruktur, kann man es sich dann erlauben, wieder eine von Neugier getragene Haltung des Nicht-Wissens zu entwickeln und von einer zunehmenden Position der Weisheit aus das Wissen wieder infrage zu stellen und sich wie in der Jugend in bestimmten Fragen erneut als Anfänger zu fühlen. Was den Tod angeht, ist schließlich jeder ein blutiger Anfänger.

Between the Forest and the Trees

Die grob als zweite Lebenshälfte zu bezeichnende Lebensphase verändert das Denken über den Tod. In der ersten Hälfte nach Abschluss der Jugend steht der Mensch »mit beiden Beinen im Leben«, ist der Realität zugewandt, an Fakten orientiert, baut sein Leben, seine Karriere, seine Familie auf. In der zweiten Hälfte des Lebens, der eigentlichen Individuation im Sinne Jungs, wendet er sich dann der reflexiveren Auseinandersetzung mit sich und der Weiterentwicklung seines Selbst zu, dem »Werde, der du bist« des griechischen Philosophen Pindar. Je älter er wird, desto mehr Anlass hat er, in einer reflektierenden triangulierenden Position sich selber und der Welt gegenüber Einsichten nicht nur über sich, sondern auch über das Wesen der Dinge zu gewinnen und neben seinem Alltagsbewusstsein eine ontologische Weltsicht (Heidegger) zu entwickeln, eine Wahrnehmung der

Welt, des Lebens und des Seins und ein Staunen darüber, dass diese so sind, wie sie sind.

Schritte zu einer Sicht auf das große Ganze gehen oft damit einher, dass man das, was man immer schon sah, nun – plötzlich oder in einem allmählichen, fast unbemerkten Übergang – anders sieht. Wo man früher nur Bäume sah, sieht man plötzlich einen Wald, oder umgekehrt. Je älter man wird, desto weniger muss es um einen selber und den Wald oder die Bäume gehen, es kann mehr um das Verhältnis der Bäume zum Wald oder des Waldes zur Zukunft gehen. Je besser man mit dem Älterwerden in der Lage ist, als Betrachter eine dezentrierte Position einzunehmen, desto besser kann man die Welt auch ohne sich selber denken. Man ist dann nur noch der Betrachter; die Bäume und der Wald werden vermutlich noch eine Zeit lang weiter existieren, wenn der Betrachter selbst nicht mehr sein wird.

Doch in der zweiten Lebenshälfte schwankt man mit seinen Sichtweisen ständig hin und her, das Leben geht weiter und die Perspektive der Vergänglichkeit und des Seins an und für sich und ohne mich wird immer wieder verlassen und wieder neu eingenommen. Die Fähigkeit, die Perspektive zu wechseln und beide Bilder zu sehen, das Leben und den Tod gleichzeitig zu denken, erzeugt einen Widerspruch. Die dabei auszuhaltende Spannung ähnelt im Grunde der, die wir bei der Betrachtung von Kippbildern wie dem von der jungen Frau und der alten Hexe empfinden. Wir fühlen uns vielleicht besser, wenn es uns gelingt, die alte Hexe auszublenden und nur die junge Frau zu sehen, aber doch treibt uns die Neu-

Abb. 10: Kippbild

gier immer wieder dazu, auch das unerfreulichere Bild der alten Frau zu suchen. Auf der Suche nach der Vervollständigung unserer Wahrnehmung wenden wir uns dann aber von diesem wieder weg, um erneut die junge Frau in den Blick zu bekommen.

Nach einem ähnlichen Prinzip funktionieren die Bilder des Malers Andrew James Ward, die er in einer Ausstellung unter dem Titel *Between the Forest and the Trees* zeigte. Je nachdem, welche Perspektive man einnimmt, kann man in seinen Bildern die im Vordergrund dargestellten Objekte als festen Gegenstand oder als Netzwerk mit einer lebendigen Struktur wahrnehmen. Beides ist wahr. Bei der Position *zwischen* dem Wald und den Bäumen handelt es sich um eine dritte Möglichkeit, die überhaupt nicht weiter zu definieren ist. Sie repräsentiert vielleicht die Leerstelle, die unser Denken zu füllen versucht und die immer kurz als Moment der Spannung wie ein irritierendes Flirren wahrnehmbar wird, bevor wir uns wieder der Sicherheit des einen oder des anderen Begriffs zuwenden.

Mal sehen wir nur das Leben, dann nur den Tod, beides in eine Wahrnehmung, in einen Gedanken oder Begriff zu integrieren, ist schwierig. Doch für die längste Zeit unseres Lebens genügt es, wenn wir beides getrennt voneinander wahrnehmen können, die alte Hexe Tod und die junge Frau Leben, und vielleicht gelingt es uns zu einem bestimmten Zeitpunkt, aus dem Paradox des Kippbildes von Leben und Tod die Einsicht in die Gleichzeitigkeit dieser Pole abzuleiten, zu verstehen, dass diese im Grunde nicht linear nacheinander angeordnet sind, sondern, weil sie einander bedingen, immer auch gleichzeitig vorhanden sind: »Leben und Tod [...] existieren gleichzeitig, nicht in Folge; der Tod surrt ständig unterhalb der Membran des Lebens und übt einen großen Einfluss auf die Erfahrung und das Verhalten aus« (Yalom, 1980, S. 45).

Dem alternden Menschen bietet sich die Möglichkeit und stellt sich die Notwendigkeit, einen Schritt weiterzugehen und sich mit der dritten Position auseinanderzusetzen, der Leerstelle »between the Forest and the Trees«, wobei die Grenzen des gewohnten Denkens zu überwinden sind. Im altindischen Modell des dritten Lebensalters der Vanaprastha, der »Waldeinsiedelei«, zieht sich der Mensch zu diesem Zweck nach der Familienphase, wenn sich seine Kinder abgelöst und am besten schon eigene Kinder haben und er die Verantwortung für sein Haus der nächsten Generation übertragen hat, »in den Wald«, in einen Ashram, zurück um sich den spirituellen Fragen zuzuwenden: »Wirf ihn ab, den Stolz auf Familie und Sippe, Persönlichkeit [...] und Lebensstellung, die (nur) deinen le-

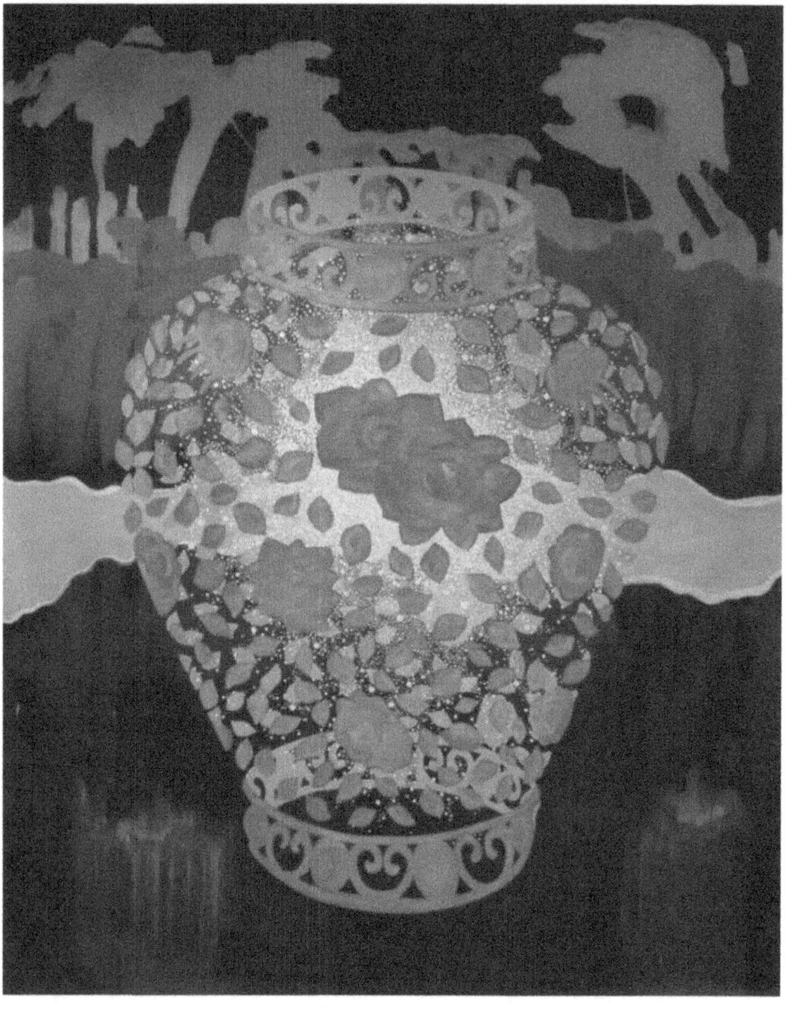

Abb. 11: Andrew James Ward, Yellow River Vase, 2014, Oil on Canvas. Private collection Switzerland, Courtesy Galerie Andres Thalmann, Zürich. Copyright by the Artist.

benden Leichnam (d. h. deine Körperlichkeit) betreffen« (Shankara: *Das Kleinod der Unterscheidung*, zit. n. Schumann, 2004, S. 21). In diese Tradition, sich aus dem Getriebe des Lebens zu Meditation und Lektüre über die Grundfragen des Seins in den Wald zurückzuziehen, stellt sich auch der

Psychoanalytiker Sudhir Kakar, wenn er das letzte Kapitel seiner Lebenserinnerungen mit der Überschrift »Rückzug in den Wald« (Kakar, 2011) versieht.

Nun kann die Einsicht in die Tatsache, dass alles sterblich und vergänglich ist, die »zentrale Täuschung« des bisherigen Lebens aufheben, die darin besteht, »dass der ständige Wandel als Ausdruck einer grundlegenden Vergänglichkeit nicht erkannt wird« (Zwiebel & Weischede, 2015, S. 66). Die ontologische Erkenntnis, dass alle Menschen diesem gleichen Gesetz der Vergänglichkeit unterworfen sind, den Grundtatsachen des Lebens und der Natur gleichermaßen unterstehen, beinhaltet zugleich das Potenzial, die Kluft und Distanz zum anderen Menschen wieder aufzuheben, die in der Kindheit aus der erschreckenden erstmaligen Einsicht in die eigene Sterblichkeit resultierte.

Das Nachdenken und Meditieren über das Selbst und die Welt kann aber auch noch einen Schritt weiterführen, über den Tod hinaus zur Frage, ob vielleicht das eigene Selbst nur ein Trugbild, eine Annahme ohne jede Gewissheit ist – dieses Selbst oder Ich, das sich all diese Gedanken macht, um den Gedanken an den Tod zu bewältigen. Dies könnte nun die Grundlage des Denkens selber in Frage stellen und, wie David Loy meint, aufzeigen, dass hinter unserer Unzufriedenheit mit dem Leben eine Verdrängung steht,

> »die noch unmittelbarer als die Todesfurcht ist: der Verdacht, daß ›Ich‹ nicht wirklich bin. Das Selbst-Gefühl ist nicht selbst-existent, sondern eine mentale Konstruktion, die ihre Grundlosigkeit als Mangel erlebt. [...] So ist unser problematischer Dualismus nicht das Leben, das den Tod fürchtet, sondern ein fragiles Selbst-Gefühl, das nach den Auffassungen des Buddhismus seine eigene Grundlosigkeit fürchtet. [...] [S]o lange wir durch den Mangel angetrieben werden, wird jedes Begehren zu einem klebrigen Anhaften, das die bodenlose Grube zu füllen versucht« (Loy, 2000, zit. n. Zwiebel, 2009, S. 1016f.).

Das Anhaften an Vergänglichem ist im Buddhismus eine der Gewohnheiten, die der Mensch zu überwinden hat, um sich zu befreien.

Je nach Weltanschauung ist es nicht nur wichtig, im Leben mit dem richtigen Denken den Tod zu bewältigen; auch im Sterben selber kann es für das weitere Schicksal der Seele noch entscheidend sein, in welchem geistigen Zustand man stirbt. In buddhistischer Sicht stellt der Moment des Todes »eine höchst machtvolle Gelegenheit zur Reinigung von Karma dar« (Rinpoche, 2002, S. 269). Wenn man aber aufgewühlt und verzweifelt stirbt, so kann dies schädliche Auswirkungen haben:

> »Die letzten Gedanken und Gefühle vor dem Tode haben eine äußerst machtvolle, bestimmende Wirkung für unsere allernächste Zukunft. [...] [D]er letzte Gedanke, die letzte Emotion kann dann, unverhältnismäßig verstärkt, unsere gesamte Wahrnehmung überschwemmen. Darum betonen die Meister auch stets, wie wichtig zur Zeit unseres Todes die Qualität der Atmosphäre ist, in der wir uns befinden. Wir sollten daher für unsere Freunde und Verwandten alles in unserer Macht Stehende tun, um positive Emotionen, gute Gefühle wie Liebe, Mitgefühl und Hingabe zu inspirieren, und ihnen helfen, ›Greifen, Sehnen und Anhaften‹ aufzugeben« (ebd., S. 270).

Ein materialistischer Rationalist kann dies für Humbug halten und daraus die Konsequenz ziehen, dass es schlussendlich egal ist, wie man stirbt, danach ist man ja einfach tot. Leiden kann gemildert werden, dann wird das Sterben leichter, darüber hinaus gibt es nichts zu denken und bedenken. Falls aber der materialistisch Denkende damit doch falsch liegen würde und die traditionellen Sitten und Gebräuche seiner Kultur voreilig und fälschlicherweise über Bord geworfen hätte, würde er ein böses Erwachen aus seinem Irrtum erleben. Dieser wäre etwa vergleichbar mit der lange gehegten Vorstellung, es mache Säuglingen und kleinen Kindern nichts aus, wenn man sie im Krankenhaus nicht besucht, man erspare ihnen damit sogar Trennungsschmerzen. Diese Ansicht musste revidiert werden, als die frühen Bindungen erforscht, das Hospitalismussyndrom beschrieben und erkannt wurde, dass im impliziten Gedächtnis solche Erfahrungen als traumatische Erinnerungen aufbewahrt werden und das ganze spätere Leben prägen. Ein weiteres Beispiel für solch einen Irrtum ist die Idee, Patienten in der Narkose würden nichts davon mitbekommen, was das medizinische Personal während der Operation spricht.

Der Rückzug in die Wälder am Ende des Lebens dient also der Vorbereitung des Geistes und der Gedanken im Interesse eines guten Sterbens. Die Seele will am Ich oder am Körper anhaften, nicht loslassen; ihr beim Loslassen zu helfen ist die Aufgabe der Menschen, die den Sterbenden begleiten. Dazu, dass sich die Seele von dem Körper lösen kann, den sie bewohnt hat, soll zuletzt auch die Zeremonie der Bestattung beitragen; in den Worten eines westlichen Hindu-Priesters: »Die Seele hat sich ein Leben lang mit dem Körper identifiziert, und sie braucht Zeit, um zu realisieren, ›ich bin wirklich tot, ich muss jetzt loslassen‹« (Schregenberger, 2017).

Den Tod richtig zu denken, ist also eine Aufgabe über das ganze Leben bis zu seinem Ende. Dieses Denken ist nur teilweise rational, es enthält viele dem bewussten Denken gar nicht zugängliche körperliche Anteile, früheste Beziehungserfahrungen, Sinnesqualitäten aller Art. Es soll bis ins Sterben hinein die Ängste des Menschen kompensieren und den Zerfall seines Selbst verhindern. Auch wenn dem Einzelnen in westlichen Kulturen heute auf dem freien Markt die freie Wahl von materialistischen über spirituelle bis hin zu orthodox-religiösen Sinnsystemen offen zu stehen scheint, so greift man am Ende vielleicht doch wieder auf die tröstenden Vorstellungen der Religion zurück, in die man als Kind hineingewachsen war. Denn diese ist mit den frühesten Erfahrungen auf verschiedenen, insbesondere nicht-verbalen Sinneskanälen assoziiert: der Atmosphäre im Gotteshaus, den Bildern, Gesängen, Gerüchen und den kraftvollen Geschichten der Überlieferung mit ihrem märchenhaften Charakter.

Es gibt ja auch keinen Zwang, sich auf ein System zu beschränken; so praktizieren im asiatischen Raum viele Menschen pragmatisch zwei widersprüchliche Religionen. Man kann auch aus westlicher Sicht ein Stück weit Religion und Zen-Buddhismus kombinieren. Japaner können christliche oder shintoistische Rituale und buddhistische Bräuche nebeneinander befolgen, sich in der Vorstellungswelt zweier gegensätzlicher Religionen bewegen – im Todesfall wird alles bemüht, was dem Toten und den Hinterbliebenen nützen könnte:

> »Kein Japaner versteht Religionszugehörigkeit als etwas Ausschließliches. Monotheismus steht nicht sehr hoch im Kurs. Die Religionen verhalten sich eher so wie die Speisen auf einem bunt gedeckten Esstisch: Eine Schale mit Miso-Suppe, dazu mehrere Teller mit Schnitten mit rohem Fisch, leicht gedünstetes Gemüse, Tofu, Frittiertes, ein kleiner Salat, auch ein wenig Fleisch, gekocht oder gebraten, in Salz eingelegter Rettich« (Muho, 2016, S. 75).

Als Allen Ginsberg einmal Leonard Cohen fragte, wie er sein Judentum mit dem Zen-Buddhismus vereinbaren könne, dem er sich zugewandt hatte, antwortete Cohen, er sei nicht auf der Suche nach einer neuen Religion, er sei mit der, die er habe, zufrieden. In der jüdischen Religion hatte er Gott, im Zen-Buddhismus, der keinen Gott kennt, eine meditative Praxis. Cohen hatte sich für Jahre ins Zen-Kloster zurückgezogen und sich zum buddhistischen Mönch weihen lassen, was ihn nicht daran hinderte, in seinen Songs bis zuletzt – und zuletzt immer intensiver – mit seinem immer sehr alttestamentarisch wirkenden Gott Zwiesprache zu halten, mit dem jüdischen Gott seiner Kindheit.

Der Titelsong von Cohens letzter CD *You want it darker*, die er, von Krankheit schon schwer gezeichnet, im Bewusstsein seines bevorstehenden Todes einspielte, endet mit dem Refrain »Hineni Hineni/I'm ready, my Lord«. »Hineni« ist Hebräisch, bedeutet so viel wie »Hier bin ich!« und verweist auf die Geschichte von Abraham und Isaak, in der Abraham dreimal »Hineni« sagt. Die Geschichte von Abraham und Isaak ist die der Begegnung mit dem Tod und mit Gott, der hinter dem Tod steht: Gott hatte Abraham schon auferlegt, seinen Sohn Ismael in die Wüste und damit in den Tod zu schicken, wo Gott ihn dann zuletzt doch noch rettete; und nun verlangt Gott von Abraham, seinen einzigen verbliebenen Sohn Isaak zu töten, was Abraham auch ohne zu Zögern zu tun bereit ist, er hat schon das Messer in der Hand. Doch Gott schickt einen Engel, der Isaak rettet. Die verstörende Geschichte – vor allem, wenn man sie als Kind zum ersten Mal und dann immer wieder im Zuge der jüdischen oder katholischen religiösen Unterweisungen hört – enthält eine rätselhafte Botschaft, die sich jenseits der Alltagslogik bewegt, oder auch die Antwort auf ein Rätsel, dessen Lösung immer offenbleibt. Die Macht Gottes ist dort am größten, wo es um das Existenziellste, um den Tod, geht. Die scheinbare Willkür oder Grausamkeit Gottes, der den Menschen einer solchen Prüfung unterzieht, soll dazu dienen, die Bindung des Menschen an Gott und sein Vertrauen in Gott – gerade auch angesichts des Todes und dies auch aus der Perspektive des Kindes Isaak und aller anderer Kinder, die mit dieser Geschichte aufwachsen – zu stärken. Damit der Mensch dann am Ende des Lebens, wenn Gott ihn wirklich sterben lässt und zu sich ruft, voller Vertrauen antworten kann: »Hineni Hineni/I'm ready, my Lord.«

Cohens Beziehung zum Zen-Buddhismus fällt zu einem guten Teil mit seiner Beziehung zu seinem Meister Kyozan Joshu Sasaki Roshi zusammen, den Cohen immer nur »Roshi«, »alter Meister«, nennt. Die Beziehung zu einer Weltanschauung ist oft nicht zu trennen von der Beziehung zu den Personen, Lehrern, Meistern, die einem diese Weltanschauung vermittelt haben, weil die hilfreiche und sicherheitsspendende Wirkung der Weltanschauung die Fortsetzung der hilfreichen Beziehung zu Menschen darstellt, die zunächst einmal mehr wussten als man selber, die also Elternfiguren sind. In der Projektion der elterlichen Autorität auf Priester und Götter scheint es dem Unbewussten dann so, als käme die vom Meister vermittelte Wahrheit schlussendlich von Gott. Ist der Meister nicht mehr da, kann die Beziehung zu der von ihm vertretenen Weltanschauung – oder auch das System dieser Weltanschauung selber – ins Wanken geraten und zu Spaltungen, Revisionen oder ihrem Untergang führen.

Zweifellos hatte Cohen, dessen Vater im Alter von 52 Jahren starb, als Cohen neun Jahre alt war, in Roshi eine Mentor- oder Vaterfigur gefunden, mit der er über Jahrzehnte in Beziehung stand und die ihm mit seinen Depressionen Zuflucht bot, bis Roshi im Alter von 107 Jahren starb. Die Mischung von spiritueller Praxis des Zen-Buddhismus und Orientierung in der hilfreichen Beziehung zu einem Meister wird in folgender Aussage Cohens deutlich, die vielleicht als Witz, vielleicht als Zen-Paradoxon, vielleicht als Wahrheit gemeint ist: Das Mönchsgewand habe er, sagt Cohen, einfach deshalb getragen, weil dies die Uniform in Roshis Schule gewesen sei. Wäre Roshi Physikprofessor an der Universität Heidelberg gewesen, so hätte er Deutsch gelernt und wäre zu Roshi nach Heidelberg gezogen (nach Remnick, 2016).

Ob einem die Veränderung der Einstellung zum Tod und zur eigenen Weltanschauung per se, ohne Einbindung in gelebte Erfahrungen und Beziehungen, dazu verhelfen kann, die Angst vor dem Tod zu verlieren, kann bezweifelt werden. Doch kann sie vielleicht die Lust am Leben fördern, so wie Abt Muho – auch ein Mann des Westens, der zum Buddhismus fand – die Frage, ob der Buddhismus ihm geholfen hat, die Angst vor dem Tod zu überwinden, so beantwortet: »Nein, er hat mir Mut zum Leben gegeben!« (Muho, 2016, S. 150)

Formen der symbolischen Unsterblichkeit

Um das eigene Leben zu überleben, muss man die Grenzen des eigenen Selbst überschreiten. Lifton (1979) beschreibt fünf verschiedene Formen dieser Suche nach Überwindung des Todes durch die Transzendierung der Grenzen des Selbst als fünf Modi der symbolischen Unsterblichkeit:

- einen biologisch-generativen Modus in der Vorstellung vom genetischen oder auch kulturellen Fortbestehen in seinen Nachkommen, der Familie oder der Gesellschaft;
- einen religiösen Modus mit dem Glauben an ein ewiges Leben oder an Erfahrungen von erlebter spiritueller Verbundenheit mit einer höheren Macht;

- einen schöpferischen Modus mit der Idee, in den eigenen Kreationen, dem eigenen Werk, weiterzuleben;
- einen auf die Natur als überdauernde Umwelt – »grenzenlos in Zeit und Raum« – bezogenen Modus (S. 35);
- und einen Modus der »erfahrenen Transzendenz«, des Staunens und der Ehrfurcht vor der Schöpfung, des mystischen oder ekstatischen Erlebens.

Letzteres hatte, wie wir gesehen haben, Freud mit dem Erleben »der Unbegrenztheit« (1930a, S. 425) gemeint, als »Eins-Sein mit dem All« beschrieben und als »Wiederherstellung des uneingeschränkten Narzißmus« (ebd., S. 430) kritisiert.

Solche Vorstellungen der Transzendenz zu entwickeln, fällt dem rationalen, materialistisch orientierten Menschen der Moderne nicht leicht. Einerseits »gibt es nichts, was dem Menschen größere Befriedigung verschafft als die Beteiligung an Prozessen, welche die eigene individuelle Lebensspanne überdauern« (Gotthard Booth, nach Pallasmaa, 2013, S. 41). Doch andererseits verfügt der gebildete Mensch der Gegenwart über eine Menge naturwissenschaftlich begründeter Hinweise darauf, dass der eigenen Existenz vielleicht kein weiterer Sinn als Selbsterhaltung und Fortpflanzung innewohnen könnte, dass das Leben

> »sich im leeren Raum entfaltet, dass unser Planet eines Tages in eisiger Stille umhertreiben wird und dass die Menschheit, wie sie sich in all ihrer hektischen und überkonstruierten Komplexität entwickelt hat, völlig verschwinden und niemand sie vermissen wird, denn da ist niemand und nichts, was uns vermissen kann« (Barnes, 2008, S. 235).

Diese Erkenntnis zu bewältigen, meint Barnes, gehöre zum Erwachsenwerden.

Aus der Existenz in der Blase einer eigenen Familie gedacht, ist der Gedanke, dass etwas von einem in dem überleben kann, was man den eigenen Kindern hinterlässt, die naheliegendste und konkretistischste Variante einer Transzendierung des eigenen Selbst über den Tod hinaus. Einen Großteil des Lebens war die Familie der Ort intensiver Beziehungen und sinnstiftender libidinöser Erfahrungen, in ihr entstanden die Kinder als Unsterblichkeitsprojekte ihrer Eltern. Bringt man im sozialpsychologischen Experiment Menschen ihre eigene Sterblichkeit ins Bewusstsein, so verstärkt dies ihren Kinderwunsch (Solomon et al., 2015, S. 153). Wer seinen Kindern nichts Materielles hinterlässt, hat ihnen doch seine Werte und Haltungen vermittelt und kann sich in ihnen tradiert vorstellen. Dabei kann es sogar um den Umgang mit dem Sterben und dem Tod gehen, wie eine Krebspatientin Yaloms (2008, S. 135) herausfand:

> »Ich habe beschlossen, dass es trotzdem etwas gibt, das ich noch zu bieten habe. Ich kann ein Beispiel dafür abgeben, wie man stirbt. Ich kann für meine Kinder und meine Freunde ein Modell sein, wie man dem Tod mit Mut und Würde begegnet.«

Man kann versuchen, die eigene Lebendigkeit an die Hinterbliebenen zu vererben, um dadurch in ihnen weiterzuleben, wie der dänische Widerstandskämpfer Kim Malthe-Bruun, der im Alter von 21 Jahren noch kurz vor Ende des Zweiten Weltkriegs hingerichtet wurde. Malthe-Bruun versucht, seine Freundin Hanne in seinem Abschiedsbrief mit eindringlichen Worten davon zu überzeugen, nun nicht in Trauer um ihn zu verharren, sondern lebendig zu bleiben. Ihre Lebensfreude und Lebendigkeit seien gerade das, was ihre Person und auch ihre Beziehung ausgemacht habe, und im Dienste dieser Lebendigkeit solle sie es sich auch nicht versagen, ihr Glück nach seinem Tod mit einem anderen Mann zu suchen:

> »Du bist für mich der Inbegriff alles lebendigen Lebens. Ich möchte Dir alles Leben einhauchen, das in mir ist, damit es sich auf diese Weise fortsetzen kann und so wenig wie möglich von ihm verlorengeht, so verlangt es meine Natur einmal« (Malthe-Bruun, 1955, S. 180).

Zweifellos ist dies auch ein Beispiel für eine beschleunigte Persönlichkeitsentwicklung angesichts des bevorstehenden Todes, ebenso wie bei den erwähnten krebskranken Kindern.

Eine Haltung der Generativität nicht nur dem eigenen Nachwuchs gegenüber, dafür zu sorgen, dass etwas weitergeht, dass man der nächsten Generation etwas Lebendiges hinterlassen kann, ist eine der wichtigsten Quellen für Sinn und Zufriedenheit für den alternden Menschen und ein Weg zur Transzendenz der eigenen Existenz. Salgados Projekt der Wiederaufforstung der durch Erosion zerstörten Ländereien in Brasilien ist ein Beispiel dafür. Auch wenn im eigenen Leben große Veränderungen vielleicht nicht mehr möglich scheinen, so kann man doch Dinge an die nächste

Generation weitergeben, auch wenn durch die Beschleunigung des Kulturwandels das Wissen der Alten immer schneller wertlos zu werden scheint.

Weiterleben kann man im eigenen Werk, in seinen Taten oder in den Kreationen, die man hervorgebracht hat. Es gibt Menschen, die dies auf narzisstische Weise sehr bewusst gestalten, ihren Nachruhm und ihren Platz in der Geschichte schon zu Lebzeiten selber einrichten und einzunehmen beginnen, wie dies Ernst Bloch am Beispiel des alten Goethe beschreibt: »Solche Objektivierung hat die eigene Existenz in der Tat aus der Vergänglichkeit entfernt; noch das Leben erscheint dann als Werk, und das Werk erscheint als Entronnenheit« (Bloch, 1959, S. 1368). In dieser bewussten Gestaltung dessen, was man in der Welt hinterlassen will, muss das eigene Werk unbedingt vollendet werden, um dann wie ein Monument an der Stelle des eigenen Selbst in der Nachwelt einen möglichst prominenten Platz einzunehmen.

Auch Shakespeare führt in *Viel Lärm um nichts* (2001, S. 177) »ein uraltes Sprichwort« an, das besagt, dass man sich selber um seinen Nachruhm kümmern solle: »Wer sich heutzutage nicht zu Lebzeiten selbst sein Denkmal baut, ist vergessen vor dem letzten Schlag der Totenglocke und der letzten Träne seiner Witwe.« Doch für unsere schnelllebige Zeit heute erscheint es mehr als fraglich, ob auf diese Strategie, sich im eigenen Ruhm oder Werk im Gedächtnis der Nachlebenden lebendig zu halten, noch Verlass ist. So meint der inzwischen verstorbene Autor und Mitherausgeber der Frankfurter Allgemeinen Zeitung, Frank Schirrmacher, auf die Frage, wie er seinen Nachruhm einschätze, desillusioniert: »Es gibt keinen Applaus, kein Résumé. Es gibt die Anerkennung nicht, die unsere Eltern uns eingeredet haben und der wir hinterherlaufen« (Müller, 2014).

Der moderne Mensch, behauptet ein anonymes Zitat an der Wand des Museu Europeu d'Art Modern in Barcelona, wisse nicht mehr, was das Wort Ewigkeit bedeutet und könne sich nicht mehr vorstellen, dass man seinem Werk erst hundert Jahre später applaudieren wird.[6] Er wolle den Applaus für sich selber, und zwar sofort und nicht erst nach seinem Tod:

> »What modern man has completely lost is the desire for permanence. His works no longer aspire to last eternally, but simply to fulfill their small, limited, momentary vision of the instant. Modern man does not understand –

6 Will man den Urheber dieses Satzes ausfindig machen, stößt man auf den Direktor des Museums, José Manuel Infiesta.

too obsessed with himself – the meaning of the word eternity. He wants it to be he himself, personally, who wants to exhaust all the creative possibilities that were previously conceived in centuries, he wants it to be he himself who enjoys the applause which before only arrived after death.«

Fehlt dem modernen Menschen tatsächlich die Langzeitperspektive, kann er sich nicht vorstellen, erst nach seinem Tod die Anerkennung zu bekommen, die er heute begehrt, so hat er Schwierigkeiten, in der kreativen Metamorphose ganz in sein Werk aufzugehen – will er doch immer auch übrigbleiben, dableiben, um den Ruhm persönlich entgegenzunehmen. Die Forderung, den Nachruhm schon zu Lebzeiten zu genießen, steht diesem anderen Aspekt der Transzendierung des eigenen Selbst im Werk entgegen, nämlich der kreativen Entäußerung des Selbst in das Werk, der Metamorphose des Schaffenden in sein Werk. Von dem sich in seinem Schaffensrausch ganz in sein Werk auflösenden Autor, Künstler, Komponisten, Architekten oder Erfinder geht ideell alles in sein Werk über und wird gerettet; das Feuer wird im Werk weitergetragen, wie es Nietzsche formulierte, während der Schaffende selber als ein bedeutungsloses Häufchen Asche zurückbleibt, dem man nicht nachtrauern muss.

Ganz in diesem Sinne malt sich Sartre in seinem autobiografischen Roman *Die Wörter* (1964) sein Ableben als einen Übergang in zeitlosen Ruhm aus. In seinem Werk würde er der ihn peinigenden Vorstellung entgehen, so bedeutungslos enden zu müssen, wie er begonnen hatte, »irgendwo, irgendwie, so daß dieses blasse Sterben bloßer Reflex sei meiner blassen Geburt. Meine Auserwählung veränderte alles« (S. 110). Als Schriftsteller würde er sein eigenes Selbst als Verwirklichung seiner Größenfantasien konstituieren, er »würde endlich *anders* werden, anders als ich, anders als die anderen, anders als alles« (ebd, kursiv i. O.). Sartre würde sich unsterblich machen, nicht »aus Freude am Schreiben, sondern um diesen unsterblichen Teil in Wörter zu verwandeln«. Seine Knochen verwandeln sich zu Leder und Pappe, sein »Papierfleisch riecht nach Kleister und Druckerschwärze«. Sein Bewusstsein zerbröckelt: »[U]m so besser. Andere Bewußtseine haben mich in sich aufgenommen, man liest *mich*, ich bin in aller Munde« (ebd., S. 111, kursiv i. O.).

»Gemächlich ging ich meinem Ende entgegen und besaß nur so viele Hoffnungen und Begierden, wie notwendig waren, um meine Bücher damit zu füllen, wobei ich sicher war, dass das letzte Empfinden meines Herzens seinen

> Niederschlag finden werde auf der letzten Seite des letzten Bandes meiner Werke und daß der Tod bloß einen Toten hinwegnehmen würde« (ebd., S. 122).

Am Ende dieser megalomanen Vision hofft er, sagen zu können, dass das »Zauberkunststück glückte: ich begrub den Tod im Leichentuch des Ruhmes, ich dachte nur noch an den Ruhm, aber niemals an den Tod, ohne zu bemerken, daß die beiden eine Einheit bilden« (ebd., S. 111). Sartre beschreibt hier schön, wie sogar das Schreiben über den Tod zur Bekämpfung des Todes eingesetzt werden kann.

Der Schriftsteller oder Künstler, »welcher sein besseres Selbst in Werke geflüchtet hat«, meint Nietzsche (1878, S. 171f.), könne »eine fast boshafte Freude« darüber empfinden, dass er damit dem Tod ein Schnippchen geschlagen hat. Er muss zwar dabei zusehen, »wie sein Leib und Geist langsam von der Zeit angebrochen und zerstört werden«, tut dies aber, »als ob er aus einem Winkel einen Dieb an seinem Geldschrank arbeiten sähe, während er weiß, daß dieser leer ist und alle Schätze gerettet sind«. Nikos Kazantzakis lässt seinen Ulysses sagen, man solle so vollständig leben, dass man dem Tod nichts hinterlasse als ein »ausgebranntes Schloss« (zit. n. Yalom, 1980, S. 147).

Auch wenn dieses romantische Konzept der Selbstauflösung des Künstlers in seinem Werk nicht jedermanns Sache ist, so kann doch in jedem Fall das kreative Schaffen zu neuen Einsichten und Ideen führen, die den Zugang zu einer überindividuellen Wahrheit ermöglichen, zur Offenbarung von jenseits der Grenzen des eigenen Selbst und der eigenen Zeit liegenden Zusammenhängen. So bestand ja auch die klassische Funktion der Kunst darin, allgemeine Wahrheiten des Lebens und religiöse Sachverhalte darzustellen und dem Betrachter zu offenbaren.

Je unsicherer es wird, dass das Werk Bestand haben und Nachruhm generieren wird, desto mehr kann es darum gehen, dem Tod damit seinen Schrecken zu nehmen, dass man sein ganzes kreatives und Lebenspotenzial auszuschöpfen versucht, um sich ganz zu individuieren. Man kann dies mit Rank auch als eine Art Heilungsprozess betrachten, als Weg, auf dem der Mensch dann sein »seelisches Heil« erlangt, wenn er »seine volle Schöpferkraft dem Leben und der Lebensgestaltung zuzuwenden vermag«, um »das volle Glück der Persönlichkeitsschöpfung« zu erreichen (Rank, 2000, S. 360).

Mit jedem kreativen Schritt, mit jedem Werk, das einem gelingt, setzt man dem Tod, der ja das Ende aller Kreativität darstellt, etwas entgegen, auch wenn einen jeder Satz, jeder Pinselstrich und jedes Werk dem Tod wieder ein Stückchen nähergebracht hat. Wie Yalom (2008, S. 188) es formuliert: »Der Akt des Schreibens an sich schenkt einem ein Gefühl von Erneuerung.« Sind Unterbrochenheit und Fragmentarität das Mal des Todes, wie Han (1998, S. 159) sagt, so ist jedes Verbinden und Gelingen ein Sieg über den Tod.

Dieser Sieg kann in einem maniformen Schaffensrausch oder in einer kontrollierten, fast meditativen Grundhaltung geschehen, wie sie beim Schweizer Maler Hans Erni anzutreffen ist. Erni wird in einem Interview anlässlich seines 106. Geburtstages gefragt, wie sich sein Leben zwischen dem 95. und 106. Lebensjahr verändert habe (Erni, 2015):

Erni: »Konkrete Veränderungen kann ich keine nennen. Denn ich bewege mich im Strom meiner Arbeit. Der Auseinandersetzung mit meinen Stoffen gilt meine alleinige Aufmerksamkeit. Je näher ich der Vollendung meiner Kunst zu kommen versuche, desto mehr kleine Schwierigkeiten entdecke ich, die ebendiese Vollendung immer wieder hinausschieben und mich ständig vor neue Herausforderungen stellen.«

Interviewer: »Hat Zeit noch Bedeutung für Sie?«

Erni: »Ich teile meine Zeit nicht in Tage oder Wochen ein. Sondern in Zeichnungen, die ich beginne und beende.«

Oft dient die Kunst dem Künstler auch dazu, die schlimmen Erlebnisse, die sich nicht anders verarbeiten lassen, in ein Werk zu fassen, um die damit verbundenen Todesfantasien auf Distanz zu halten, denken wir nur an die Überlebenden der Shoa, die in der Gestaltung der traumatischen Erfahrungen oft den einzigen Weg finden, sich den Tod vom Leib zu halten und weiterzuleben. Als ein Beispiel hierfür soll Samuel Baks Gemälde *Family* dienen, das er seinen getöteten Familienmitgliedern widmete.

Die Skulptur *Freedom Statue* von Zenos Frudakis soll hingegen die Suche nach Freiheit in ihren verschiedensten Spielarten ausdrücken. Man kann hier also sowohl die Befreiung des Selbst aus dem Gefängnis seiner neurotischen und gesellschaftlichen Begrenzungen und Wiederholungszwänge als auch die Befreiung der Seele aus dem Prokrustesbett des Körpers dargestellt sehen. Und nicht zuletzt ist diese Skulptur in den Worten des Künstlers selber auch ein Teil seines eigenen Versuches, seine Sterblichkeit durch

Abb. 12: Samuel Bak, The Family, 1974. Image Courtesy of Pucker Gallery, www.puckergallery.com

Abb. 13: Zenos Frudakis, Freedom, 2001. © Zenos Frudakis, sculptor

ein seine eigene Lebenszeit überdauerndes kreatives Werk zu überwinden: »In the end, this sculpture is a statement about the artist's attempt to free himself from the constraints of mortality through a long lasting creative form.«[7]

Transzendenz

Gegen Ende des Lebens kann sich die Angst steigern, im ganzen Leben nicht sein wahres Selbst gefunden und verwirklicht zu haben. Die Suche

7 Homepage des Künstlers: http://www.zenosfrudakis.com/freedom-sculpture/ (15.11.2017)

nach dem wahren Selbst, meint Winnicott (1960), wird immer nur annäherungsweise gelingen, da sich über unser wahres Selbst schlussendlich nichts aussagen lässt und es nie aus dem Verborgenen ins Licht tritt, nicht einmal ins Licht der Selbst-Erkenntnis. Denn unser wahres Selbst – dessen Existenz wir also nur vermuten oder erhoffen können – wird von unserem falschen Selbst geschützt und abgeschirmt, und es wird immer auf dieses angewiesen bleiben, um mit der Umwelt zu verkehren und zu kommunizieren.

Das kann einen nun aber auch zur Frage führen, ob es so etwas wie das wahre Selbst im Sinne einer überdauernden Wahrheit überhaupt gibt, ob es vielleicht nicht einmal so etwas wie ein verdinglichtes falsches Selbst gibt, nichts außer den konkreten Beziehungen und Beschäftigungen, mit denen man sein Leben verbracht hat. Vielleicht ist »eben nichts zu finden wie ein Selbst, auch nicht das ›wahre Selbst‹. Zu finden sind Abhängigkeiten, Durchdringung, Gegenseitigkeit. Prozesse eben, die nicht wahr oder falsch sind« (Zwiebel & Weischede, 2015, S. 150). Die Angst vor der Nichtexistenz eines eigenen wahren Selbst kann als Todesangst, als Schuldgefühl oder auch als spirituelle Angst zu Tage treten: Was bin ich, wenn ich nicht mein Selbst bin, nicht mein falsches und nicht mein wahres? Gibt es etwas da draußen, außerhalb von mir, das über mich hinausgeht und an dem ich teilhaben kann, wie Atman an der Weltseele Brahman? Gibt es etwas, an dem ich so teilhaben kann, wie ich vor der Scheidung in Selbst und Objekt Teil war von einem anderen Subjekt, meiner Mutter? Kann ich die Urtrennung und Urentfremdung überwinden?

Das Leben ist ein Spiel, in dem uns eine uns nicht wirklich verständliche Kraft wie Spielfiguren aufs Brett gestellt hat und zu einem gewissen Zeitpunkt wieder einsammelt, die einen früher, die anderen später, aber für alle kommt unausweichlich: Game over. Das Ende des Spiels ist bedauerlich, aber immer schon absehbar, solange man sich nicht der Täuschung hingab, dass das Spiel das Ganze sei, und die übergeordnete Ebene, den großen Spielleiter, aus dem Blick verlor. Dieser große Spielleiter tritt zweimal in Erscheinung, erst gibt er einem das Leben und dann den Tod. Glück hat, wer lange im Spiel bleiben kann, so lange, bis er voller Weisheit und Einsicht aufhören kann, sich an sein Selbst zu klammern, bis er zum Niemand werden kann: »Der Lärm verfloß, und er wurde Niemand. Dieses Glück! und daß er's noch erlebt hat!« (Canetti: *Das Geheimherz der Uhr*, zit. n. Han, 1998, S. 71)

Hans Beschreibung dieser Haltung eines Niemands hat viel mit der gelassenen ontologischen oder auch mit einer meditativen Weltsicht zu tun: »Der Niemand ist keine einfache Negation des Ich. Er wahrt eine personhafte Sammlung, die sich jedoch nicht als Aktivität oder subjektiv-gefräßige Innerlichkeit, sondern als Gastlichkeit oder Empfänglichkeit äußert« (ebd.). Auf einem Hügel sitzend, erhaben über der Landschaft, gelassen über das Werden und Vergehen alles Lebendigen inklusive der eigenen Existenz zu meditieren, kann ein Bild für die Anerkennung der grundsätzlichen Gesetze des Lebens sein, die auch die eigene Auflösung beinhalten. Dieser nachdenkliche Blick vom Hügel auf das Werden und Vergehen stellt eine Dezentrierung und Triangulierung des eigenen Selbst mit den jedem Menschen und jedem Denken übergeordneten Gesetzen der natürlichen Ordnung der Welt dar. Angesichts dieser Wahrnehmung wird man fast zu einem Niemand, aber indem man sich als eingebettet in und bezogen auf die allgemeinen Gesetze des Seins erlebt und emotional an der Welt teilnimmt, hat man auch Teil am Ganzen. Brigitte Boothe (2014, S. 242) bezieht sich auf die Formulierung, in der Theodor Fontane seinen Stechlin diese Einsicht aussprechen lässt: Das Ich sei nichts, im Sterben vollziehe sich etwas »ewig Gesetzliches«, weiter nichts, das müsse man sich vollziehen lassen. Dieser »Blick auf das ›Gesetzliche‹ erlaubt [dem Stechlin] willkommene Selbstdezentrierung und heitere Selbstrelativierung«, meint Boothe – also die angesprochene Triangulierung. »Doch geht das nur, solange seine mentale Verfassung [...] ihm solche Souveränität gestattet.« Deshalb lohnt es sich, schon in Zeiten guter seelischer und körperlicher Verfassung seine Perspektive auszuweiten und sich in seiner Relation zu den übergeordneten Gesetzen des Lebens zu denken.

Heinz Kohut beschreibt die Stufe der Entwicklung des Selbst, auf der das Subjekt fähig wird, die Grenzen des eigenen Selbst über die Grenzen der eigenen Person und Familie hinaus auf die ganze Menschheit oder die Natur als solche auszudehnen, als »kosmischen Narzißmus« (Kohut, 1966, S. 582), »der die Grenzen des Individuums transzendiert«. Der kosmische Narzissmus führt in Richtung der von Freud als ozeanisches Gefühl beschriebenen Erlebnisfähigkeit und knüpft an die frühe vom Kind mit der Mutter erlebte und geteilte, also überindividuelle Seinserfahrung an. Anders als beim nur passiv erlebten ozeanischen Gefühl nimmt der Mensch im Modus des kosmischen Narzissmus aktiv dauerhafte Besetzungen überindividueller Vorstellungen vor und kann diese als Teil des eigenen Selbst erleben. Dies sei aber nur möglich, meint Kohut, wenn dem Menschen zugleich die Einsicht in die Endlichkeit seiner Existenz gelungen sei. Nur dann stehe ihm diese »höhere Form von Narzißmus« (ebd., S. 581) zur Verfügung, in der er die größte psychische Errungenschaft des Menschen sieht; in Goethes Worten aus dem West-östlichen Divan ausgedrückt (zit. n. Kohut, ebd., S. 581):

> »Und so lang du das nicht hast,
> Dieses: Stirb und werde!
> Bist du nur ein trüber Gast
> Auf der dunklen Erde.«

Der kosmische Narzissmus sei nicht durch Größenfantasien und ein Hochgefühl geprägt, sondern von einem »ruhigen inneren Triumph mit einer Beimischung unverleugneter Melancholie« (ebd., S. 584). Der Grund dafür ist, dass zuerst die energetischen Besetzungen vom eigenen Selbst abgezogen werden müssen, bevor sie auf die Menschheit und die Natur verschoben werden können; dies ist ein Prozess, der von Trauer begleitet ist. In der höchsten Stufe werde, so Kohut, der kosmische Narzissmus zur Weisheit weiterentwickelt. Allerdings gelinge eine echte und dauerhafte Verschiebung der Besetzungen auf einen kosmischen Narzissmus nur wenigen Menschen, fügt er einschränkend hinzu.

Aus Kohuts Sicht stellen solche Umformungen des Narzissmus das echtere und gültigere Ziel einer Therapie und damit auch des Lebens dar als eine oft nur oberflächliche Verwandlung des Narzissmus in Objektliebe. Es genügt also nicht, den Menschen nur liebesfähig zu machen, damit er die Libido zur Verfügung hat, mit der er das Lebendige gegen das Tote besetzen kann. Es bedarf darüber hinaus auch der Weiterentwicklung seines Selbst und seines Narzissmus, damit er seine eigene Sterblichkeit betrauern und seine narzisstischen Besetzungen in der Transzendierung des eigenen Selbst auf andere Menschen und die Natur als Ganzes verschieben kann.

Der Weg zur Transzendierung des eigenen Selbst und damit zur Transzendierung des eigenen Lebens kann auch zu religiösen Erfahrungen in einem tieferen Sinn führen. Ausgangspunkt und Anstoß für eine solche Entwicklung ist oft die Erfahrung von existenziellen Belastungen. Will (2017) beschreibt drei Schritte, in denen dieser von ihm »Transgression« genannte Prozess typischerweise verläuft: Die innere Not, in der sich der Mensch befindet, aktiviert die Suche nach einem hilfreichen Anderen. Dies führt im zweiten Schritt, in einer Regression im Dienste des Ichs, zu einer Entgrenzung des Ichs und zur Belebung einer religiösen Welt, aus der sich im dritten Schritt eine »Akteurumkehr« und rettende Erfahrung entwickelt. Mit dem Begriff der Akteurumkehr meint Will, dass sich nun »die Quelle der Aktion« im Erleben des Subjekts umkehrt:

> »Es erlebt eine Erleichterung und Erweiterung, fühlt sich getröstet, aufgehoben und auf neue Weise geordnet. Es nimmt dies als etwas wahr, das nicht dem eigenen Handeln oder dem anderer Menschen entspringt, sondern einer anderen Aktivität: ›Es geschieht etwas mit mir, ich werde von etwas ergriffen‹« (ebd., S. 249).

Um eine solche Erfahrung, dass es eine andere Macht gibt, die etwas bewegen und die innere Situation des Subjekts ordnen kann, die jenseits des Handelns von Menschen liegt, einzuordnen, bieten sich dem Individuum die Religionen mit ihren die Menschen verbindenden Erzählungen und Erklärungen von überindividuellen Kräften an. Die Religionen dienen »als kulturelle Behälter, die die Umwandlung der individuellen Erfahrungen erleichtern« (ebd., S. 254), wobei »die bewusste Person aus einem existenziellen Unbehagen in ein größeres Selbst übergeht, aus dem rettende Erfahrungen kommen« (ebd., S. 235). All die Situationen, in denen sich der Mensch in einem Ausmaß mit dem Tod konfrontiert sieht, das sein normales Funktionieren gefährdet und traumatische Qualität anzunehmen droht, eignen sich dafür, durch die Transgression zu spirituell-religiösen Erfahrungen bewältigt zu werden.

Das Bedürfnis nach Transzendenz, nach der Erfahrung, die Grenzen unseres Selbst und unseres Alltagsbewusstseins zu erweitern und überschreiten, zeigen schon Kinder in ihrer Fantasietätigkeit und Jugendliche in ihrer Suche nach Rausch- und Grenzerfahrungen. Mertens (2014, S. 185) präzisiert, dass es sich bei der Suche nach Transzendenz um das Bedürfnis handelt, über das lediglich rational reflektierende Bewusstsein hinauszugehen und sich nicht bewusst steuerbaren Vorgängen anvertrauen und überlassen zu können. Dazu gehört eine Offenheit für Wahrnehmungen jenseits des Sprachlichen aller Art: für Impulse aus Leiberfahrungen, für Träume oder Botschaften aus dem Unbewussten. Können Erfahrungen der Transzendenz gemacht, in die Persönlichkeit integriert und als Teil des symbolischen Raumes der Kultur eingeordnet werden, erweitert dies den psychischen Raum erheblich und eröffnet Perspektiven für den Umgang mit dem Tod im Allgemeinen und mit dem Sterben im Besonderen.

Den Modus der Transzendenz zu erfahren, die vorübergehende Ausdehnung der eigenen Begrenztheit in Zeit und Raum zu erleben, meint Lifton, sei immer wieder nötig, um die vier anderen von ihm beschriebenen Modi der symbolischen Unsterblichkeit zu validieren. Andernfalls könne uns »nicht verwirklichte Transzendenz« (Lifton, 1979, S. 51) verwundbar gegenüber unseren Todesvorstellungen machen. Je näher das Lebensende rückt, desto stärker können solche verpassten Momente der Grenzüberschreitung, der Erfüllung in der Verschmelzung und der Transzendenz, wenn unser Leben »nicht mehr als einen Schimmer routinierter oder ambivalenter Lust« enthielt, im Älterwerden die Bilanz des Lebens belasten.

Als wichtige Vorerfahrung der Transzendenz können wir alle positiven Erlebnisse einer Veränderung der eigenen Selbst- und Weltwahrnehmung betrachten, in denen das Gefühl eine Rolle spielt, dass diese nicht einer willentlichen Bemühung des eigenen Ich entspringen, sondern von einer anderen, nicht dem eigenen Ich oder dem anderen Menschen zuzuschreibenden Kraft ausgelöst sind. In diesem Sinne beschreibt Will die religiöse Erfahrung: »Es geschieht etwas mit mir, ich werde von etwas ergriffen.« Dabei kann es sich im Grunde auch um Erfahrungen starker emotionaler Zustände des Außer-sich-Seins handeln, wie etwa bei heftiger Liebe oder intensivem Hass. An der emotionalen Bewegung einer größeren Gruppe teilzuhaben, kann das eigene Selbst erweitern, egal ob die Bewegung politische, spirituelle oder sonstige Ziele verfolgt, und im Fanatismus bis zur Aufopferung des eigenen Selbst für die Gruppe führen. Die Verschmelzung in der Musik, in der man aufgehen kann, oder mit einem Sonnenuntergang, sind weitere bekannte Beispiele transzendierender Erfahrungen.

Alltägliche körpernahe Erfahrungen von Transformationen oder Metamorphosen des eigenen Zustandes sind die Grenzüberschreitungen beim Einschlafen und Aufwachen und beim Sex. Der Übergang zwischen Schlaf- und Wachzustand geht ebenso mit einem Verlust von Kontrolle und Abgrenzung des eigenen Selbst einher wie der Orgasmus auf dem Höhepunkt des sexuellen Erlebens. Angst kann beides machen und zu Störungen des Schlafes oder des sexuellen Erlebens führen. Beide Erfahrungen dienen bekanntermaßen als Analogien für den Tod, werden in Metaphern mit dem Tod verbunden. Der Tod wird nicht nur deshalb als Bruder des Schlafs bezeichnet, weil scheinbar jedesmal mit dem Einschlafen so etwas geschieht, wie wenn das Leben zuende geht und ungewiss ist, ob man wieder erwacht, sondern auch weil einem das Träumen und das Erwachen aus den Träumen eine Unsicherheit bezüglich unserer Realität und deren Vergänglichkeit vor Augen führt.

In *Der Sturm* drückt Shakespeare (1996, S. 131f.) die Flüchtigkeit der Welt und die damit einhergehende Beunruhigung in der Analogie zur Welt der Träume wie folgt aus:

> »Und, wie dies körperlose Traumgewebe, so
> Die wolkenhohen Türme, die Paläste,
> Die stillen Tempel, selbst der Erdenball,
> Ja, was an ihm nur teilhat, wird zerfließen,
> Und, wie dies wesenlose Schauspiel schwand,
> Vergehen ohne Spur. Wir sind vom Stoff,
> Aus dem die Träume sind; und unser kleines Leben
> Beginnt und schließt ein Schlaf. Herr, ich bin unruhig.«

Und der Orgasmus wird, wie wir schon gesehen haben, im Französischen als »la petite mort« bezeichnet – der kleine Tod, der aber zugleich neues Leben kreiert und damit sich selber transzendiert. Des Weiteren gibt es eine Reihe von eher im Bereich des Medizinischen angesiedelten Erfahrungen, die mit Todesvorstellungen assoziiert werden, wie Schwindel, Ohnmacht oder andere Anfälle aller Art von der Epilepsie bis zum Herzinfarkt. Manche dieser Erfahrungen werden als Verschwinden von Lebenskraft erlebt, wie das Einschlafen, die Ohnmacht oder der Eintritt der Narkose, andere als Auswirkungen einer aus dem Körper selber kommenden Kraft, wie der Orgasmus, Krampf- und Schwindelanfälle oder der Infarkt: »Es geschieht etwas mit mir, ich werde von etwas ergriffen.«

Vorerfahrungen mit Transzendenz, der Öffnung und dem Überschreiten der Grenzen des eigenen Selbst, bilden die Grundlage dafür, dass die Utopie, etwas von einem könne im Tod in einen anderen Zustand übergehen und in irgendeiner Form übrigbleiben, eine gewisse Plausibilität haben kann. Ansatzweise Erfahrungen des ozeanischen Gefühls oder des kleinen Todes im Orgasmus, einer gelingenden Verschmelzung im rauschhaften Erleben etwa von Musik, in stiller Meditation oder im ekstatischen Zusammensein mit anderen Menschen schaffen Vorstellungsmöglichkeiten dafür, dass zuerst Fenster in Richtung Transzendenz geöffnet und dann ganze Wände des psychischen Raumes aufgegeben und losgelassen werden können. Wenn diese Erfahrungen aus freien Stücken gesucht und zugelassen werden, werden sie als Erweiterung des psychischen Raumes erlebt, als gewollte Auflösung von Grenzen und nicht als Zerstörung der Abgrenzungen unter einem übermächtigen Druck von innen oder von außen.

In allen Kulturen gab es ritualisierte Formen der Erfahrung von Transzendenz, oft in Form von Rausch und orgiastischem Erleben. Wie in anderen rauschartigen Erfahrungen führt auch die sexuelle Erregung mit einer mehr oder weniger ausgeprägten Relativierung von Kontrolle, Konventionen und bewusstem Denken zu einer Veränderung des Ichs. Vorübergehend dominiert der Primärprozess das Geschehen und ermöglicht ein ganzheitliches Erleben der Lebensenergie, indem man ganz im Hier und Jetzt ist und die Grenzen von Raum und Zeit verfließen.

Im Grunde enthält jede Erfahrung der Nähe zu einem anderen Menschen, der Hingabe (auch an eine Tätigkeit oder einen Genuss) oder des intensiven Naturerlebens einen Ansatz von transzendentem Erleben. Denn jedes Mal öffnen sich dabei die Grenzen des Selbst und das Erleben von sich und der Welt verändert sich vorübergehend in dem Sinne, dass anstelle von Getrenntsein ein Gefühl der Übereinstimmung und des Einklangs tritt. Liebe ist ohne eine Auflösung des Selbst nicht möglich, weshalb viele Menschen auch nicht in der Lage sind, sich richtig zu verlieben und wahre Liebe zu erleben. Dann sind auch der Abwehr des Todes durch libidinöse Besetzungen von Objekten in der Außenwelt enge Grenzen gesteckt: Wo keine Leidenschaft möglich ist, macht sich der Tod breit. Manche Menschen halten es nicht aus, gemeinsam mit jemand anderem zu schweigen, weil im Schweigen die Grenzen des Selbst unsicher zu werden drohen.

Das Bedürfnis nach Transzendenz, danach, die Grenzen des eigenen Selbst überschreiten zu können, kann als dringend und drängend erlebt werden und hat oft nicht nur die Aufhebung der alltäglichen Art des Denkens und Wahrnehmens zum Ziel, sondern die des symbolischen Selbst, das als Teil der Urentfremdung des Menschen empfunden werden kann. Bewegt man sich zu weit in Richtung jenes »weitumfassenderen«, »allumfassenden Gefühls«, gegen das sich nach Freud (1930a, S. 425) unser Ich abgrenzt und konstituiert, so löst dies notwendigerweise Ängste vor einer möglicherweise irreversiblen Auflösung des psychischen Raumes und damit des Selbst aus.

Geht man zu weit in den Versuchen, Getrenntsein durch Verschmelzung in den »kleinen Toden« aufzuheben, so kann dies in den irreversiblen großen Tod führen, wie in der romantischen Fantasie eines gemeinsamen Selbstmordes zweier Liebender oder in der Abhängigkeit von drogeninduzierten veränderten Bewusstseinszuständen. »Das Festhalten am Wunsch nach absoluter Erfüllung« kann dann selber »zerstörerisch« (Holzhey, 1994, S. 108) werden und ist schlussendlich auch keine Erfahrung von

Transzendenz mehr, weil die Symbolisierung dieser Erfahrung, ihre Triangulierung mit dem Zustand des Alltagsbewusstseins, fehlt.

Die *gelungene* Entgrenzung oder Verschmelzung, das *gelungene* bewusstseinserweiternde mystische Erlebnis, benötigen immer irgendeine Möglichkeit, diese Erfahrung auch zu denken und auf das symbolische System der Kultur zu beziehen, dem das Subjekt angehört. Nur dann stellen sie nicht eine Verleugnung des Todes, sondern eine Möglichkeit dar, Transzendenz zu erfahren. »Unsere Fähigkeit, im Geschlechtsakt Dimensionen jenseits unserer Endlichkeit zu symbolisieren und zu *fühlen,* ist von unserem furchtsamen Wissen um Tod, Trennung und Auflösung nicht zu trennen«, meint Lifton (1979, S. 51, kursiv i. O.).

Alle Strategien der Transzendenz funktionieren nur dann, wenn die Erfahrungen der Transzendenz zumindest im Nachhinein symbolisiert, also auf irgendein Referenzsystem bezogen werden können, das außerhalb des Individuums besteht. Sonst befindet man sich mit seiner Erfahrung in einer reinen Privatwelt und hat keine Möglichkeit, sein Konzept der Transzendenz in einem größeren Rahmen einzuordnen und damit als gültig zu empfinden. Deshalb gehören zu jedem spirituellen Weg Meister und Überlieferungen des Wissens. Immer geht es darum, sich unter den Schutz von Symbolen und des Symbolischen zu stellen, auch und gerade gegenüber dem Tod.

Die Erfahrung der Transzendenz als spirituelle Erfahrung stellt sich häufiger mit dem Älterwerden ein als in jungen Jahren. Das Nachlassen der Fähigkeit, seine Wünsche und Ziele mit der gewohnten Energie zu verfolgen, begünstigt den Zugang zu einer (ontologischen) überindividuellen und spirituellen Dimension des Lebens. Wenn die bisherigen Lösungen zum Umgang mit dem Problem des Todes nicht mehr funktionieren, weil die Libido nachlässt oder sich andere psychisch relevanten Parameter verschieben, müssen neue Lösungen gefunden werden, die zu einer Veränderung der Weltsicht führen.

Obwohl Sexualität und Spiritualität »den gleichen Ursprung haben und eng miteinander verbunden sind, laufen sie meist, wie die Gleise eines Zuges, parallel zueinander«, meint Kakar (2008, S. 80). »Sie berühren sich nur selten im leeren Raum, der sich ewig zwischen ihnen dehnt, können sich aber in unseren kreativsten und lebendigsten Momenten verlockend streifen.« Für die meisten Menschen scheint erst »wenn sich der Bühnenvorhang schließt und sich das Repertoire der Theatervorstellungen des Begehrens erschöpft hat […] der Auftakt zur mystischen Erleuchtung gegeben zu sein« – sprich: mit dem herannahenden Tod. Der Mystiker hingegen verspürt nach Kakar lebenslang das Drängen des »spirituellen Jenseits, das danach strebt, sich über die Grenzen hinaus, die es mit dem Begehren teilt, zu manifestieren«, und beschleunigt, um der Erleuchtung näher zu kommen, das Auslöschen seines Begehrens.

Sexualität und Spiritualität scheinen hier eher in einem Gegensatz zu stehen als dass sie sich »verlockend streifen«. Vielleicht hat dieser Gegensatz eher mit dem Begehren als mit der Sexualität zu tun, besteht doch ein eindeutiges Ziel im Buddhismus darin, das Begehren zu überwinden, das als eine zentrale Ursache des Leidens gesehen wird, nicht jedoch, die Sexualität zu überwinden. Wie eine vom Begehren befreite Sexualität auf dem Weg zu spirituellen Erfahrungen eingesetzt werden kann, beschreiben die tantrischen Lehren des Buddhismus.

In der mystischen Erfahrung »überflutet das ›spirituelle Jenseits‹ für eine Weile das Gelände des Begehrens und setzt seine vertrauten, wenn auch häufig beunruhigenden Züge unter Wasser«. Hier, im Bereich des spirituellen Erlebens jenseits des Begehrens, seien weder das Lust- noch das Realitätsprinzip entscheidend, meint Kakar, hier befinden wir uns in einer ganz anderen Sphäre, in der des Geistes, dessen Dynamik sich ebenso aus dem Unbewussten entfaltet wie die des Begehrens.

Diese Sphäre des Unbewussten, der der »Geist« entspringt, muss sowohl sehr unheimlich als auch attraktiv sein, befinden sich dort doch wohl auch unsere allerfrühesten Erfahrungen. Christa Rohde-Dachser (2009) unterscheidet mit Ignacio Matte-Blanco fünf Stufen des Unbewussten, deren fünfte und tiefste sie mit Begriffen wie »ungeteilter Seinsmodus«, »nicht-symbolisierbares Reales«, »namenlos«, »in sich selbst ruhend«, »in absoluter Einheit und Symmetrie« (S. 980) charakterisiert.

> »Anfang und Ende, Leben und Tod, Sein und Nicht-Sein (Nichts), Signifikant und Signifikat sind identisch. [...] Die tiefste Schicht des Unbewußten, das symmetrische Sein, ist im wahrsten Sinn des Wortes unbenennbar, ähnlich dem in der Genesis beschriebenen Urzustand, bevor Gott das Schöpfungswort sprach: ›Es werde Licht!‹«

Mit dem Tod zerfallen alle höheren Stufen des Unbewussten und das Sein kehrt zurück in den Zustand, in dem es mit dem Nicht-Sein identisch war. Von diesem Zustand des Ungetrenntseins geht ein Sog aus, der einem schlechter strukturierten Menschen Angst machen, beim besser strukturierten Menschen hingegen Neugier wecken kann.

Hier kann man zugleich das ozeanische Gefühl erkennen, gegen dessen Verführungskraft sich Freud so sehr wehren musste, die er so gefährlich fand. Man kann sich hier Matte-Blancos Vermutung anschließen, dass es gerade diese tief im Unbewussten begründete Sehnsucht des Menschen nach Rückkehr zum ungeteilten Seinsmodus ist, die Freud im Todestrieb wirken sah, selber aber nur in der Metapher vom ambivalent besetzten Wunsch des Menschen nach Rückkehr in den Mutterleib zu denken vermochte. Doch der vollständige Besetzungsabzug im Tod, meint Rohde-Dachser, führt noch weiter zurück als nur in den Mutterschoß, in dem das Leben begann, nämlich »auf die Nullebene« (ebd., S. 984) des unteilbaren Seinsmodus. Um diese Vorstellungen auszuhalten, benötigt der Mensch eine unzerstörbare Vorstellung, ein inneres Objekt, das ihn vor der Vernichtung so bewahren kann wie es die frühesten Bezugspersonen taten und das die Fähigkeit hat, ihn hinüber in den neuen Modus des unteilbaren Seins zu begleiten.

Wenn mit dem Älterwerden die Fähigkeit nachlässt, die gewohnten Dinge weiterhin scharf zu sehen, dann treten einem Dinge vor Augen, denen man zuvor weniger Aufmerksamkeit widmete, dann sieht man den Wald, den man zuvor vor lauter Bäumen nicht sah. »Um klar zu denken, muss dem Sehen seine Schärfe genommen werden, denn mit einem unfokussierten und in die Ferne gerichteten Blick lassen sich Gedanken besser auf Reisen schicken« (Pallasmaa, 2013, S. 59). Dies ermöglicht einem den Zugang zu Einsichten, die einem vorher weniger zugänglich waren:

> »Je älter wir werden, desto mehr verschleiert sich die Außenwelt, die stetig an Farbe, Ton und Lust verliert, und desto stärker ruft und beschäftigt uns die Innenwelt. Der alternde Mensch nähert sich immer mehr dem Zustand des Verfließens in das Kollektivpsychische, aus dem er als Kind einst mit schweren Mühen auftauchte« (Jacobi 1971, S. 231).

Auch der Mann vom Lande in Kafkas Parabel »Vor dem Gesetz« (in *Der Prozeß*, 1935, S. 155f.), der sein Leben vor dem Tor verbringt, hinter der das Gesetz residiert, beginnt erst zu sehen, als mit dem Alter seine Sehkraft schwächer wird:

> »Schließlich wird sein Augenlicht schwach, und er weiß nicht, ob es um ihn wirklich dunkler wird oder ob ihn nur die Augen täuschen. Wohl aber erkennt er jetzt im Dunkel einen Glanz, der unverlöschlich aus der Türe des Gesetzes bricht. Nun lebt er nicht mehr lange.«

Für Han (1998) beschreibt Kafka in seinem Gleichnis den Weg zu Weisheit und zum Tod zugleich. Der »Mann vom Lande [...] bittet um Eintritt in das Gesetz«, heißt es bei Kafka (ebd., S. 155), den ihm der Türhüter jedoch verweigert. Obwohl das Tor zum Gesetz offensteht, versucht der Mann nie, hineinzugehen, er gehorcht dem Türhüter. Dieser ist derjenige, der zu wissen scheint, was hinter dem Tor zu erwarten ist, und er scheint Angst vor der Macht der mächtigen weiteren Türhüter zu haben, auf die man dort stoßen wird. Die Angst vor dem Gesetz ist die Angst vor dem Tod, meint Han, denn sowenig der Mann das Gesetz kennt, sowenig kennt er den Tod. Erst die Nähe zum Tod ermöglicht ihm auch eine Nähe zum Gesetz, sprich: Je näher man dem Tod kommt, desto mehr erschließen sich einem die Gesetzmäßigkeiten des Lebens, desto mehr eröffnet sich eine ontologische Weltsicht. Doch trotz dieser Einsichten in das Allgemeine des Lebens, das »Kollektivpsychische«, bleibt der Tod ein individueller Tod und die Weisheit ein individuell zu gewinnendes Wissen, erfährt der sterbende Mann bei Kafka doch zuletzt: »Hier konnte niemand sonst Einlaß erhalten, denn dieser Eingang war nur für dich bestimmt. Ich gehe jetzt und schließe ihn« (ebd., S. 156).

Interessant an Kafkas kleiner Erzählung ist, dass der Mann vom Lande selber keine Angst vor dem Gesetz zu haben scheint, er will »in das Gesetz«, so wie alle anderen Menschen auch dorthin wollen, scheint ganz naiv diesem Wunsch nachzuleben und ebenso naiv das Verbot des Türstehers zu akzeptieren. Zwar versucht er, diesen umzustimmen, aber nie, ihn zu umgehen. Diese Anerkennung des Neins des Türstehers ist bemerkenswert, dieser scheint ein anderes Gesetz, nämlich jenes im alltäglichen und auch im triangulierenden, psychoanalytischen Sinn gegenüber dem Subjekt zu vertreten. Dieses Gesetz des Verbotes soll den Mann vom Lande davor schützen, dass er seinem Begehren folgend durch das Tor die Räume betritt, die nach dem Dafürhalten des Türstehers mächtige und auch erschütternde Erfahrungen bergen, die den anderen, »den schrecklichen Türhütern des Innern« (ebd., S. 159), zugeschrieben werden. Aus psychoanalytischer Sicht kann man hier an das mit dem Vater als Drittem verknüpfte Verbot denken, regressiv zu den Befriedigungen in der Verschmelzung mit der frühen Mutter zurückzukehren, dem Sog hin zu dem Unheimlichen nachzugeben, das Freud mit dem Genitale oder dem Leib der Mutter verknüpfte: »Dieses Unheimliche ist aber der Eingang zur alten Heimat des Menschenkindes, zur Örtlichkeit, in der jeder einmal und zuerst geweilt hat« (Freud, 1919h, S. 259).

In Hans Lesart lässt sich »Vor dem Gesetz« als »Vor dem Tod« lesen: »Der Türhüter hat nämlich vor dem, was er hütet, *Angst*, als hütete er den Tod« (Han, 1998, S. 112, kursiv i. O.). Die Position gegenüber dem Gesetz hinter dem Tor ist die des Nicht-Wissens. Die einzige Information, über die man verfügt, ist, dass das, was man darin zu erwarten hat, Furcht auslöst, zumindest beim Türhüter. Diese Furcht scheint auch etwas mit der Unreife der Vorstellungen zu tun zu haben, die der Türhüter hat: »Die Vorstellungen, die er von dem Innern hat, werden für kindlich gehalten« (Kafka, 1935, S. 158). Sehen wir im Türhüter eine innere Instanz des Subjekts, des Mannes vor dem Tor, so hat dieser die Funktion des Über-Ichs, das das Subjekt vor etwas zurückhält, was es eigentlich tun könnte. In dem, was es tun könnte, fallen nun wieder Sexualität und Tod in eins: der Inzest mit der Mutter wäre genauso ein – psychischer – Tod wie das Betreten des Reichs des Todes bevor das Leben vorüber ist, welches der Mann vom Lande auf dem Schemel neben dem Tor verbringt. Es scheint nicht so, als ob ihn der Türhüter mit Gewalt daran hindern würde, zu tun, was er im Leben machen möchte, das Gesetz aufzusuchen, den Inzest mit der Mutter zu begehen oder sich umzubringen. Der Mann scheint aus eigener Entscheidung heraus darauf zu verzichten, um sein Leben in der Beziehung und Auseinandersetzung mit dem Türhüter zu verbringen. So gesehen wäre der Türhüter nicht nur der Hüter des Todes, wie Han meint, sondern auch der Hüter des Lebens.

Was dem Mann bleibt, ist der »Glanz, der unverlöschlich aus der Türe des Gesetzes bricht« und den nur er und nicht der Türhüter wahrzunehmen scheint. Dieser Glanz scheint das ewige Licht zu sein, das alles überdauert, das Licht am Ende des Tunnels, die Kerze, die auf allen Altären brennt. Er ist wie der »Glanz im Auge der Mutter« (Kohut, 1966, S. 569), wie das Licht, das unter der Tür ins Schlafzimmer des kleinen Kindes dringt, welches das Licht als Verbindung zu seiner in einem anderen Raum anwesenden Bezugsperson erlebt, die ihm so als sicherheitsspendendes Objekt zur Verfügung steht. Nur ist das beruhigende Objekt nicht immer erreichbar, zum Beispiel weil es dem Kind verbot, noch einmal nach ihm zu rufen oder das Bett zu verlassen; oder weil es hinter verschlossener Türe Dinge mit jemand anderem treibt, von denen es ausgeschlossen ist. Letzteres, die lustvollen Aktivitäten der Erwachsenen, zu denen es keinen Zugang haben soll, kann das Kind in doppelter Hinsicht als bedrohlich erleben: Einerseits wäre offenbar seine psychische Integrität massiv gefährdet, wenn es an diesen erwachsenen Dingen teilnehmen dürfte – weil beispielsweise die Generationengrenze und das Inzesttabu überschritten würden –, andererseits droht die Gefahr, dass die Erwachsenen vielleicht so sehr in ihrer triebhaften Selbstbezogenheit aufgehen und verloren gehen könnten, dass sie ihr Kind am Ende vergessen.

Auch wenn einem das Leben des Mannes auf seinem Schemel nicht gerade sehr attraktiv und lebendig erscheinen mag – dies ist ja bei einer Figur Kafkas nicht verwunderlich – so kann doch jeder die Kraft des unverlöschlichen Glanzes, der aus der Türe des Gesetzes bricht, nachvollziehen. Schlussendlich ist dieser Glanz das, was das Leben des Mannes und die Geschichte transzendiert, das, was zugleich aus dem tiefsten Unbewussten zu stammen und mit den frühesten Lebenserfahrungen verbunden zu sein scheint: mit der mütterlichen Bezugsperson, mit dem Zuversicht ausstrahlenden Glanz in ihrem Blick, mit dem sie über das Wohlergehen des Kindes wacht und macht, dass alles gut wird. Auch wenn man zu Lebzeiten nicht in die inneren Räume der Mutter zurückkehren darf, so dringt doch ein ewiger, unauslöschlicher Glanz durch diese unzugängliche Tür, als wäre sie nicht der Schoß, sondern das Auge oder die Stimme der Mutter, und das Leuchten wäre der Glanz des Göttlichen.

Kafka läßt im *Prozeß* seinen Protagonisten K. mit dem Geistlichen diskutieren, der K. die Parabel vom »Mann vor dem Gesetz« erzählt. Nachdem sie alle möglichen Deutungen hin und her gedreht haben, wird K. müde ob dieser ungewohnten Gedankengänge, in die ihn die Geschichte führt – »unwirkliche Dinge« (Kafka, 1935, S. 161) –, und will sie von sich abschütteln. So mag es auch uns mit unseren Spekulationen über den Tod und die Transzendenz gehen, mit denen man nie an ein Ende kommen wird, solange das Tor noch geöffnet ist. Und auch wir wollen an dieser Stelle dieses Thema abschließen, mit Kafkas ein wenig buddhistisch anmutender Mahnung aus dem Dialog zwischen K. und dem Geistlichen im Ohr: »Richtiges Auffassen einer Sache und Mißverstehen der gleichen Sache schließen einander nicht vollständig aus« (ebd., S. 158).

V. Vom Nutzen des Todes in der Psychotherapie

»Die Verwirklichung des jetzigen Augenblicks ist jederzeit möglich.«

Ralph Zwiebel & Gerald Weischede:
Die Suche nach dem Stillen Ort

Psychotherapeutische Arbeit ist, wie wir aus den bisherigen Ausführungen ableiten können, Arbeit für die Fähigkeit, lebendig zu sein, und gegen den Tod. Sie ist aber auch Arbeit mit dem Tod für mehr Lebendigkeit. Manchmal verbergen sich die gescheiterten Versuche, den Tod zu bewältigen, im Wiederholungszwang, manchmal tritt einem die Angst vor dem Tod offensichtlicher entgegen, wie schon am Beispiel von Angst- und körperbezogenen Störungen, etwa Panikattacken oder Anorexie, beschrieben. Viel häufiger als wir denken spielen misslungene Abwehrversuche gegen die Gedanken an den Tod und die dadurch ausgelösten Ängste eine wichtige Rolle bei der Entstehung der Symptome, wegen denen Patienten Psychotherapeuten aufsuchen. Doch haben die Psychotherapeuten ebenfalls mehr oder weniger bewusst Angst vor dem Tod und verhalten sich deshalb wie die früheren Bezugspersonen ihrer Patienten, weichen dem Thema aus, um ihre Patienten zu schonen, und suchen harmlosere Behandlungsstrategien, als dem Tod ins Auge zu schauen. Doch oft würde es die Behandlung voranbringen, wenn sich der Therapeut, statt zu beruhigen und zu trösten, trauen würde, danach zu fragen, was denn passieren würde, wenn das befürchtete schlimme Ereignis einträte.

Dem Tod in angemessener Form und zum richtigen Zeitpunkt einen Ort in der Psychotherapie zu geben, heißt nicht nur, dem ganzen Menschen Raum zu geben, sondern auch, den Tod als mächtigen Wirkfaktor im Leben zu erkennen und angemessen in der therapeutischen Arbeit zu berücksichtigen. Allerdings ist dies, wie bei allen anderen Themen, die dem Patienten oder dem Therapeuten so sehr Angst machen, dass sie sie jeweils – oder beide zusammen – zu vermeiden versuchen, zunächst oft nicht ohne unangenehme emotionale Begleiterscheinungen möglich. Dies kann auch durch existenzielle Krisen führen, die, wie Yalom meint, auftreten können, wenn der Patient den Zugang zu einem Grundthema seiner Existenz findet.

Wo ist der Tod in der Therapie zu finden, wie kann man ihn aus seinem Versteck locken? So wie die Angst vor dem Tod unerkannt in den Symptomen des Patienten stecken kann, so wird sie sich auch in der Übertragung, der Beziehung des Patienten zu seinem Therapeuten, einnisten, immer darauf bedacht, nicht erkannt, nicht bewusst zu werden. Der unerkannte Tod kann auch im toten Punkt einer Therapie stecken, wenn es nicht mehr weitergeht, der Therapeut sein Pulver verschossen hat und sich die Behandlung nur noch im Kreise dreht. Der in der Behandlung übersehene Tod inszeniert sich als Tod der Behandlung. Weder Patient noch Therapeut bemerken, wenn der Patient den Therapeuten in der Position des Retters auch als Widerstand benutzt, um sich nicht dem Thema Tod zu stellen: »Solange ein Patient fortwährend versucht, den Tod mit einem kindlichen Glauben abzuwehren, dass der Therapeut ihn oder sie davon befreien wird, wird er den Therapeuten nicht verlassen« (Yalom, 1980, S. 230), sondern in der Verschmelzung mit ihm und der Therapie eine oknophile Lösung für seine Todesangst leben. Bei nicht abschließbaren Behandlungen kann das Durcharbeiten der Todesangst einen Abschluss ermöglichen. Dafür kann es auch nötig sein, ein Ende der Therapie zu vereinbaren, was die Endlichkeit in der sonst als unendlich erlebten Behandlung erfahrbar macht und auch die Einsicht darin ermöglicht, dass auch das, was therapeutisch möglich ist, seine Grenzen hat.

Ich möchte hier anhand von zwei Beispielen einen Eindruck davon geben, wie der Tod eine Bewegung in eine psychotherapeutische Behandlung bringen kann. Eine Vielzahl von weiteren Beispielen finden sich bei Yalom (1980, 2008). Im ersten Beispiel geht es um den Wechsel der Perspektive, der sich ergibt, wenn man eine Lebenssituation aus der Position sub specie aeternitatis betrachtet. Indem man einen aktuellen Konflikt vom Ende des Lebens her betrachtet, erweitert man die Perspektive und nimmt eine Neubeurteilung der aktuellen Situation unter anderen Randbedingungen und Wertvorstellungen vor.

> Der Patient, Vater zweier Söhne im Grundschulalter, klagt, er habe keine Lust auf die Sportanlässe seiner Kinder am Wochenende, er verspüre höchstens ein vages Gefühl der Verpflichtung, habe Mühe, dafür am Sonntag früh aufzustehen und auf seinen Schlaf und die Verfolgung seiner »eigenen« Interessen verzichten zu müssen. Er spricht darüber, dass er selber es schmerzlich vermisst habe, dass sein Vater nie zugeschaut habe, wenn er Handball gespielt hat. Diese Verknüpfung führt aber nicht zu einer Änderung seiner Haltung oder Stimmung, er verbleibt im Klagen, scheint mit seinen Kindern nicht

das besser machen zu wollen, was er bei seinem Vater vermisst hat, sondern verharrt im Wiederholungszwang.

Es scheint keine Lösung der Unlustthematik des Patienten zu geben. Ich beschäftige mich in Gedanken mit dem Vater des Patienten, von dem der Patient früher erzählt hatte, dass er, als er schon auf dem Sterbebett lag, noch sehr darum bemüht war, viele Dinge für seine Kinder zu machen. Und ich denke, dass der Vater dies vielleicht auch aus dem Wunsch heraus tat, zuletzt doch noch im Leben seiner Kinder spürbar präsent zu sein. Das bringt mich auf den Gedanken, das Dilemma des Patienten mal aus der Perspektive der Bilanzierungssituation am Lebensende zu betrachten, wie sich die Situation darstellen würde, wenn er auf dem Sterbebett noch einmal darüber nachdenken würde. Ich frage ihn, ob er dann wohl mehr an die versäumten Stunden, die er im Bett hätte verbringen können, denken wird oder an die Stunden am Rand des Spielfeldes, auf dem seine Kinder emotional bedeutsame Dinge erleben.

Dies beeindruckt den Patienten zunächst nur mäßig, bis ich einen Schritt weitergehe, über den Tod des Patienten hinaus, und hinzufüge, dass seine Kinder seine Anwesenheit am Spielfeldrand als eine bedeutsame Erinnerung, eine wichtige unterstützende Präsenz ihres Vaters noch über seinen Tod hinaus in Erinnerung behalten könnten, was er, der ja unter der Abwesenheit seines Vaters am Spielfeldrand noch heute leidet, sich wohl gut vorstellen könne. An diesem Punkt gelingt ihm die Verknüpfung der beiden Situationen, die Verbindung wird ihm plötzlich klar und er versteht auch zugleich, warum seine Frau immer darauf drängt, etwas zu unternehmen, Aktivitäten, Anlässe mit ihm gemeinsam zu erleben und mit ihm zu teilen. Während ihm der Sinn meist nach Rückzug auf sich selber und Erholung steht, ist es ihr wichtig, emotional bedeutsame und damit erinnerbare Situationen mit ihm zu schaffen.

Geht es hier in einer recht bewusstseinsnahen, geradezu oberflächlichen Weise darum, was der Patient denkt und empfindet, so zeigt das zweite Beispiel, wie die Angst vor dem Tod in der Beziehung zwischen Therapeut und Patient auftreten und von einer zunächst extremen Todesfurcht hin zu einer aushaltbaren Angst verändert werden kann. Das folgende Fallbeispiel der Patientin Karen ist einer Arbeit von Frommer (2016) entnommen.

Karen hielt ihre extensive Beschäftigung mit dem Thema Tod immer für krankhaft, weil sie nie jemanden gefunden hatte, der mit ihr über den Tod gesprochen hätte. Weil sich zunächst auch der Analytiker zurückhaltend verhielt, entstand bei ihr der Eindruck, dass er ein Wissen über den Tod hätte, das sie, seine Patientin, nicht hatte, was zu einer Distanz in der Beziehung zwischen Patientin und Analytiker führte. Doch in Wirklichkeit hatte keiner einen Vorsprung an Wissen über den Tod, sondern es ging darum, dass der Analytiker die Position des Wissenden, die ihm die Patientin zuschrieb, verlassen musste: »Mortality ist the great unacknowledged equalizer in the life of the consulting room« (S. 379).

So entwickelte sich nun über einige Monate in der Therapie eine Art gemeinsamer Meditation über den Tod. Indem sich beide mit dem Tod beschäftigten, wurde mehr psychischer Raum für den Tod geschaffen. Diese Diskussionen über den Tod schufen eine Intimität zwischen Analytiker und Patientin, die dem Analytiker auch unangenehme Gefühle bereitete. Er erlebte sich als verletzlich und fühlte den klaren Sachverhalt, dass er ihr Analytiker war, bedroht. Sie schienen mehr wie intime Freunde miteinander zu sprechen als wie ein Analytiker mit seiner Patientin, nur dass sogar mit engen Freunden solche Diskussionen extrem selten stattfinden. Er empfand Schuldgefühle, weil er diesen Dialog mit der Patientin wünschte, und fragte sich, ob sie diesen Wunsch bei ihm wohl auch wahrnahm.

So vermischte sich im Erleben der Patientin die Bearbeitung ihrer Todesangst mit dem Gewinn an Intimität in ihrer Beziehung zum Analytiker. Doch der Analytiker verstand, dass es diese Intimität und Bindung in den Gesprächen brauchte, um die Art von haltender Beziehung zu erschaffen, die die Voraussetzung dafür war, dass diese Auseinandersetzung mit dem Tod möglich wurde (an dieser Stelle könnte man sich auch gut die Empfindung von Gefühlen der Liebe zwischen Analytiker und Patientin vorstellen).

Zum therapeutischen Prozess mit Karen gehörte, wie Frommer weiter ausführt, dass in diesen neuen Beziehungserfahrungen ihr kompensatorisches infantiles Größenselbst transformiert werden konnte zu einem Selbst, das mehr Verletzbarkeit tolerieren konnte. Die dissoziierten Wurzeln traumatischer Erfahrungen hinter ihren Todesängsten konnten auftauchen, das dissoziierte verletzte Kindheitsselbst wurde sichtbar und integriert. Auf diese Art wurde die Patientin stärker darin, schwächer und verletzbarer zu sein. Damit

> dies möglich war, mussten beide, Patientin wie Analytiker, ihre Abwehrmechanismen modifizieren. Anders als in ihrer Vergangenheit konnte die Patientin nun die Erfahrung einer gegenseitigen Intimität und Bindung mit einer elterlichen Figur machen, die sie respektieren konnte und von der sie sich respektiert fühlen konnte.
>
> Das geteilte Bewusstsein über das Todesthema förderte die Fähigkeit zur Liebe, die ja ihrerseits auch wieder das Mittel der Wahl gegen die Angst vor dem Tod ist. Die Wahrheit der Verwundbarkeit und der damit verbundenen destabilisierenden Erfahrungen stellt das »existenzielle Dritte« (ebd., S. 386) in der Behandlung dar, auf das sich beide beziehen, in Verbindung mit einer gegenseitigen Sensibilität für die Einsamkeit, die neben dem Gefühl der Verbundenheit mit dem anderen besteht.

Wie wir sehen, kann das Ausmaß der Beschäftigung mit dem Tod und die Involviertheit des Therapeuten auch in Therapien, in denen es nicht real um einen Todesfall oder ähnliches geht, tief und extensiv sein. Doch ist natürlich in jedem Fall auf der Seite des Therapeuten vorauszusetzen, dass dieser für sich selber in der Lage ist, dem Tod und seiner eigenen Todesangst ins Auge zu schauen. »Die Kommunikation von Todesangst kann nur gelingen, wenn [sich] der Analytiker seiner Todesangst bewusst und in der Lage ist, dieses ›Bewusstsein‹ für den analytischen Prozess zur Verfügung zu stellen«, meint Wiedemann (2014, S. 117). Dazu kann auch gehören, dass der Therapeut rechtzeitig seinen eigenen Tod zum Thema macht, sobald ein Anlass dazu besteht, sei es, weil der Therapeut krank ist, oder auch einfach weil er alt ist. So hatte der schon alte Kinderanalytiker Winnicott sogar mit seiner kleinen Patientin Piggle, die gerade mal fünf Jahre alt war, zum Abschluss ihrer Behandlung über seinen Tod gesprochen, der wenig mehr als vier Jahre später eintrat. »Dr. Winnicott hatte sie in sehr einfühlsamer Weise auf seinen möglichen Tod vorbereitet«, berichten Piggles Eltern, »und sie hatte diese Sitzung in der Zwischenzeit ein- oder zweimal erwähnt, als es die Situation gerade ergab« (Winnicott, 1977, S. 183).

Wenn sich keine emotional gesättigte Kontaktnahme mit dem Thema Tod ergibt und der Therapeut sich nicht scheut, seinem Patienten Anweisungen zu geben (wie etwa Freud, der seine Patientin am Grab ihrer Schwester meditieren ließ), gibt es eine ganze Reihe von technischen Möglichkeiten. Yalom (1980, S. 208) erwähnt unter anderem die folgenden Vorschläge an den Patienten:

- Schreibe deine eigene Grabinschrift.
- Zeichne eine gerade Linie auf ein Blatt, ein Ende ist deine Geburt, das andere dein Tod, mache ein Kreuz, wo du jetzt bist. Meditiere fünf Minuten darüber.
- Stelle dir deinen eigenen Tod vor: wo, wann wie? Stelle dir dein Begräbnis vor.
- Schreibe deinen eigenen Nachruf.
- Lebe, bewege dich wie alte Menschen leben und sich bewegen.
- Nimm mit schwer- oder todkranken Menschen Kontakt auf.

Man kann die Patienten nicht immer in ihrer – scheinbaren – Ruhe belassen, wenn diese Ausdruck einer im Wiederholungszwang begründeten Einschränkung der Vitalität der Person und Folge der Vermeidung des Themas Tod ist. Manchmal kann man sich durch eine hartnäckige Verleugnung der Vergänglichkeit und des Todes zu einer schonungslosen Ehrlichkeit provoziert fühlen, wie in folgendem Witz:

> Sagt der Patient zum Arzt:
> »Herr Doktor, wohin bringen Sie mich denn?«
> »Ins Leichenschauhaus.«
> »Aber ich bin doch noch gar nicht tot!«
> »Wir sind ja auch noch nicht da.«

Solange es uns gelingt, mit und über den Tod Witze zu machen, sind wir noch am Leben. Manchmal muss man die Patienten erschrecken, mit ihnen metaphorisch gesprochen ins Leichenschauhaus gehen, damit sie realisieren können, dass sie auf ein Ende hin leben, auch wenn sie vielleicht noch viele Jahre von ihm entfernt sind.

Eine hohe Wirksamkeit in der therapeutischen Arbeit am und mit dem Thema Tod wird psychedelischen Substanzen zugesprochen. Ihr Einsatz in einem therapeutischen Rahmen scheint Angst im Allgemeinen und die Angst vor dem Tod im Besonderen zu lösen. Pionier in der Verwendung von LSD in der Arbeit mit schwerkranken Patienten war Stanislav Grof, der in seinen Studien über eine nachhaltige Veränderung der Todesangst bei diesen Patienten berichtete. Durch die therapeutische Arbeit mit LSD veränderte sich das Verhältnis der Patienten zum Tod und Sterben meist signifikant in Richtung Akzeptanz der Unvermeidbarkeit ihres Todes und von Entspannung. Die transpersonalen Erfahrungen der Patienten unter der Wirkung von LSD oder Psilocybin führten sie zu Einsichten, die denen entsprechen, die von spirituellen Systemen wie dem Hinduismus oder Buddhismus beschrieben werden. Zu den bleibenden Wirkungen dieser Erfahrungen gehört eine Veränderung der Vorstellung vom Tod als Ende, Katastrophe und vollständige Auslöschung hin zu einer Vorstellung eines Hinüberwechselns zu einer anderen Form des Seins. Erfahrungen wie die, den eigenen Körper zu verlassen, können die Patienten zu der neuen Vorstellung führen, »daß das Bewußtsein unabhängig vom physischen Leib existieren und über den Zeitpunkt des physischen Todes hinaus fortdauern kann« (Grof & Halifax, 1978, S. 78). Ein häufiger Nebeneffekt dieser therapeutischen Erfahrungen mit psychedelischen Substanzen ist eine Reduktion der Schmerzen bei krebskranken Patienten.

Besonders aufmerksam ist der therapeutische Umgang mit dem Thema Tod bei solchen Patienten zu handhaben, die unter der frühen Präsenz des Todes in ihrem Leben zu leiden haben, weil der Tod hier oft gar nie bewältigt und abgewehrt werden konnte, sondern ständig präsent blieb. Menschen, die frühe Traumatisierungen oder Entwicklungstraumata im Sinne von unzureichend verfügbaren frühen Bezugspersonen erlitten, haben besonders große Schwierigkeiten, den Tod in ihr Leben zu integrieren. Sie sind mit dem doppelten Problem konfrontiert, dass sie im Gegensatz zu anderen schon Erfahrungen von psychischem Tod, Nicht-Sein, Zusammenbruch gemacht haben, die nicht von empathischen und verlässlichen Bezugspersonen gehalten und verstanden werden konnten, und dass sie sich, wenn diese Erfahrungen früh im Leben stattfanden, nicht bewusst an diese Erlebnisse erinnern können.

Solange solche Erfahrungen nicht symbolisiert, gedacht und erzählt werden können, können sie auch nicht verarbeitet und in das eigene Selbst integriert werden. Deshalb müssen sie oft immer wieder blind und unverstanden reinszeniert und wiedererlebt werden, aus den ewigen Wiederholungen scheint es kein Entkommen zu geben. Hier ist, wie erwähnt, Winnicotts Sichtweise hilfreich, dass es sich bei der Angst vor dem Zusammenbruch, also einer todesähnlichen Situation, in Wirklichkeit oft um nicht bewusst erinnerbare Spuren eines früher schon erlebten Zusammenbruchs handeln kann. Weil die Patienten diese frühen Ereignisse nicht erinnern können, suchen sie zwanghaft nach anderen Wegen, diese Dinge darzustellen, jenen »Tod, der geschehen ist und nicht erlebt wurde« (Winnicott, 1974, S. 1123).

Diese frühen traumatischen Erfahrungen des psychischen Todes oder mit dem Tod anderer Menschen interagieren, vermischen und potenzieren sich mit den entwicklungsmäßig normalen Erfahrungen mit dem Tod, die jeder Mensch zu bewältigen hat. Dadurch werden die traumatischen Erfahrungen mit Todesangst aufgeladen und die Todesangst wird mit traumatischer Angst zu einer überwältigenden Gefahr überhöht, die Panik auslöst. Dies wiederum führt dazu, dass auch die Todesangst nicht angenommen und dem psychischen Reifungsprozess entsprechend entwickelt werden kann, sondern abgespalten werden muss und mehr oder weniger konstant in ihrer ursprünglichen archaischen und traumatisch aufgeladenen Form das Leben und den psychischen Raum bedroht. Darauf kann nun auch wieder nur mit den verfügbaren groben, archaischen Abwehrmechanismen reagiert werden, was unübersehbare Spuren über den ganzen Lauf des Lebens hinterlässt.

Weil bei früh traumatisierten Menschen oft auch die Liebesfähigkeit und die Möglichkeit, Menschen und Interessen in der Außenwelt konstant libidinös zu besetzen, beeinträchtigt ist, sind sie auch in der libidinösen Gegenbesetzung und Abmilderung ihrer Todesängste gehandicapt und mehr als andere auf die beschriebenen Abwehrmechanismen wie grobe Verleugnung oder Umkehr vom Passiven ins Aktive mit dem Resultat von Burnout, Verschuldung oder ausgelebter Gewalt gegen sich und andere angewiesen.

Meinte Freud (1904a, S. 8), als Psychoanalytiker werde man sich »nie etwas anderes zum Ziel der Behandlung setzen als die praktische Genesung des Kranken, die Herstellung seiner Leistungs- und Genußfähigkeit«, so fielen solche Ziele natürlich desto mehr außer Betracht, je mehr die Anwendung psychoanalytischer Therapien auf ältere, schwer gestörte oder unheilbar kranke Menschen erweitert wurde. Interessanterweise wird Freuds Zitat in einer erweiterten Form kolportiert, in der neben der Herstellung der Leistungs- und Genussfähigkeit auch die der Liebesfähigkeit postuliert wird, und letztere kann, wie wir gesehen haben, auch beim todkranken oder sterbenden Menschen bis zuletzt ein Ziel therapeutischer Arbeit sein. Dabei steht in der therapeutischen Arbeit mit unheilbar kranken Patienten noch deutlicher als bei anderen Patientengruppen ein anderer Fokus therapeutischer Arbeit im Zentrum, nämlich der, die für die jeweilige Entwicklungsphase anstehenden Entwicklungsschritte leisten zu können. Dies kann zuallerletzt auch bedeuten, dass sich der Therapeut nicht mit der ihm vielleicht näherliegenden Perspektive einer Öffnung des Seelischen hin zu erweiterten Erlebnismöglichkeiten beschäftigen kann, sondern sich mit einem Zu-Ende-Bringen bescheiden muss, wie dies André Karger für die psychoonkologische Therapie beschreibt. Und dennoch »gibt es auch in psychoonkologischen Therapien das Moment der Befreiung (zum Tode hin): wenn Patienten unter dem enormen Druck ihrer existenziellen Situation plötzlich einen inneren Entwicklungsschritt machen, den sie ohne diesen Druck nie gewagt hätten« (Karger, 2016, S. 72).

Wenn im hohen Alter oder bei schwerer Krankheit der bevorstehende Tod eine sehr reale Präsenz im Leben bekommt, kann dies oft noch therapeutisch genutzt werden, um Veränderungen in Gang zu bringen, die dem Patienten den Abschied vom Leben erleichtern. Auch in den schon erwähnten Kurztherapieformen wie der *Dignity-Therapy* geht es darum, noch einmal bestimmte Aspekte des Lebens durchzugehen, zu bilanzieren, zu integrieren, bestimmte Dinge einmal auszusprechen und vielleicht auch zu erledigen.

Schluss

»Wir leben, wir sterben; wir bleiben in Erinnerung, dann werden wir vergessen.«

Julian Barnes: Nichts, was man fürchten müsste

Die im Grunde viel interessantere und rätselhaftere Frage als die nach dem Tod ist die, was eigentlich das Leben ist. Dennoch ist die Auseinandersetzung mit der Vergänglichkeit und dem Tod der Zeit- und Taktgeber im Leben, und die Angst vor dem Tod ist eine zentrale Herausforderung, die immer wieder neu zu bewältigen ist, damit sie nicht als Lähmung des Lebens in Psychopathologie mündet, sondern zum Antrieb im Leben wird und zu dessen Verwirklichung in der zur Verfügung stehenden – endlichen – Zeit führt.

Der Schriftsteller Raoul Schrott erzählt, wie er mit seiner neunjährigen Tochter das Völkerkundemuseum besucht. Dem Kind graust es »vor der Mumie eines Mädchens, dessen einbalsamierter Körper auf die Hälfte geschrumpft, dessen Gesicht aber geblieben ist. ›Was macht, dass wir leben, Papa?‹« ist ihre Reaktion auf diesen Schreck, den ihr die Konfrontation mit ihrem toten Alter Ego einjagt (Schrott, 2016). Hier wendet sich das Mädchen vom Tod ab und dem Gegenteil zu, der Frage nach dem Leben. Und mit dieser Frage, was macht, dass wir leben, überwindet sie für den Moment den Tod und wendet sich dem viel größeren Rätsel zu. Denn der Tod ist einfach, ein Grundzustand, von dem sich das Leben abhebt. Ist man tot, ist der Ofen aus, das ist einfach zu verstehen, jeder kann Lebendiges in Totes verwandeln und übt das schon von der frühesten Kindheit an, wenn er beginnt, Ameisen zu zertreten. Doch wie funktioniert das Wunder des Lebens, wie ist das entstanden und wie kann man aus toter Materie Leben erschaffen?

Man kann die Reaktion dieses Mädchens als Beispiel dafür nehmen, wie die Erkenntnis der eigenen Sterblichkeit den Menschen zu Anpassungen und Entwicklungen zwingt, woraus man ableiten kann, dass dem Tod – oder präziser gesagt, den durch das Wissen um den Tod ausgelösten psychischen Prozessen – die Rolle einer primären Gestaltungskraft und eines grundlegenden Antriebs im Leben zukommt. Ohne die Annahme Freuds zu teilen, dass diesem Wissen eine Art Todestrieb im Organismus zugrunde liege, scheint eine Ahnung vom Tod im Sinne eines Präkonzepts bereits als präverbale, prozedurale Erfahrung des Kindes aufzutauchen und später um bewusstseinsfähige Vorstellungen erweitert zu werden. Diese Annahme muss nicht unbedingt im Widerspruch zu der Aussage stehen, dass sich der nicht neurotische Mensch oft erstaunlich wenig bewusst mit dem Tod beschäftigt, sondern dass er im Sinne einer grundsätzlich positiven Kraft der Orientierung auf das Leben hin, die allen Lebewesen innewohnt, immer auf das Lebendige hin ausgerichtet zu sein scheint. Denn im Grunde ist der Mensch ein Kämpfer, der alles dafür tut, um zu überleben. Neurowissenschaftler vermuten diesen Durchhaltewillen, der allen Heldengeschichten zugrunde liegen könnte, sogar präzise in einer Hirnstruktur namens *aMCC* – anteriorer mittlerer cingulärer Cortex (vgl. Levine, 2015).

Die Kehrseite dieses Durchhaltewillens könnte sein, dass er vielleicht zum Einzelkämpfertum prädestiniert ist und nicht dazu taugt, das Problem des Todes oder der Angst vor dem Tod im Gespräch und Austausch mit anderen Menschen anzugehen. Denn wie selten kommt es vor, dass Menschen ihre Gedanken um den Tod im offenen Gespräch miteinander austauschen, tatsächlich beim anderen danach suchen, was er wirklich darüber denkt und wie er wirklich dazu fühlt. Das Unsichtbarwerden des Todes in der modernen westlichen Welt und der damit einhergehende Mangel an gesellschaftlichen Ritualen, in denen der Tod und das Nachdenken über den Tod einen Raum hat und denen der Einzelne sich nicht entziehen kann, befördert womöglich die primitiven Abwehrbewegungen gegen den Tod mit ihren für die Kultur und den Fortbestand der ganzen Menschheit gefährlichen Nebenwirkungen.

Einerseits scheint der einzelne Mensch mit dem Thema Tod in der westlichen Welt heute ziemlich alleine gelassen, andererseits lebt er dem Anspruch der Moderne nach, sein Leben bewusst, aktiv und selbstbestimmt zu gestalten. Die Vorstellung, sich passiv hinzugeben, sei es den Einschränkungen des Alters, dem geistigen Abbau, den körperlichen Leiden, den Pflegeeinrichtungen, dem Tod und dem Sterben, steht in einem Widerspruch zu diesem Ideal des autonomen Individuums mit seinem handlungswilligen Ich. Dementsprechend zeichnet sich in der Kultur ein neuer Umgang mit dem Tod ab, der mehr und mehr als eine vom Individuum aktiv zu handhabende und zu gestaltende Angelegenheit betrachtet wird, wie die Diskussionen um die verschiedenen Formen von Sterbehilfe zeigen. Kann der Mensch selber bestimmen, wann er unter welchen Umständen stirbt, so hat scheinbar er die Kontrolle über den Tod übernommen und nicht umgekehrt.

Hat der Mensch einmal die nötigen Vorbereitungen getroffen, sich die sicheren Mittel zum Selbstmord oder die Mitgliedschaft in einer Sterbehilfeorganisation beschafft, so besteht die größte Sorge dann darin, dass er den letzten möglichen Moment nicht verpasst, an dem er noch in der Lage ist, seinen Sterbeplan aktiv umzusetzen, wie man etwa in Herrndorfs Tagebuch nachlesen kann: Die Pistole hat er zur Hand, aber wird er auch noch fähig sein, sie zu benutzen? Damit, meint Thomas Macho, werde der Tod in der Moderne zunehmend »nicht mehr als Schicksal wahrgenommen, sondern als kalkulierbares und gestaltbares Projekt, anders gesagt: eigentlich als Suizid« (2018, S. 420). Die westliche Idee der Selbstbestimmung, »dass ich und mein Leben mir gehören, verkörpert sich heute vor allem in der paradoxen Forderung, mein Tod solle mir gehören« (ebd., S. 447). Dies stellt jedoch nur eine kurzsichtige Täuschung um den Preis einer Einschränkung des Bewusstseins dar, die auf dem Versuch beruht, den Tod auf das Sterben zu reduzieren; denn auch wenn man über das Sterben eine gewisse Kontrolle erreichen kann, bleibt der Tod davon doch vollkommen unberührt.

Schauen wir noch einmal, was die Psychoanalyse zum Umgang des Menschen mit dem Tod anzubieten hat, in welche Richtung sie sich entwickeln und öffnen sollte, um den Bedürfnissen unserer Zeit ein Angebot machen zu können. Es sind zwei Bereiche, die die Psychoanalyse negativ beschrieben oder ausgelassen hat, die heute aber mehr und mehr nachgefragt werden: die Dimensionen der Spiritualität und der körperlichen Erfahrung. Für diese Themen stehen gerade jene Psychoanalytiker, gegen deren Ansätze sich Freud abgegrenzt und die er als Abweichler ausgeschlossen hatte, als er seine an einem materialistisch-wissenschaftlichen Ideal orientierte Psychoanalyse entwickelte: Rank mit seinem Konzept von der Angst vor dem Tod und vor dem Leben, Jung mit seiner Beschäftigung mit Spiritualität und Transzendenz und Wilhelm Reich mit seiner Entdeckung der Lebenskraft, die er Orgon nannte und zur Grundlage der bioenergetischen Körpertherapie machte. Die bioenergetische Therapie bietet über den körperlichen Zugang eine Möglichkeit, blockierte Energie direkter zu mobilisieren und für die Auflösung von neurotischen Panzerungen und traumatischen Fixierungen einzusetzen. Alle drei Schüler Freuds waren über die Grenzen hinausgegangen, die Freud zum Teil aus persönlichen, zum Teil aus strategischen Gründen der Entwicklung des psychoanalytischen Denkens setzen wollte – Rank hatte sich unter anderem auch mit den Erfahrungen der Geburt beschäftigt und Jung mit den spirituellen Systemen des Ostens bis hin zum heute wiederentdeckten Kundalini-Yoga.

Die körperliche Fundierung des Erlebens und der Erinnerungen und das Bedürfnis nach Transzendenz oder Spiritualität scheinen mir wesentliche Elemente des Weges zum eigenen Selbst zu sein – und damit zu einem gelingenden Umgang mit dem Leben und dem Tod. Denn der Weg zum Tod ist der Weg zum eigenen Selbst – und umgekehrt. Je besser es gelingt, den Tod im Leben zu integrieren, desto weniger befindet man sich in Gefahr, tot im Leben zu sein. Natürlich muss man für diese Entwicklungsschritte keine Psychotherapie absolvieren, doch stellt sich die Frage, inwiefern die Psychotherapie für die Wichtigkeit dieser Fragen offen ist, ein Gehör dafür hat und bereit ist, dem Menschen in dieser Richtung weiterzuhelfen.

Die Psychoanalyse stellt in dieser Hinsicht nur ein Beispiel dar. Als Mutter aller Psychotherapien könnte es ihr guttun, sich für die Fragen nach dem Tod und dem Sinn des Lebens zu öffnen, so wie sie sich heute stellen.

> »Das setzt natürlich voraus, dass wir die Psychoanalyse nicht nur als eine medizinische Behandlung, sondern auch als eine spirituelle Entdeckungsreise – eine Meditation zu zweit – betrachten, eine transformierende Suche der Selbsterkenntnis, die die Reichweite unseres Mitgefühls und unserer Empathie erweitert«,

meint Kakar (2016, S. 409). Und es setzt voraus, dass der Positivismus, der die Grundlage der medizinischen Konstruktion der Psychoanalyse darstellte, zugunsten eines postpositivistischen Welt- und Menschenbildes erweitert werden kann.

Das postpositivistische Weltbild will die Einseitigkeit des positivistisch-materialistischen Denkens, das sich aufklärerisch gegen das alte archaisch-mythische Weltbild erhoben hatte, korrigieren, insbesondere die damit verbundene Überschätzung des rationalen Denkens. In unserer Zeit, meint deshalb Mertens (2014, S. 191),

> »ist es heute die Aufgabe tiefenpsychologischer/psychoanalytischer Verfahren sowie spiritueller Praktiken, sich dieses durch das positivistische Welt- und Menschenbild weitgehend verloren gegangene zwischenmenschliche und ethische Erfahrungswissen, das im archaischen Weltbild durchaus noch eine Rolle spielte, wieder zugänglich zu machen«.

Dafür stehen der Psychoanalyse – nach Überwindung des Freudschen Positivismus, wie Mertens meint – in ihrer Praxis auch sehr wirkungsvolle

Instrumente zur Verfügung: die Betonung der inneren Erfahrung des Menschen, der Zugang zum Unbewussten und der Welt der Träume, der intersubjektive Austausch in der von Übertragung und Gegenübertragung konstellierten, der Zensur der realen äußeren Welt potenziell entzogenen zwischenmenschlichen Erfahrung.

Ob man sich nun am Modell der Psychoanalyse oder des Buddhismus orientiert – wobei beide wiederum in diesem Zusammenhang nur als exemplarische Vertreter der unterschiedlichen Zugänge zur Veränderung des Lebens zu sehen sind – in beiden Systemen gibt es keine Entwicklung ohne Abschied und Trauer. Aus

> »buddhistischer Sicht muß man auf ›falsche Ansichten‹ verzichten und diese aufgeben (nämlich die fehlende absolute Selbst-Identität eines ›Ich-Selbst‹); aus psychoanalytischer Sicht muß man sich von den verlorenen Liebesobjekten, einer enttäuschenden Vergangenheit, bestimmten Idealvorstellungen etc. verabschieden« (Zwiebel, 2009, S. 1025).

Auf beiden Wegen geht es darum, Trauerarbeit zu ermöglichen, »um sich schließlich der ›lebendigen Wirklichkeit‹ wieder mit der ganzen Libido zuwenden zu können, ohne allerdings erneut an den Objekten der Welt und am eigenen ›Ich-Selbst‹ zu haften«.

In welchem Setting auch immer, einem therapeutischen, der Meditation, im Gebet oder im Gespräch mit Freunden, immer geht es darum, dass nicht nur gedacht und geredet, sondern wirklich erlebt und erfahren wird, so wie es Schrotts Tochter im Völkerkundemuseum erging. Sonst besteht die Gefahr, bei einem scheinbaren Wissen um und über etwas stehen zu bleiben, bei bestimmten Vorstellungen zu verharren, die mit dem wirklichen Tod, wenn er dann kommt, nur sehr oberflächliche Ähnlichkeiten haben. So wie dies die Geschichte von jenem chinesischen Gelehrten beschreibt, der eines Tages seine Leidenschaft für die Malerei entdeckte und begann, Drachen zu malen. Jahrelang malte er immer nur Drachen, voller Begeisterung und ohne jemals einen gesehen zu haben. Eines Tages erfährt dann aber der wirkliche, lebendige Drache von dem Tun des Gelehrten. Der Drache macht sich auf, um den Gelehrten zu besuchen und ihm damit eine Freude zu bereiten, dass er einmal einen wirklichen Drachen zu Gesicht bekommt. Doch als der Drache beim Haus des Gelehrten ankommt und dieser den wirklichen, lebendigen Drachen sieht, fällt er vor Schreck tot um (Muho, 2016, S. 36).

»Das Geheimnis des Lebens
senkt sich in das Geheimnis des Todes ein.
Das Licht des lauten Tages
verbleicht in der stillen Sterne Schein.«

Rabindranath Tagore: Das goldene Boot

Literatur

Alighieri, D. (1990): *Die Göttliche Komödie* (3. Aufl.). Zürich (Manesse).

Améry, J. (1988): *Jenseits von Schuld und Sühne. Bewältigungsversuche eines Überwältigten.* München (dtv).

Amis, M. (2015): »Im übelriechenden Sumpf meines Unterbewusstseins«. Interview mit S. Verna. *Das Magazin, 35,* 12–15.

Astruc, A. & Contat, M. (1977): *Sartre. Un film réalisé par Alexandre Astruc et Michel Contat.* Paris (Gallimard).

Bakewell, S. (2016): *Das Café der Existenzialisten. Freiheit, Sein und Aprikosencocktails.* München (Beck).

Barnes, J. (2008): *Nichts, was man fürchten müsste.* München 2011 (btb).

Baumann, Z. (1992): *Tod, Unsterblichkeit und andere Lebensstrategien.* Frankfurt a. M. 1994 (Fischer).

Becker, E. (1973): *Dynamik des Todes. Die Überwindung der Todesfurcht.* Olten 1976 (Walter).

Benjamin, J. (2004): Tue ich oder wird mir angetan? Ein intersubjektives Triangulierungskonzept. In M. Altmeyer & H. Thomä (Hrsg.): *Die vernetzte Seele. Die intersubjektive Wende in der Psychoanalyse* (S. 65–107). Stuttgart 2006 (Klett-Cotta).

Bermann, E. (2006): Die Beziehung zwischen Klein und Winnicott. Und die Debatte über innere und äußere Realität. *Forum Psychoanal., 22,* 374–385.

Bion, W. R. (1962): Eine Theorie des Denkens. In E. Bott Spillius (Hrsg.): *Melanie Klein heute. Entwicklungen in Theorie und Praxis, Bd. 1* (2. Aufl.). (S. 225–235). Stuttgart 1995 (Verlag Internationale Psychoanalyse), S. 225–235.

Bion, W. R. (1970): *Aufmerksamkeit und Deutung.* Frankfurt a. M. 2006 (Brandes & Apsel).

Bittner, G. (2014): »… noch heute eine Rotte von Mördern«. Ein Versuch, Freuds Vorstellung einer instinktiv verwurzelten Destruktionslust zu rehabilitieren. In H. Hierdeis (Hrsg.): *Wie hältst du's mit dem Tod? Erfahrungen und Reflexionen in der Psychoanalyse* (S. 76–104). Göttingen (Vandenhoeck & Ruprecht).

Blankenburg, W. (1971): *Der Verlust der natürlichen Selbstverständlichkeit. Ein Beitrag zur Psychopathologie symptomarmer Schizophrenien.* Stuttgart (Enke).

Bloch, E. (1959): *Das Prinzip Hoffnung* (3. Aufl.). Frankfurt a. M. 1976 (Suhrkamp).

Bollas, C. (1987): *Der Schatten des Objekts. Das ungedachte Bekannte: Zur Psychoanalyse der frühen Entwicklung.* Stuttgart 1997 (Klett-Cotta).

Boothe, B. (2014): »… wenn ich auf das Ende sehe« – Wie viel Zeit bleibt bis zum Tod? Dynamik der Veränderung als lebenslanges Geschehen. In H. Hierdeis (Hrsg.): *Wie hältst du's mit dem Tod? Erfahrungen und Reflexionen in der Psychoanalyse* (S. 223–247). Göttingen (Vandenhoeck & Ruprecht).

Borasio, G. D. (2011): *Über das Sterben. Was wir wissen. Was wir tun können. Wie wir uns darauf einstellen* (10. Aufl.). München 2012 (Beck).

Borghart, T. & Erhardt, W. (2016): *Buddhistische Psychologie. Grundlagen und Praxis.* München (Arkana).
Brown, N.O. (1959): *Zukunft im Zeichen des Eros.* Pfullingen 1962 (Neske).
Buarque, C. (2009): *Vergossene Milch.* Frankfurt a.M. 2013 (S. Fischer).
Burchartz, A. (2014): Das Kind, der Tod und der Analytiker. In H. Hierdeis (Hrsg.): *Wie hältst du's mit dem Tod? Erfahrungen und Reflexionen in der Psychoanalyse* (S. 191–222). Göttingen (Vandenhoeck & Ruprecht).
Bürgin, D. (1978): *Das Kind, die lebensbedrohende Krankheit und der Tod.* Bern (Huber).
Caruso, I.A. (1974): *Die Trennung der Liebenden. Eine Phänomenologie des Todes.* Frankfurt a.M. 1983 (Fischer TB).
De Masi, F. (2004): *Making Death Thinkable.* London (Free Association).
Der Brockhaus (2004): *Philosophie: Ideen, Denker und Begriffe.* Leipzig (Brockhaus).
Di Gallo, A. (2002): Glaubst du, daß du eines Tages sterben wirst? Ein kurzer Beitrag zur Arbeit mit Kindern, die dem Tode nahe sind. *Kinderanalyse 10*(1), 93–102.
Eissler, K. (1955): *Der sterbende Patient. Zur Psychologie des Todes.* Stuttgart 1978 (Frommann-Holzboog).
Erdheim, M. (1982): *Die gesellschaftliche Produktion von Unbewußtheit. Eine Einführung in den ethnopsychoanalytischen Prozeß.* Frankfurt a.M. (Suhrkamp).
Erni, H. (2015, 21. Februar): »An Götter glaube ich nicht«. Interview mit L. Schöpfer. *Tages-Anzeiger*, 27.
Evers, D. (2000): *Raum – Materie – Zeit: Schöpfungstheologie im Dialog mit naturwissenschaftlicher Kosmologie.* Tübingen (Mohr Siebeck).
Fowler, J.W. (1981): *Stufen des Glaubens.* Gütersloh 1991 (Gütersloher Verlagshaus Gerd Mohn).
Freud, S. (1900a): *Die Traumdeutung.* In ders.: *GW II/III.*
Freud, S. (1904a): Die Freudsche psychoanalytische Methode. In ders.: *GW V*, S. 1–10.
Freud, S. (1912–13a): *Totem und Tabu. GW IX.*
Freud, S. (1913f): Das Motiv der Kästchenwahl. In ders.: *GW X*, S. 23–37.
Freud, S. (1915b): Zeitgemäßes über Krieg und Tod. In ders.: *GW X*, S. 323–355.
Freud, S. (1916a): Vergänglichkeit. In ders.: *GW X*, S. 357–361.
Freud, S. (1917e): Trauer und Melancholie. In ders.: *GW X*, S. 427–446.
Freud, S. (1919h): Das Unheimliche. In ders.: *GW XII*, S. 227–268.
Freud, S. (1920g): *Jenseits des Lustprinzips.* In ders.: *GW XIII*, S. 1–69.
Freud, S. (1923b): *Das Ich und das Es.* In ders.: *GW XIII*, S. 235–289.
Freud, S. (1927c): Die Zukunft einer Illusion. In ders.: *GW XIV*, S. 323–380.
Freud, S. (1930a): *Das Unbehagen in der Kultur.* In ders.: *GW XIV*, S. 419–506.
Freud, S. (1933a): *Neue Folge der Vorlesungen zur Einführung in die Psychoanalyse. GW XV.*
Freud, S. (1941f): Ergebnisse, Ideen, Probleme. In ders.: *GW XVII*, S. 151–152.
Freud, S. (1991): Wir und der Tod. *Psyche, 45*, 97–131.
Freud, S. & Breuer, J. (1895): *Studien über Hysterie.* Leipzig, Wien (Franz Deuticke).
Fromm, E. (1975): Rache des ungelebten Lebens. *Der Spiegel* 9, 122.
Frommer, M.S. (2016): Death Is Nothing at All: On Contemplating Non-Existence. *Psychoanalytic Dialogues, 26*, 373–390.
Gay, P. (1987): *Freud. Eine Biographie für unsere Zeit.* Frankfurt a.M. 1989 (Fischer).
Gerisch, B. (2012): *Suizidalität.* Gießen (Psychosozial-Verlag).
Glaube an das Leben nach dem Tod schwindet (2016, 26. Februar). *Welt.* https://www.welt.

de/wissenschaft/article152677412/Glaube-an-das-Leben-nach-dem-Tod-schwindet.html?wtrid=onsite.onsitesearch (31.08.2018).

Green, A. (1993): Die tote Mutter. *Psyche, 47*(3), 205–240.

Grieser, J. (2004): Triangulierung, Vaterphantasie und Kreativität. *Psyche, 58*, 411–447.

Grieser, J. (2011): *Architektur des psychischen Raumes. Die Funktion des Dritten.* Gießen (Psychosozial-Verlag).

Grieser, J. (2013): Der psychische Raum im Alter und der Tod. *Psychotherapie & Sozialwissenschaft, 15*, 103–127.

Grimm J. & Grimm, W. (1949): *Kinder- und Hausmärchen* (15. Aufl.). München 1993 (Winkler).

Grof, S. (1975): *Topographie des Unbewußten. LSD im Dienst der tiefenpsychologischen Forschung.* Stuttgart 1978 (Klett-Cotta).

Grof, S. & Halifax, J. (1978): *Die Begegnung mit dem Tod.* Stuttgart 1980 (Klett-Cotta).

Haas, J.-P. (1997): Bions Beitrag zu einer psychoanalytischen Theorie der Emotionen. *Jahrb. Psychoanal., 38*, 137–193.

Hampe, M. (2009): *Das vollkommene Leben. Vier Meditationen über das Glück.* München (Hanser).

Han, B.-C. (1998): *Todesarten. Philosophische Untersuchungen zum Tod.* München (Fink).

Han, B.-C. (2002): *Philosophie des Zen-Buddhismus.* Stuttgart (Reclam).

Hasler, F. (2016, 20. März): »Im Jahr 2016 kann Menschsein auch heissen, sich in die Luft zu jagen und Unzählige mit in den Tod zu reissen«. *NZZ am Sonntag*, 57–58.

Hermann, M.-L. (2012): Narzisstische Krisen in der zweiten Lebenshälfte. *Psychotherapie & Sozialwissenschaft, 1*, 69–83.

Herrndorf, W. (2011): *Sand.* Berlin (Rowohlt).

Herrndorf, W. (2013): *Arbeit und Struktur.* Berlin 2015 (Rowohlt).

Herrndorf, W. (2014): *Bilder deiner großen Liebe.* Berlin (Rowohlt).

Hierdeis, H. (2014): Einleitung. In ders. (Hrsg.): *Wie hältst du's mit dem Tod? Erfahrungen und Reflexionen in der Psychoanalyse* (S. 7–33). Göttingen (Vandenhoeck & Ruprecht).

Hirsch, M. (2006): *Das Haus. Symbol für Leben und Tod, Freiheit und Abhängigkeit.* Gießen (Psychosozial-Verlag).

Holzhey, A. (1994): *Leiden am Dasein. Die Daseinsanalyse und die Aufgabe einer Hermeneutik psychopathologischer Phänomene.* Wien (Passagen).

Ibello, E. (2016): Zeit haben: Die Aufgabe der freiwilligen Begleitenden. In E. Ibello & A. Rüffer (Hrsg.): *Reden über Sterben* (S. 56–71). Zürich 2016 (Rüffer & Rub).

Ibello, E. & Rüffer, A. (Hrsg.). (2016): *Reden über Sterben.* Zürich (Rüffer & Rub).

Jacobi, J. (1971): *Die Psychologie von C.G. Jung. Eine Einführung in das Gesamtwerk.* Olten (Walter).

Jaffé, A. (1980): »Der Tod in der Sicht von C.G. Jung«. In A. Jaffé, L. Frey-Rohn & M.L. von Franz: *Im Umkreis des Todes* (S. 11–27). Zürich (Daimon).

Jaques, E. (1965): Der Tod und die Krise der Lebensmitte. In E. Bott Spillius (Hrsg.): *Melanie Klein heute. Entwicklungen in Theorie und Praxis, Bd. 2* (S. 301–331). Stuttgart (Verlag Internationale Psychoanalyse).

Jullien, F. (2004): *Schattenseiten. Vom Bösen oder Negativen.* Zürich 2005 (Diaphanes).

Jung, C.G. (1934): Seele und Tod. In ders.: *Schriften zu Spiritualität und Transzendenz* (S. 229–239). Ostfildern 2013 (Patmos).

Jung, C.G. (1959): Der Tod ist nicht das Ende. BBC-Interview [PDF]. http://www.immortality.

ch/immortality.ch/petertodesco_files/%22Der%20Tod%20ist%20nicht%20das%20 Ende%22%20deutsch%20C.G.%20Jung.pdf (14.11.2017).

Kabel, W. (1912): Fühlen Tiere Todesangst? In *Bibliothek der Unterhaltung und des Wissens, Bd. 13* (S. 218–220). Stuttgart (Union Deutsche Verlagsgesellschaft). https://de.wikisource.org/w/index.php?title=Seite:F%C3%BChlen_Tiere_Todesangst.pdf/2&oldid=2759299 (7.5.2016).

Kaeser, E. (2017, 4. November): Prahlhänse der Unsterblichkeit – ein neuer Antihumanismus. *Neue Zürcher Zeitung.* https://www.nzz.ch/meinung/prahlhaense-der-unsterblichkeit-ein-neuer-antihumanismus-ld.1326237 (4.11.2017).

Kafka, F. (1935): *Der Prozeß.* Frankfurt a.M. 1960 (Fischer TB).

Kakar, S. (2008): *Freud lesen in Goa. Spiritualität in einer aufgeklärten Welt.* München (Beck).

Kakar, S. (2011): *Die Seele der Anderen. Mein Leben zwischen Indien und dem Westen.* München 2012 (Beck).

Kakar, S. (2016): Ist die Psychoanalyse auch eine spirituelle Disziplin? *Analytische Psychologie, 47*(4), 398–410.

Karger, A. (2016): Psychoonkologische Therapie und Psychoanalyse: ein Widerspruch? *Forum Psychanal., 32,* 69–81.

Keller, R. V. (2013): *Zen und Psychoanalyse. Zur therapeutischen Reichweite buddhistischer Meditation.* Gießen (Psychosozial-Verlag).

Klein, M. (1948): Zur Theorie von Angst und Schuldgefühl. In: Klein, M.: *Das Seelenleben des Kleinkindes* (S. 164–186). Stuttgart 1962 (Klett-Cotta).

Klemm, R.E. (2002): Zur Entstehung innerer Bilder – Ein Überblick. *Televizion 15/2002/1.* http://www.br-online.de/jugend/izi/text/klemm15_1.htm (1.10.2017).

Kley-Hutz, I. (2009): Tod und Introjekt. In F. Wellendorf & T. Wesle (Hrsg.): *Über die (Un)Möglichkeit zu trauern* (S. 364–378). Stuttgart (Klett-Cotta).

Knischek, S. (2009): *Lebensweisheiten berühmter Philosophen.* Hannover (Humboldt).

Kohut, H. (1966): Formen und Umformungen des Narzissmus. *Psyche, 20(8),* 561–587.

Kopp, S.B. (1972): *Triffst du Buddha unterwegs … Psychotherapie und Selbsterfahrung.* Frankfurt a.M. 1976 (Fischer).

Kübler-Ross, E. (1969): *Interviews mit Sterbenden* (8. Aufl.). Gütersloh 1980 (Bertelsmann).

Kushner, R. (2013): *Flammenwerfer.* Reinbek 2016 (Rowohlt).

Lacan, J. (1953): Funktion und Feld des Sprechens und der Sprache in der Psychoanalyse. In ders.: *Schriften I* (S. 71–169). Weinheim 1986 (Quadriga).

Laplanche, J. (1988): *Die allgemeine Verführungstheorie und andere Aufsätze.* Tübingen (edition diskord).

Lempa, G. (2015): Identitatsveränderungen im Kontext von Trauma, Psychose und Religion. *Trauma – Zeitschrift für Psychotraumatologie und ihre Anwendungen, 13*(1), 36–49.

Levine, P.A. (2015): *Trauma und Gedächtnis. Die Spuren unserer Erinnerung in Körper und Gehirn.* München 2016 (Kösel).

Lifton, R.J. (1979): *Der Verlust des Todes. Über die Sterblichkeit des Menschen und die Fortdauer des Lebens.* München 1986 (Hanser).

Lommel, P. v. (2007): *Endloses Bewusstsein. Neue medizinische Fakten zur Nahtoderfahrung.* 2009 (Patmos).

Lotz, W. (2011): Einige Nachrichten an das All. In U.B. Carstensen & S. v. Lieven (Hrsg.): *Theater Theater 22* (S. 103–168). Frankfurt a.M. (Fischer TB).

Luft, H. (2005): Vergänglich, wandelbar, zeitlos – Erfahrungen und Reflexionen von Älteren über die Triebschicksale im Alter. *Psychotherapie im Alter, 7*, 25–35.

Macho, T. (2018): *Das Leben nehmen. Suizid in der Moderne.* Frankfurt a. M. (Suhrkamp).

Malthe-Bruun, V. (Hrsg.). (1955): *Kim: Die Tagebuchaufzeichnungen und Briefe des Kim Malthe-Bruun.* München 1995 (Hanser).

Merli, N. (2012, 6. Februar): Was Sterbende am meisten bereuen. *Tages-Anzeiger.* https://www.tagesanzeiger.ch/leben/gesellschaft/Was-Sterbende-am-meisten-bereuen/story/23429977 (22.8.2018).

Mertens, W. (2014): *Psychoanalyse im 21. Jahrhundert. Eine Standortbestimmung.* Stuttgart (Kohlhammer).

Moser, T. (2014): Psychoanalyse und Tod. Ein teilweise autobiographischer Essay. In: H. Hierdeis (Hrsg.): *Wie hältst du's mit dem Tod? Erfahrungen und Reflexionen in der Psychoanalyse* (S. 34–55). Göttingen (Vandenhoeck & Ruprecht).

Muho (2016): *Ein Regentropfen kehrt ins Meer zurück. Warum wir uns vor dem Tod nicht fürchten müssen.* München (Berlin).

Müller, H. (2014, 17. Juni): Irren auf höchstem Niveau. *Basler Zeitung.* https://bazonline.ch/kultur/Irren-auf-hoechstem-Niveau/story/17796959 (22.8.2018).

Müller, M. (2017, 4. Februar): »Durch die Beschäftigung mit dem Tod habe ich leben gelernt«. Interview mit M. Morgenthaler. *Tages-Anzeiger,* 16.

M'Uzan, M. de (1968): Freud und der Tod. In ders.: *Identität und Tod* (S. 147–159). Gießen (Psychosozial-Verlag).

M'Uzan, M. de (1974): W. i. t. w. In ders.: *Identität und Tod* (S. 185–196). Gießen (Psychosozial-Verlag).

M'Uzan, M. de (1996/1998): Der Tod gesteht nie. *Psyche, 52*, 1049–1066.

Nietzsche, F. (1878): *Menschliches, Allzumenschliches. Ein Buch für freie Geister. Kritische Studienausgabe.* München (dtv).

Nitta, Michiko (2007): Extreme Green Guerillas. http://www.michikonitta.co.uk/ (21.2.2018).

Osho (2004): *Tod – Der Höhepunkt des Lebens.* Köln (Innenwelt).

Pallasmaa, J. (2013): *Die Augen der Haut. Architektur und die Sinne* (2. überarb. Aufl.). Los Angeles (Atara).

Peters, M. (2004): *Klinische Entwicklungspsychologie des Alters. Grundlagen für psychosoziale Beratung und Psychotherapie.* Göttingen (Vandenhoeck & Ruprecht).

Phillips, A. (2007): *Winnicott.* Göttingen 2009 (Vandenhoeck & Ruprecht).

Rank, O. (1924): *Das Trauma der Geburt und seine Bedeutung für die Psychoanalyse.* Wien (Internationaler Psychoanalytischer Verlag).

Rank, O. (1931): *Die Analyse des Analytikers und seine Rolle in der Gesamtsituation. Technik der Psychoanalyse, Bd. III.* Gießen 2006 (Psychosozial-Verlag).

Rank, O. (2000): Kunst und Künstler. Studien zur Genese und Entwicklung des Schaffensdranges. Gießen (Psychosozial-Verlag).

Remnick, D. (2016, 17. Oktober): *Leonard Cohen makes it darker.* New Yorker. https://www.newyorker.com/magazine/2016/10/17/leonard-cohen-makes-it-darker (20.10.2016).

Rilke, R. M. (1905): *Das Stundenbuch.* Frankfurt a. M. 1972 (Insel).

Rinpoche, S. (2002): *Das tibetische Buch vom Leben und vom Sterben. Ein Schlüssel zum tieferen Verständnis von Leben und Tod.* München 2010 (Knaur).

Rohde-Dachser, C. (2009): Todestrieb, Gottesvorstellung und der Wunsch nach Unsterblichkeit. *Psyche, 63*, 973–998.

Rowling, J.K. (1997): *Harry Potter und der Stein der Weisen.* Hamburg 1998 (Carlsen).
Rowling, J.K. (2003): *Harry Potter und der Orden des Phönix.* Hamburg (Carlsen).
Rowling, J.K. (2007): *Harry Potter und die Heiligtümer des Todes.* Hamburg (Carlsen).
Sartre, J.-P. (1943): *Das Sein und das Nichts. Versuch einer phänomenologischen Ontologie.* Reinbek 1993 (Rowohlt Taschenbuch).
Sartre, J.-P. (1964): *Die Wörter.* Reinbek 1968 (Rowohlt Taschenbuch).
Scheffler, S. (2013): *Der Tod und das Leben danach.* Frankfurt a.M. 2015 (Suhrkamp).
Schmid, W. (2010): Zurück zu Sternenstaub. Interview. *NZZ Folio 1*, S. 20–22.
Schmidbauer, W. (2016): *Die Seele des Psychologen. Ein autobiografisches Fragment.* Zürich (Orell Füssli).
Schregenberger, K. (2017, 25. August): Wenn ein Hindu in Zürich stirbt. *Neue Zürcher Zeitung*, 19.
Schrott, R. (2016, 22. September): Hier beginnt die Schöpfung jeden Tag. *Neue Zürcher Zeitung*, 43.
Schumann, H.W. (2004): *Die großen Götter Indiens. Grundzüge von Hinduismus und Buddhismus.* München (Diederichs).
Seibt, C. (2016, 15. Juni): Kein Tod, keine Steuern, kein Pardon. *Tages-Anzeiger*, 12–13.
Shakespeare, W. (1996): *Der Sturm.* München (dtv).
Shakespeare, W. (2001): *Viel Lärm um nichts.* München (dtv).
Sloterdijk, P. (1998): *Sphären I – Blasen.* Frankfurt a.M. (Suhrkamp).
Sloterdijk, P. (2009): *Du mußt dein Leben ändern. Über Anthropotechnik.* Frankfurt a.M. 2012 (Suhrkamp).
Solomon, S., Greenberg, J. & Pyszczynski, T. (2015): Der Wurm in unserem Herzen. Wie das Wissen um die Sterblichkeit unser Leben beeinflusst. München 2016 (dva).
Specht, J., Luhmann, M. & Geiser, C. (2014). On the consistency of personality types across adulthood: Latent profile analyses in two large-scale panel studies. *Journal of Personality and Social Psychology, 107*, 540–556.
Straparola, G.F. (1947): *Ergötzliche Nächte.* München (Verlag Kurt Desch). http://gutenberg.spiegel.de/buch/-3762/11 (30.1.2017).
Strich, C. (1987) (Hrsg.): *Das große Märchenbuch. Die schönsten Märchen aus ganz Europa.* Zürich (Diogenes).
Stroeken, H. (1998): *Psychotherapie und der Sinn des Lebens.* Göttingen (Vandenhoeck & Ruprecht).
Subkowski, P. (2008): Zum psychoanalytischen Verständnis der Harry Potter-Entwicklungsromane. *Prax. Kinderpsychol. Kinderpsychiat., 57*, 571–585.
Süssmann, C. (2016, 31. Oktober): »Sterben ist keine Randerscheinung«. Interview mit C. Roshard. *Tages-Anzeiger*, 16.
Tolstoj, L.N. (1886): Der Tod des Iwan Iljitisch. In ders.: *Die großen Erzählungen* (S. 11–82). Frankfurt a.M. 1973 (Insel TB).
Tugendhat, E. (1996): Über den Tod. In ders.: *Aufsätze 1992–2000* (S. 67–90). Frankfurt a.M. 2001 (Suhrkamp).
Tugendhat, E. (2007, 22. Januar): »Die Zeit des Philosophierens ist vorbei«. Interview von U. Herrmann. *taz am Wochenende.* https://www.taz.de/!253784/ (22.1.2017).
Ware, B. (2012): *5 Dinge, die Sterbende am meisten bereuen. Einsichten, die Ihr Leben verändern werden.* München 2013 (Arkana).
Wells, B. (2009): *Spinner.* Zürich 2016 (Diogenes Taschenbuch).

Whitman, W. (1891/92): *Grashalme.* Stuttgart 1968 (Reclam).

Wiedemann, W. (2014): Die Psychoanalyse, der Tod und die Trennung der Liebenden. Ein Erfahrungsbericht. In: H. Hierdeis (Hrsg.): *Wie hältst du's mit dem Tod? Erfahrungen und Reflexionen in der Psychoanalyse* (S. 105–136). Göttingen (Vandenhoeck & Ruprecht).

Will, H. (2017): Religiöse Erfahrung als Transgression. *Psyche, 71*(3), 235–259.

Winnicott, D.W. (1956): Primäre Mütterlichkeit. In ders.: *Von der Kinderheilkunde zur Psychoanalyse* (S. 157–164). Frankfurt a.M. (Fischer) 1983.

Winnicott, D.W. (1960): Ich-Verzerrung in Form des wahren und des falschen Selbst. In ders.: Reifungsprozesse und fördernde Umwelt (S. 182–199). Frankfurt a.M. 1984 (Fischer).

Winnicott, D.W. (1962): Ich-Integration in der Entwicklung des Kindes. In ders.: *Reifungsprozesse und fördernde Umwelt* (S. 172–81). Frankfurt a.M. 1984 (Fischer).

Winnicott, D.W. (1971): *Vom Spiel zur Kreativität.* Stuttgart 1974 (Klett-Cotta).

Winnicott, D.W. (1974): Die Angst vor dem Zusammenbruch. *Psyche, 45,* 1116–1126.

Winnicott, D.W. (1977): *Piggle. Eine Kinderanalyse.* Stuttgart 1980 (Klett-Cotta).

Wittgenstein, L. (1960): *Tagebücher 1914–1916. Werkausgabe Bd. 1.* Frankfurt a.M. 1989 (Suhrkamp).

Wittmann, M. (2012): *Gefühlte Zeit. Kleine Psychologie des Zeitempfindens.* München (C.H. Beck).

Yalom, I.D. (1980): *Existenzielle Psychotherapie* (5. Aufl.). Bergisch-Gladbach 2010 (EHP).

Yalom, I.D. (2008): *In die Sonne schauen. Wie man die Angst vor dem Tod überwindet.* München (btb).

Žižek, S. (2017, 14. September): Willkommen in Trisolaris. *Neue Zürcher Zeitung,* 37.

Zwiebel, R. (2009): Das Studium des Selbst. Psychoanalyse und Buddhismus im Dialog. *Psyche, 63,* 999–1028.

Zwiebel, R. & Weischede, G. (2015): *Buddha und Freud – Präsenz und Einsicht.* Göttingen (Vandenhoeck & Ruprecht).

Zwiebel, R. & Weischede, G. (2017): *Die Suche nach dem Stillen Ort. Filmpsychoanalytische Betrachtungen zum Buddhismus.* Göttingen (Vandenhoeck & Ruprecht).

Psychosozial-Verlag

Jakob Johann Müller

Bindung am Lebensende

Eine Untersuchung zum Bindungserleben von PalliativpatientInnen und HospizbewohnerInnen

2018 · 214 Seiten · Broschur
ISBN 978-3-8379-2776-4

Die Sterbesituation ähnelt in einiger Hinsicht den Erfahrungen der frühen Kindheit: von einer Wiederkehr existenzieller Ängste und Abhängigkeiten bis zu einem Neuaufleben frühkindlicher Fantasien sowie einer neuen Plastizität in Denken und Fühlen. Auf Grundlage der bislang umfangreichsten Studie zum Bindungserleben von 115 PalliativpatientInnen und HospizbewohnerInnen in Deutschland beleuchtet Jakob Johann Müller erstmalig den Zusammenhang von frühkindlicher Bindung und dem Erleben der Sterbesituation. Er zeigt auf, dass die Muster frühkindlicher Bindungserfahrungen durch die Sterbesituation erneut wachgerufen werden und maßgeblich das Erleben der letzten Lebensphase beeinflussen. Ein Großteil der PatientInnen in der stationären Terminalbegleitung weist unsichere oder unverarbeitete Bindungsmuster auf – verbunden mit entsprechenden Belastungen im Sterbeprozess. Das Ergebnis der Studie unterstreicht die Notwendigkeit und Bedeutung einer psychodynamisch orientierten Sterbebegleitung.